Hans-Peter Konopka

Netzwerk
NATURWISSENSCHAFTEN 6

Ein Lehr- und Arbeitsbuch

Schroedel

**Netzwerk Naturwissenschaften 6
Rheinland-Pfalz**

Herausgegeben von
Hans-Peter Konopka

Autoren
Hans-Peter Konopka, Recklinghausen
Prof. Dr. Reiner Müller, Braunschweig

In Teilen ist dieses Werk eine Bearbeitung von
Erlebnis Naturwissenschaft 1, 978-3-507-76625-9, hrsg. von Dieter Cieplik, Imme Freundner-Huneke, Erhard Mathias, Hans Tegen
Erlebnis Natur & Co. 1, 978-3-507-76640-2, hrsg. von Dieter Cieplik, Hans Tegen, Annely Zeeb
Erlebnis Biologie 7, 978-3-507-77001-0, hrsg. von Antje Starke
Spektrum Physik/Chemie 5/6, 978-86356-9, bearbeitet von Thomas Appel, Ulrich Fries, Jens Gössing, Norbert Goldenstein, Dagmar Günther, Maike Martensen
Netzwerk Naturwissenschaft, 978-3-507-86502-0, hrsg. von Hans-Peter Konopka
Netzwerk Mensch – Natur – Technik 5/6, 978-3-507-86540-0, hrsg. von Hans-Peter Konopka
Linder Biologie 5/6, 978-3-507-86596-9, hrsg. von Ulf Erdmann, Dr. Wolfgang Jungbauer, Dr. Ole Müller
Linder Biologie 5/6, 978-3-507-86600-3, hrsg. von Ulf Erdmann, Dr. Wolfgang Jungbauer, Dr. Ole Müller

© 2010 Bildungshaus Schulbuchverlage
Westermann Schroedel Diesterweg
Schöningh Winklers GmbH, Braunschweig
www.schroedel.de

Das Werk und seine Teile sind urheberrechtlich geschützt. Jede Nutzung in anderen als den gesetzlich zugelassenen Fällen bedarf der vorherigen schriftlichen Einwilligung des Verlags.
Hinweis zu § 52 a UrhG: Weder das Werk noch Teile dürfen ohne eine solche Einwilligung gescannt und in ein Netzwerk eingestellt werden. Das gilt auch für Intranets von Schulen und sonstigen Bildungseinrichtungen.
Auf verschiedenen Seiten dieses Buches befinden sich Verweise (Links) auf Internet-Adressen. Haftungshinweis: Trotz sorgfältiger inhaltlicher Kontrolle wird die Haftung für die Inhalte der externen Seiten ausgeschlossen. Für den Inhalt dieser externen Seiten sind ausschließlich deren Betreiber verantwortlich. Sollten Sie bei dem angegebenen Inhalt des Anbieters dieser Seite auf kostenpflichtige, illegale oder anstößige Inhalte treffen, so bedauern wir dies ausdrücklich und bitten Sie, uns umgehend per E-Mail davon in Kenntnis zu setzen, damit beim Nachdruck der Verweis gelöscht wird.

Druck A[1] / Jahr 2010

Alle Drucke der Serie A sind im Unterricht parallel verwendbar.

Redaktion: Marcel Tiffert
Illustrationen: Brigitte Karnath, Liselotte Lüddecke, Karin Mall, Tom Menzel, Heike Möller, Ingrid Schobel
Einbandgestaltung: Janssen Kahlert Design & Kommunikation GmbH
Satz: CMS – Cross Media Solutions GmbH, Würzburg
Druck und Bindung: westermann druck GmbH, Braunschweig

ISBN 978-3-507-**86529**-7

Einstiegsseiten. Jedes Hauptkapitel beginnt mit Materialien bzw. Aufgaben, die zum Thema passen und wichtige Anregungen geben. Diese Seiten sollen „Appetit" machen auf das, was in dem jeweiligen Kapitel kommt.

Grundseiten. Hier erhält man die wesentlichen Informationen zu einem Thema, also das Grundwissen. Mit den Aufgaben am Ende des Textes kann man prüfen, ob die Informationen verstanden wurden und ob sie angewendet werden können.

Im Streifzug wird fachübergreifend gearbeitet. Auf den Seiten Streifzug durch … werden die naturwissenschaftlichen Themen durch Informationen aus Technik, Medizin, Erdkunde, Geschichte und anderen Fächern ergänzt.

Pinnwandseiten bieten dir zusätzliche Inhalte im Sinne eines Lexikons. Sie bieten umfangreiche Ergänzungen und Beispiele zu vielen naturwissenschaftlichen Themen.

Auf den Methodenseiten werden grundlegende naturwissenschaftliche Arbeitstechniken vorgestellt, die du gleich anwenden kannst. Dazu gehören auch Methoden der Materialsuche und Präsentation.

Auf diesen Seiten werden die wichtigsten Inhalte eines Hauptkapitels vor dem Hintergrund der jeweiligen Basiskonzepte wiederholt.

Übung

Übungsseiten bieten zusätzliche materialgebundene Aufgaben und Versuche an. Hier kannst du das jeweilige Thema in Experimenten und durch andere methodische Arbeitsweisen erarbeiten.

Wissen vernetzt

Auf den Seiten Wissen vernetzt am Ende des Kapitels werden die behandelten Themen und Basiskonzepte durch Aufgaben wiederholt und vernetzt. Hier kannst du überprüfen, ob du bereits Gelerntes anwenden und auf neue Themen übertragen kannst.

Projekt

Hier findest du Vorschläge zu Projekten. Ein Projektthema wird in mehrere Aufträge unterteilt, die von unterschiedlichen Gruppen bearbeitet werden. Am Ende stellt jede Gruppe ihre Ergebnisse vor.

Inhalt

Sonne, Wetter, Jahreszeiten 8

1 Die Sonne ist der Motor des Wettergeschehens 10
1.1 Wie entsteht das Wetter? 10
1.2 Wie wird das Wetter morgen? 11
1.3 Wie kommt die Sonnenwärme zur Erde? 12
    Projekt: Wir bauen einen Sonnenkollektor 13
1.4 Luftfeuchtigkeit und Wasserkreislauf 14
1.5 Luftdruck und Fronten 16
1.6 Wind und Wetter 18
1.7 Auswirkungen des Wetters auf den Menschen 20
    Übung: Wetter und Wetterbeobachtung 21

2 Die Entstehung der Jahreszeiten 24
    Streifzug durch die Erdkunde: Warum ist es auf der Erde unterschiedlich warm? 25
    Übung: Jahreszeiten 26

3 Pflanzen brauchen Sonnenlicht 28
3.1 Samenpflanzen zeigen einen Grundbauplan . . 28
    Pinnwand: Baupläne von Samenpflanzen 29
3.2 Pflanzenorgane erfüllen bestimmte Aufgaben . 30
3.3 Die Blätter der grünen Pflanzen wandeln Sonnenenergie um 31
    Übung: Wasserleitung und Verdunstung bei Pflanzen 31
    Pinnwand: Zimmerpflanzen aus verschiedenen Lebensräumen 32
    Übung: Was Pflanzen zum Wachstum brauchen 33
3.4 Blüten dienen der Fortpflanzung 34
    Übung: Blüten 35
3.5 Blüten werden bestäubt 36
3.6 Von der Bestäubung zur Frucht 38
    Pinnwand: Vermehrung – nicht nur durch Samen 39
3.7 Verbreitung von Früchten und Samen 40
3.8 Eine Samenpflanze entwickelt sich 42
    Methode: Umgang mit Diagrammen und Tabellen 44
    Übung: Keimung und Wachstum 45

4 Pflanzen und Tiere im Jahreszyklus 46
4.1 Manche Pflanzen findet man nur im Frühjahr 46
4.2 Im Herbst verändern sich viele Pflanzen 48
    Pinnwand: Samen und Früchte an Hecke und Waldesrand 49
4.3 Die Rosskastanie im Jahresverlauf 50
    Pinnwand: Der Aronstab im Jahresverlauf . . . 51
4.4 Viele Vögel ziehen im Winter fort 52
    Methode: Eine Mindmap erstellen 54
    Methode: Internetrecherche in der Schule . . . 55
4.5 Säugetiere überwintern unterschiedlich 56
    Zusammenfassung 58
    Wissen vernetzt 60

Geräte und Maschinen im Alltag 62

1 Elektrizität im Alltag 64
1.1 Woraus bestehen Stromkreise? 64
1.2 Stromkreise – schnell gezeichnet 65
1.3 Elektrizität fließt „im Kreis" 66
    Übung: Elektrische Geräte 67
    Übung: Austauschen von Bauteilen in Stromkreisen 68
    Methode: Einen Versuch planen, durchführen und protokollieren 70
    Methode: Gruppen- und Partnerarbeit beim Experimentieren 71
1.4 Elektrizität und elektrische Energie 72
1.5 Transport elektrischer Energie 73

2 Schaltungen 74
2.1 Reihenschaltung 74
2.2 Parallelschaltung 75
2.3 Schalter in Reihen- und Parallelschaltung 76
2.4 Umschalter 77
    Pinnwand: Schalter in Elektro-Installationen . . 78
2.5 Kurzschluss 79

3 Elektrische Leitfähigkeit von Stoffen 80
3.1 Leiter, Nichtleiter und Halbleiter 80
3.2 Leitfähigkeit fester Stoffe 81
3.3 Leitfähigkeit flüssiger Stoffe 82
    Übung: Bau eines Feuchtigkeitsanzeigers 83
3.4 Leitfähigkeit des Menschen 84
    Pinnwand: Richtiger Umgang mit elektrischem Strom 85
3.5 Wie werden Elektrogeräte versorgt? 86

4 Wirkungen des elektrischen Stromes 88
4.1 Heizdrähte 88
    Pinnwand: Wärme – unerwünscht oder erwünscht? 89
4.2 Heizdrähte werden zu Glühdrähten 90
    Streifzug durch die Geschichte: Die Glühlampe 91
    Pinnwand: Die Fahrradbeleuchtung 92
    Projekt: Bau von Stromkreisen 93
4.3 Aus Elektrizität wird Bewegung 96
    Pinnwand: Bewegung auf vier Rädern 97

5 Kommunikations- und Informationstechnik . . 98
5.1 Telefon und Mobiltelefon 99
    Streifzug durch die Geschichte:
    Die Erfindung des Telefons: Phillip REIS und Alexander BELL 99
5.2 Das EVA-Prinzip 100
    Streifzug durch die Geschichte:
    Der erste Transistor 101
    Streifzug durch die Geschichte: Meilensteine der Elektrotechnik und Elektronik 102
    Pinnwand: Große Erfinder 103
    Zusammenfassung 104
    Wissen vernetzt 106

Stoffe im Alltag 108

1 Stoffe haben unterschiedliche Eigenschaften . 110
1.1 Körper und Stoffe erkennen
und unterscheiden 110
1.2 Jeder Körper hat eine Masse 111
Pinnwand: Wägen und Waagen 112
1.3 Ist Holz schwerer als Eisen? 113
1.4 Stoffeigenschaften lassen sich untersuchen . . . 114
Projekt: Steckbriefe von Stoffen. 117

2 Stoffe werden genutzt 120
2.1 Geräte aus alter Zeit 120
2.2 Stein – ein Material aus der Natur. 121
2.3 Stoffe lassen sich zu unterschiedlichen
Zwecken nutzen. 122
Pinnwand: Werkstoffe im Gebrauch 124
Übung: Eigenschaften von Textilien 125
2.4 Manche Stoffe bergen Gefahren 126
Methode: Auswerten von Tabellen
und Grafiken 128
Methode: Präsentieren von Ergebnissen 129

3 Stoffgemische 130
3.1 Reinstoffe und Stoffgemische 130
Pinnwand: Trennverfahren im Alltag 131
3.2 Suspensionen und Trennverfahren. 132
3.3 Trennung von Stoffgemischen durch Filtrieren. 133
Pinnwand: Trennverfahren in den
Naturwissenschaften. 134
3.4 Emulsionen – Gemische, die es gar nicht
geben dürfte 135
Übung: Reinigungsmilch und Handcreme
zum Selbermachen. 136
3.5 Trinkwasser – Brauchwasser 137
3.6 Kläranlage – verschmutztes Wasser
wird gereinigt 138
Projekt: Trinkwassergewinnung. 140

4 Müll trennen und verwerten 142
4.1 Müll sortieren 142
4.2 Was bedeutet der grüne Punkt? 144
4.3 Der Restmüll – wohin damit? 145
4.4 Endlich getrennt – Müll als Rohstoff 146

5 Stoffe können umgewandelt werden 148
5.1 Verbrennungsvorgänge. 148
5.2 Anwendung des Teilchenmodells auf eine
brennende Kerze 150
Übung: Die Kerzenflamme. 151
Pinnwand: Löschen – Bergen –
Retten – Schützen. 152
5.3 Korrosion und Korrosionsschutz 154
Streifzug durch die Wirtschaft:
Metallabfälle sind wertvolle Rohstoffe 155
Zusammenfassung 156
Wissen vernetzt 158

Körper und Gesundheit 160

1 Ernährung und Verdauung 162
1.1 Der Körper des Menschen. 162
1.2 Kohlenhydrate machen fit. 164
1.3 Fette bringen (zu) viel Energie. 165
1.4 Eiweiß – nicht nur im Hühnerei 166
Übung: Nachweis von Nährstoffen. 167
1.5 Kleine Mengen – große Wirkung! 168
Pinnwand: Vitamine, Mineralstoffe
und Spurenelemente. 169
1.6 Gesunde Ernährung 170
Pinnwand: Projektwoche: Gesundes Frühstück
und Pausensnacks. 172
Projekt: Nahrungsmittel selbst herstellen 174
Methode: Ernährungspläne auswerten 176
1.7 Die Zähne zerkleinern die Nahrung 177
1.8 Die Verdauungsorgane zerlegen die Nahrung . 178

2 Blutkreislauf und Atmung 180
2.1 Stofftransport durch das Blut. 180
Übung: Blut und Blutkreislauf 183
2.2 Atmung beim Menschen 184
2.3 Wofür benötigt der Körper Sauerstoff? 186
Übung: Atmung 187
2.4 Bewegung fördert die Gesundheit 188

3 Sexualität des Menschen 190
3.1 Auf dem Weg zum Erwachsenwerden. 190
Pinnwand: Geschlechterrollen im Wandel . . . 192
Methode: Meinungen sammeln
und auswerten 193
3.2 Vom Jungen zum Mann 194
3.3 Vom Mädchen zur Frau 196
Pinnwand: Körperhygiene. 199
3.4 Schwangerschaft und Geburt 200
3.5 Vom Säugling zum Kleinkind 202
3.6 Familienplanung und Empfängnisverhütung . . 204
Streifzug durch die Medizin:
Gesundheit für Mutter und Kind 206
3.7 Formen der menschlichen Sexualität 207
3.8 Dein Körper gehört dir! 208
Übung: Mein Körper gehört mir! 209
Zusammenfassung 210
Wissen vernetzt 212

Register 214

Bildquellen

Umschlag (Graugans): Vario Images, Bonn; Umschlag Himmel: Kunz/SAVE/Okapia, Frankfurt; 8.1: Reiner Bernhardt; 8.2: emo-pictures, Weinbergen; 9.1: Fischer/Mauritius images Mittenwald; 9.2: Randebrock/alimdi.net, Deisenhofen; 9.3, 9.4: Hans Tegen, Hambühren; 10.1: Astrofoto, Sörth; 10.2, 11.A: Mauritius images Mittenwald; 11.B: Okapia, Frankfurt; 11.C: Eric Bach/Superbild, München; 12.1: Mauritius images Mittenwald; 12.2: Hans Tegen, Hambühren; 13.1: Zefa/Corbis, Düsseldorf; 14.1, 14.2A–C: Hans Tegen, Hambühren; 15.1: Mauritius images Mittenwald; 15.2: Jupiterimages, Ottobrunn; 16.1, 17.4, 18.2, 19.3: Hans Tegen, Hambühren; 19.4: imagebroker/Mauritius images Mittenwald; 21.1: Hans Tegen, Hambühren; 24.1: Mauritius images Mittenwald;
25.4, 26.1: Hans Tegen, Hambühren; 29.P: Dr. Philipp; 32.1: Hubatka/Mauritius images Mittenwald; 32.2: Reinhard-Tierfoto, Heiligkreuzsteinach; 34.A: Kalt/Zefa/Corbis, Düsseldorf; 36.1B: Schmidt/Greiner + Meyer, Braunschweig; 38.1B: Dr. Sauer/Silvestris, Kastl; 39.3: Bildarchiv Sammer, Neuenkirchen; 40.1: Tönnies, Laatzen; 40.2, 41.3, 41.4a: Dobers, Walsrode; 41.5: Wegner /Silvestris, Kastl; 41.7A: Kuchelbauer/Silvestris, Kastl; 46.1A: Dr. Philipp; 46.1B, 46.2, 48.1: Wellinghorst, Quakenbrück; 48.2: Tönnies, Laatzen; 48.3A–C: Wellinghorst, Quakenbrück; 49.1: Tönnies, Laatzen; 49.2: Reinhard/Mauritius images Mittenwald; 49.3: Tönnies, Laatzen; 49.4: Reinhard/Okapia, Frankfurt; 49.5: Dr. Philipp; 49.7: Prof. Dr. Weber; 49.8: Dr. Philipp; 50.1–4 Kreis: Wellinghorst, Quakenbrück; 51.o. li: Tönnies, Laatzen; 51.2: Haneforth/Okapia, Frankfurt; 51.4: Reinhard/Okapia, Frankfurt; 52.A: Dr. Michael Kaatz, Storchenhof Loburg; 52.B: Buchhorn/Silvestris, Kastl; 52.C: Buchhorn/Okapia, Frankfurt; 52.D: Wothe/Silvestris, Kastl; 53.A: Nill/Mauritius images Mittenwald; 53.B: Brandl/Silvestris, Kastl; 53.C: Cramm/Silvestris, Kastl; 53.D: Schmidt/Silvestris, Kastl; 57.3A: Reinhard-Tierfoto, Heiligkreuzsteinach; 57.3B: Owen Newman/OSF/Okapia, Frankfurt; 57.4: Reinhard-Tierfoto, Heiligkreuzsteinach; 58.A: Okapia, Frankfurt; 58.B: NASA, Houston/Texas; 58.C: STADTLANDFLUSS, Dortmund; 58.D: Bildermehr, Steinburg; 60.A1a: Helga Lade Fotoagentur GmbH, Frankfurt/Main; 60.A1b: Project Photos GmbH & Co. KG, Augsburg; 60.A1c: Weisflog, Cottbus; 60.A1d: Arnold, Berlin; 60.2A–B: Bildagentur Huber, Garmisch-Partenkirchen; 61.A5: Gebhardt/Mauritius images Mittenwald; 62.1–3: Fotostudio Druwe und Polastri, Cremlingen; 63.2: wikipedia.org; 63.3: Vario Images, Bonn; 63.4: ullstein bild, Berlin; 63.5: Visum Foto GmbH, Hamburg; 64.2A–D, 65.3, 65.4: Hans Tegen, Hambühren; 66.1: Chromosohm /Jupiterimages, Ottobrunn; 67.V1, 67.V2A: Prof. Dr. Müller, Braunschweig; 67.V2B: Fotostudio Druwe und Polastri, Cremlingen; 69.V1: Hans Tegen, Hambühren; 71.1: Fabian, Hannover; 72.1: Hans Tegen, Hambühren; 73.1: dpa/picture-alliance, Frankfurt; 74.1, 74.2, 74.3: Hans Tegen, Hambühren; 75.1: Conrad Electronic GmbH, Hirschau; 75.2, 75.3: Hans Tegen, Hambühren;

76.1: Gouasé, Speyer; 78.1, 78.2: Busch-Jaeger-Elektro GmbH, Lüdenscheid; 78.3A–D, 79.1A–B, 79.2, 80.1A: Hans Tegen, Hambühren; 80.1B: Gouasé, Speyer; 80.2, 81.1, 81.2, 82.2, 83.V1, 83.V2, 84.2, 86.1A–C, 88.2, 89.1, 89.2A–B, 90.2, 90.3A–B: Hans Tegen, Hambühren; 91.1A: Museum auf dem Burghof, Springe; 91.1B: Deutsches Museum, München; 91.1C: OSRAM GmbH, München; 92.1: Fabian, Hannover; 92.1A–B: Busch & Müller KG, Meinerzhagen; 92.1C: Cateye, Japan; 92.2A–B: Busch & Müller KG, Meinerzhagen; 92.3: Cateye, Japan; 92.4, 92.5A–B: Busch & Müller KG, Meinerzhagen; 94.1, 94.2, 94.3, 96.2A–C, 97.1: Hans Tegen, Hambühren; 97.2: Holz / Zefa/Corbis, Düsseldorf; 97.3: OPITEC, Giebelstadt-Sulzdorf; 99.3: Bettmann/Corbis, Düsseldorf; 101.2A: Hutchison/EyeUbiquitous, Shoreham; 101.2B: Jupiterimages, Ottobrunn; 102.1: Deutsches Museum, München; 102.3: SPL/Agentur Focus, Hamburg; 103.1: SSPL/Science Museum, Berlin; 103.2: Andrew Brusso/Corbis, Düsseldorf; 103.3: Ullstein/Keystone, Hamburg; 103.4: Merseyside Maritime Museum, Liverpool; 105.1: Fotostudio Druwe und Polastri, Cremlingen; 106.A1: age fotostock, New York; 106.A2A: Fotostudio Druwe und Polastri, Cremlingen; 106.A2B: Weisflog, Cottbus; 107.A3: A. Vossberg/Visum Foto GmbH, Hamburg; 107.A5: face to face, Hamburg; 109.1: Konopka, Recklinghausen; 109.2A–B: Hans Tegen, Hambühren; 109.3: Konopka, Recklinghausen; 109.4A–C, 110.1, 110.2, 110.3, 110.4, 110.5: Hans Tegen, Hambühren; 111.1: Fabian, Hannover; 111.2: Phywe GmbH, Göttingen; 112.1: Physikalsch-technische Bundesanstalt, Braunschweig; 112.2: Hans Tegen, Hambühren; 112.3, 112.4, 112.5: Phywe GmbH, Göttingen; 113.3 A–B: Hans Tegen, Hambühren; 114.4: Phywe GmbH, Göttingen; 114.5: Degussa AG, Frankfurt; 114.6, 115.1, 115.2, 115.3, 116.5, 116.6, 116.7, 117.2, 118.4, 119.5, 120.2: Hans Tegen, Hambühren; 121.2: Zanus/Okapia, Frankfurt; 123.2: Simper, Wennigsen; 124.1: Lade Fotoagentur, Frankfurt; 124.2: Opel AG, Rüsselsheim; 124.3: Witte-Gaedecke, Hannover; 125.V1–3: Hans Tegen, Hambühren; 129.1, 129.2, 129.3, 130.1, 130.2, 130.2A–B, 131.1, 131.2, 131.3, 131.5, 131.6, 132.1, 132.2A–D: Hans Tegen, Hambühren; 133.u. li: Schulz/Keystone, Hamburg; 135.1: Hans Tegen, Hambühren; 136.1, 136.2, 136.3: vgs verlagsgesellschaft mbH & Co. KG, Köln; 140.1: Geisser/Mauritius images Mittenwald; 148.1: Messer Griesheim GmbH, Kefeld; 149.3: TopicMedia Service, Ottobrunn; 149.4A–B: Hans Tegen, Hambühren; 149.5: USIS, Bonn; 149.6A–B, 150.1 li, 150.1 mi, 150.1 re: Hans Tegen, Hambühren; 152.3, 153.1: Tönnies, Laatzen; 153.2: Hans Tegen, Hambühren; 154.1 A–B: Simper, Wennigsen; 154.2: Hans Tegen, Hambühren; 154.3: Bayer AG, Leverkusen; 155.2: Ley/Mauritius images Mittenwald; 155.3: Fetter/Okapia, Frankfurt; 156.A–C: Konopka, Recklinghausen; 157.1: Anders, Cremlingen; 157.2: Paul Freytag/zefa/Corbis, Düsseldorf; 159.A3A–B: Konopka, Recklinghausen; 159.A3C: Deutscher Brauer-Bund, Bonn; 160.1: Minkus, Isernhagen;

162.1: Konopka, Recklinghausen; 162.2A: Minkus, Isernhagen; 164.1, 165.1, 166.1, 167.3, 168.1: Hans Tegen, Hambühren; 170.1: Minkus, Isernhagen; 170.2A–B: Dr. Müller, Libbenrichen; 171.5: aid infodienst e. V., Bonn; 172.1, 172.2, 172.3, 173.1, 173.2, 173.3: Minkus, Isernhagen; 174.1, 175.1: Kraft, Kehl; 177.1A: Minkus, Isernhagen; 177.1D: Schwind/Okapia, Frankfurt; 180.1A: Ridder/Mauritius images Mittenwald; 180.1B: Cotton/Mauritius images Mittenwald; 180.1C: Mio/Mauritius images Mittenwald; 180.2: Reschke/Arnold Inc./Okapia, Frankfurt; 183.V3: Minkus, Isernhagen; 185.3B: Kage/Okapia, Frankfurt; 186.1: Dirscherl /Mauritius images Mittenwald; 186.2, 186.3, 187.V1: Hans Tegen, Hambühren; 188.1: Dr. Müller, Libbenrichen; 190.1A–B, 191.2: Minkus, Isernhagen; 192.1: bpk, Berlin; 192.2: Minkus, Isernhagen; 192.3: Müller/Greiner + Meyer, Braunschweig; 192.4: akg-images, Berlin; 192.5: Minkus, Isernhagen; 193.1A: Fabian, Hannover; 194.1, 194.2, 194.3: Lemke, Peters & Partner, Ratingen-Lintorf; 195.5C: Meckes/eye of science, Reutlingen; 196.1, 196.2, 196.3: Lemke, Peters & Partner, Ratingen-Lintorf; 197.5 C: Lichtbildarchiv Dr. Keil, Neckargemünd; 198.1: Minkus, Isernhagen; 199.1: Behrens, Lehrte; 200.1 A–B: Dr. Schleyer/Karly, München; 200.1 C–D: Karly, München; 201.2A: Garry Watson/SPL/Agentur Focus, Hamburg; 201.2B: Ein Kind entsteht/Lennart Nilsson/Bonniers Förlag AB, Stockholm; 201.2C: NAS/Susan Leavines/Okapia, Frankfurt; 202.1A: H. Guether/Mauritius images Mittenwald; 202.1B: Janfot/Naturbild/Okapia, Frankfurt; 202.1C: Habel/Mauritius images Mittenwald; 202.1D: Photri Inc./Okapia, Frankfurt; 203.2A–D: Tönnies, Laatzen; 204.1: Odilon Dimier, PhotoAlto; 204.2: JIRI/Mauritius images Mittenwald; 205.4b: Fotografie Rixe, Braunschweig; 205.4c–e: Klaus G. Kohn, Braunschweig; 208.2: Zartbitter e.V., Köln; 209.A3: Minkus, Isernhagen; 212.A1: Ralph Hutchings/Visuals Unlimited, Hollis; 213.A4: Lennart Nilsson,Stockholm; 213.A5: Minkus, Isernhagen.

Es war uns leider nicht bei allen Abbildung möglich, den Inhaber der Rechte ausfindig zu machen. Berechtigte Ansprüche werden selbstverständlich im Rahmen der üblichen Vereinbarungen abgegolten.

Sonne, Wetter, Jahreszeiten

Die Sonne – Motor des Lebens auf der Erde und mehr …

Sammle Bildmotive aus Zeitschriften oder aus dem Internet, die einen Bezug zum Thema „Sonne" haben. Wähle ein Bild aus und schreibe eine Geschichte mit der Sonne als zentralem Thema. Schreibe auch auf, was du persönlich mit der Sonne verbindest.
Stelle eine tabellarische Übersicht zusammen, welche Auswirkungen die Sonne für das Leben auf der Erde hat.
Lege eine Mappe zum Thema „Sonne und Natur im Jahresverlauf" an. Zu diesem Thema kannst du zum Beispiel Fotos, Zeichnungen und Gegenstände aus der Natur sammeln.

Blitz und Donner

Gewitter sind besonders eindrucksvolle Erscheinungen des Wetters. Beschreibe das Foto und erläutere den Ablauf eines Gewitters. Berichte über deine eigenen Erfahrungen.
Recherchiere im Internet, in welchen Gebieten der Erde besonders viele Gewitter auftreten. Findest du eine Erklärung?
Erstelle eine möglichst umfangreiche Liste von Wettererscheinungen. Notiere jeweils, welche Auswirkungen sie für den Menschen haben können. Sammle zu den Wettererscheinungen Fotos und Berichte. Lege eine Mappe zum Thema „Die Vielfalt des Wetters" an.

Frieren Pferde im Winter?
Auch im Winter sieht man oft Pferde auf der Koppel. Zieht Erkundigungen bei Landwirten, Pferdebesitzern oder Tierärzten ein, ob die Tiere unter der Kälte leiden. Befragt auch eure Mitschülerinnen und Mitschüler, die reiten oder Pferde pflegen. Stellt die Antworten zu einem kurzem Vortrag zusammen. Diskutiert über weiterführende Fragen.

Wie lange ist es hell?
In Kalendern oder Tageszeitungen werden die genauen Uhrzeiten für den Sonnenauf- und untergang angegeben. Damit kann man ausrechnen, wie lange die Sonne an diesem Tag zu sehen ist, wenn man davon ausgeht, dass keine Wolken am Himmel sind.

Beispiel: 1. Oktober	
Sonnenaufgang:	6.22 Uhr
Sonnenuntergang:	18.01 Uhr
Rechnung:	
6.22 Uhr bis 7.00 Uhr:	38 min
7.00 Uhr bis 18.00 Uhr:	11 Std.
18.00 Uhr bis 18.01 Uhr:	1 min
Dauer der Helligkeit:	11 Std. 39 min

Wähle nun in jedem Monat einen bestimmten Tag, zum Beispiel den ersten Tag des Monats, und berechne die Dauer der Helligkeit. Schreibe deine Ergebnisse in eine Tabelle. Was fällt dir auf? Gib eine mögliche Erklärung für deine Beobachtung.

Treibhäuser
Stelle begründete Vermutungen darüber an, welche Bedingungen in einem Treibhaus herrschen und welchen Einfluss sie auf das Pflanzenwachstum haben könnten. Informiere dich bei einem Gärtner, ob deine Vermutungen richtig sind. Frage nach, welche Umweltbedingungen den Pflanzen im Treibhaus geboten werden. Stelle eine Liste von Nutzpflanzen zusammen, die in Treibhäusern gezogen werden.

Sonne, Wetter, Jahreszeiten

1 Die Sonne ist der Motor des Wettergeschehens

1.1 Wie entsteht das Wetter?

1 Die Erde ist von einer Lufthülle umgeben

In den Jahren zwischen 1969 und 1972 landeten Astronauten auf dem Mond. Sie trugen dicke Schutzanzüge, in denen sie das Wichtigste mit sich führten: Luft. Der Mond hat nämlich keine Lufthülle wie die Erde. Es gibt auf ihm auch kein flüssiges Wasser.
Das bedeutet, dass es auf dem Mond kein **Wetter** geben kann: keinen Wind, keine Wolken, keinen Regen. Nur Sonnenstrahlung bekommt er genug. Aber das reicht nicht, um Wettererscheinungen entstehen zu lassen.

Wenn die Sonne senkrecht auf die Mondoberfläche scheint, heizt diese sich auf über 120 °C auf. Das ist fast doppelt so heiß wie in der Wüste Sahara unter gleichen Bedingungen. Auf der sonnenabgewandten Mondseite kühlt sich seine Oberfläche auf etwa −150 °C ab. Das ist viel kälter als an der eisigsten Stelle auf der Erde, der Antarktis. In der Sahara gibt es nachts nur selten leichten Frost.

2 Der Mond hat keine Lufthülle

Auf der Erde mildern Luft und Wasser die Temperaturunterschiede ab. Wind kühlt den Boden und trägt die Hitze fort. Regenschauer können unterschiedliche Temperaturen noch besser ausgleichen. Das merkt man bei uns gut nach einem Gewitter. Dieser Ausgleich zwischen heiß und kalt ist also eine wichtige Aufgabe des Wetters.

Wie wir jetzt wissen, gibt es nur dann Wettererscheinungen, wenn drei Dinge zusammenwirken: **Sonneneinstrahlung, Luft und Wasser.**

Wie das Wetter im Einzelnen wird, hängt von weiteren Gegebenheiten ab: der geografischen Lage auf der Erdkugel, der Landschaftsform wie Gebirgen, Tiefebenen oder Hochebenen, ferner von der Nachbarschaft zum Meer, der Nähe von großen Seen oder Wäldern.

3 Die drei „Zutaten" für das Wetter

1 Vergleiche anhand der Abbildungen 1 und 2 die Ansicht von Erde und Mond aus dem Weltraum.
2 Begründe, warum vom Weltraum aus auf der Mondoberfläche mehr Einzelheiten zu erkennen sind als auf der Erde.
3 Nenne die Aggregatzustände des Wassers, die in Abbildung 3 berücksichtigt sind.
4 Erläutere die Bedeutung der Sonne für die Entstehung des Wetters.

Sonne, Wetter, Jahreszeiten

1.2 Wie wird das Wetter morgen?

Seit Jahrtausenden beobachten die Menschen das Wetter. Besonders für die Bauern ist das Wettergeschehen wichtig, schließlich hängt die Ernte sehr vom Wetter ab. Ihre langjährigen Erfahrungen sind in zahlreichen Bauernregeln überliefert, etwa: „Ist der Mai kühl und nass, füllt's dem Bauern Scheun' und Fass."

Heute gibt es ein dichtes Netz von **Wetterstationen** auf der ganzen Welt, sowohl auf dem Boden als auch in der Luft und auf dem Wasser. Sie alle tragen mit ihren Beobachtungen und Messungen zu einer möglichst zutreffenden Wettervorhersage bei.

Bei den Wetterstationen fällt besonders die weiß gestrichene Hütte auf zwei Meter hohen Stelzen auf. Sie hat schräge Lamellen. Dadurch ist es im Innern schattig, aber dennoch gut durchlüftet. Dort sind Messgeräte untergebracht: Ein **Thermometer** zur Messung der Lufttemperatur, ein **Hygrometer** mit dem man die Luftfeuchtigkeit bestimmen kann, ein **Barometer** zur Luftdruckmessung sowie verschiedene Geräte, die diese Messwerte über einen längeren Zeitraum aufzeichnen. Im Freien sind **Wind-** und **Regenmesser** sowie weitere Messgeräte aufgestellt. Gemessen wird weltweit immer jeweils um 7, um 14 und um 21 Uhr.

Um auch Wetterdaten aus der Höhe zu erhalten, lässt man Messsonden mit Ballons über 20 Kilometer hoch aufsteigen. Kleine Funksender übertragen dann die Messergebnisse an die Bodenstationen. Beobachtungen aus Flugzeugen und Satellitenfotos ergänzen diese Informationen. Auch der Computer ist zu einem wichtigen Hilfsmittel bei der Wetterforschung geworden. In Deutschland werden alle Messdaten an die Zentrale des Deutschen Wetterdienstes in Offenbach übermittelt. Großrechner erstellen aus diesen Daten die Wetterkarten und Wettervorhersagen.

Der Deutsche Wetterdienst gibt seine Vorhersagen nicht nur an Rundfunk, Fernsehen und Presse weiter. Er versorgt auch die Schifffahrt und Flugzeugpiloten, Landwirte und Ärzte mit Wetter-Informationen, die für sie besonders wichtig sind.

1 Vergleiche eine Woche lang den Wetterbericht mit dem tatsächlichen Wetter.
2 Erläutere die Funktion der in Abbildung 1 dargestellten Messinstrumente.

1 Wetterstation mit verschiedenen Messgeräten. **A** Wetterhütte mit verschiedenen Thermometern und Schreiber für Temperatur und Luftfeuchtigkeit; **B** Windmesser; **C** Regenmesser

Sonne, Wetter, Jahreszeiten

1 Unter dem Sonnenschirm ist es kühler

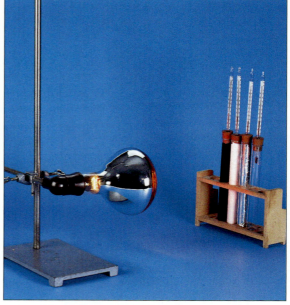

2 Auswirkung der Wärmestrahlung

1.3 Wie kommt die Sonnenwärme zur Erde?

Die Sonne ist ein riesengroßer, sehr heißer Gasball. Ihre Oberfläche hat etwa 6000 °C, ihr Inneres etwa 20 Millionen Grad! Durch ihre Strahlung gibt die Sonne ständig Wärme und Energie in anderer Form an den Weltraum ab.

Dennoch ist es nicht selbstverständlich, dass die Erde von dieser gewaltigen Wärmemenge etwas abbekommt. Denn die Sonne ist weit von uns weg, rund 150 Millionen Kilometer. Zwischen Erde und Sonne liegt aber kalter Weltraum! Wie kommt ihre Wärme zu uns?

Tatsächlich muss man nicht unbedingt eine Wärmequelle berühren, um sie zu spüren. Von einem heißen Körper geht unsichtbare **Wärmestrahlung** aus, die sich erst bemerkbar macht, wenn sie auf einen Gegenstand trifft. Man nennt sie auch **Infrarotstrahlung.** Sie verhält sich ebenso wie das Licht: Sie ist genauso schnell, sie geht fast ungehindert durch Luft und Glas und ebenso durch den kalten Weltraum. Wärme kann also durch Strahlung ohne übertragendes Material transportiert werden.

Die Wärmestrahlung wird von Körpern aufgenommen. Helle und glänzende Oberflächen werfen einen Großteil der Strahlung zurück, matte und dunkle Oberflächen nehmen die Strahlung weitgehend auf und erwärmen sich dabei.

Intensive Sonneneinstrahlung kann auch schädlich sein. So führt ein langer Aufenthalt in der Sommersonne auf ungeschützter Haut zu Sonnenbrand. An Pflanzen entstehen im Sommer manchmal Dürreschäden.

1 a) Verbinde einem Mitschüler die Augen. Halte eine Glühlampe (100 W) in die Nähe der Handrücken oder der Backen. Wie kann er wissen, wann die Lampe eingeschaltet ist?
b) Begründe, wie man bei einem Herd feststellen kann, welche Platte eingeschaltet war, ohne die Platten zu berühren? Kann man es auch herausbekommen, wenn man die Platten mit Aluminiumfolie abdeckt?
2 Schwärze ein Reagenzglas mit Farbe oder Ruß, bemale ein zweites mit weißer Farbe und umwickle ein drittes mit Alu-Folie. Das vierte Reagenzglas bleibt unverändert.
Verschließe jedes Reagenzglas mit einem durchbohrten Stopfen, durch den ein Thermometer gesteckt ist. Stelle die Reagenzgläser an ein sonniges Fenster oder vor einen Infrarotstrahler. Miss die Temperaturen sofort und dann alle zwei Minuten (etwa zehn Minuten lang) und berichte über dein Versuchsergebnis.
3 Nenne die Funktionen von Sonnenschirmen und Jalousien.
4 Begründe, warum man die Temperatur an einem heißen Tag unter einem Sonnenschirm angenehmer empfindet.

Sonne, Wetter, Jahreszeiten

Wir bauen einen Sonnenkollektor

Projekt

Max und Stefan spielen im Garten Fußball. „Ich könnte jetzt eine Erfrischung gebrauchen!", meint Max. „Da liegt der Gartenschlauch. Komm wir nehmen eine Dusche!", antwortet Stefan. Sie drehen den Wasserhahn auf. „Aber das Wasser ist ja ganz warm!", ruft Max erstaunt.
Tatsächlich, eine Zeit lang fließt warmes Wasser aus dem Schlauch, erst nach einer Weile kommt erfrischend kühles Wasser.

Diese Tatsache macht man sich in **Solaranlagen** zunutze. Dazu werden zum Beispiel auf dem Dach eines Hauses **Sonnenkollektoren** montiert, durch die Wasser gepumpt wird.

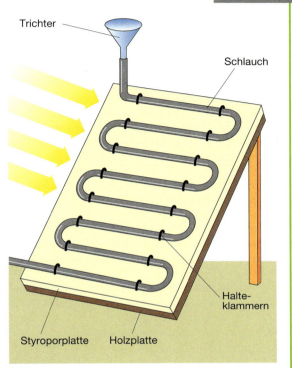

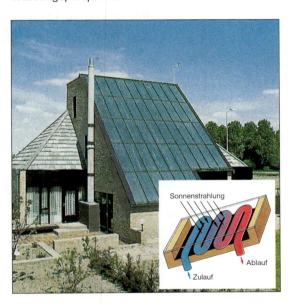

Bau eines Sonnenkollektors

Material: 1 Holzplatte (ca. 50 cm breit, 1 m lang und 1 cm dick); 1 Styroporplatte gleicher Größe; 5–7 m langer Schlauch (möglichst biegsam und schwarz, zum Beispiel Leerrohr aus dem Baumarkt); ca. 15 Halteklammern; Hammer; Schrauben; Schraubenzieher; Trichter; Thermometer

Durchführung: Lege die Styroporplatte auf die Holzplatte. Lege den Schlauch in Schlangenlinien darauf. Befestige den Schlauch mit Hilfe der Halteklammern, die du durch das Styropor in der Holzplatte festschraubst. Achte darauf, dass an jedem Ende ein Schlauchstück (mindestens 50 cm lang) frei bleibt.
Bringe den Sonnenkollektor an einen sonnigen Platz. Halte die beiden Schlauchenden hoch oder binde sie an zwei Holzpfählen oder Ähnlichem fest. Fülle nun Leitungswasser, dessen Temperatur du vorher gemessen hast, mit Hilfe des Trichters in den Schlauch.

Aufgaben: a) Lass das Wasser im Kollektor eine halbe Stunde in der Sonne stehen. Fülle es dann in einen isolierten Vorratsbehälter und miss erneut die Temperatur. Vergleiche die Werte.
b) Erläutere den Zweck der Styroporplatte.
c) Begründe, nach welcher Himmelsrichtung Sonnenkollektoren ausgerichtet werden sollten.

Sonne, Wetter, Jahreszeiten

1.4 Luftfeuchtigkeit und Wasserkreislauf

„Heute bin ich zu faul zum Abtrocknen", denkt Timo und lässt das Geschirr einfach im Abtropfgestell stehen. Nach einiger Zeit ist das Geschirr getrocknet.

Lässt man Wasser in offenen Gefäßen längere Zeit stehen, so verdunstet es. Das geht umso schneller, je größer die Oberfläche und je wärmer die Umgebung ist. Bei der **Verdunstung** entweichen Wasserteilchen in die Luft. Sie sind dann gasförmig in der Luft gespeichert. Man spricht von **Wasserdampf.** Der Gehalt von Wasserdampf in der Luft heißt **Luftfeuchtigkeit.** Den Wasserdampf kann man ebenso wenig sehen wie die Luft selbst.

Was aber geschieht, wenn sich die mit Wasserdampf gesättigte Luft abkühlt? Dann bilden sich Wassertröpfchen, die so fein sind, dass sie in der Luft schweben. Aber sie sind viel größer als die Wasserteilchen! Daher sehen wir plötzlich die Luftfeuchtigkeit als Schwaden oder Nebel. Diese Nebelbildung heißt **Kondensation.**

Aus dem Meer, aus Seen, Bächen und Flüssen verdunstet bei warmem Wetter besonders viel Wasser. Auch Pflanzen geben Wasser an die Luft ab. Eine große Buche kann täglich bis zu 500 Liter Wasser verdunsten.

Mit der Einstrahlung der Sonne auf die Erdoberfläche erwärmt sich auch die Luft. Sie steigt dadurch auf und kommt in kältere Luftschichten. Die in ihr gespeicherte Luftfeuchtigkeit kondensiert teilweise. Nun sehen wir sie in Form von **Wolken.**
Wolken sind also nichts anderes als hoch gelegene Nebelfelder. Die Wolkenschicht kann bis zu 10 km mächtig sein. Wolken bilden sich besonders rasch, wenn in der Luft winzige Staubkörner sind. Je mehr feuchte Luft aufsteigt, umso mehr Wasserdampf kann kondensieren. Die Nebeltröpfchen werden immer größer und schwerer. Bald kann sie die Luft nicht mehr in der Schwebe halten. Dann fallen sie als Regen auf die Erde.

1 Wasserdampf kondensiert

1 Gieße in drei breite Bechergläser mit gleichem Durchmesser je 20 ml Wasser (Hinweis: 20 ml entsprechen der Füllmenge eines Normreagenzglases). Erhitze das erste einige Minuten mit dem Brenner. Stelle das zweite an einen warmen Ort, zum Beispiel über einen Heizkörper oder auf eine sonnige Fensterbank. Stelle das dritte an einen kühlen Ort. Was beobachtest du nach fünf Minuten, nach einem Tag, nach drei Tagen? Erkläre deine Beobachtungen.
2 Erhitze Wasser in einem Wasserkessel bis zum Sieden. Beobachte die Ausgussöffnung des Wasserkessels genau. Was siehst du direkt über der Öffnung, was einige Zentimeter darüber?
3 Nach einer heißen Dusche sind Spiegel- und Fensterflächen beschlagen. Erkläre diese Beobachtung.
4 Erläutere mit Hilfe der Abbildung 3 den Wasserkreislauf. Nutze dazu auch das Teilchenmodell, das du bereits kennst.

2 Wolken. A Federwolken; B Haufenwolken; B Regenwolken

Sonne, Wetter, Jahreszeiten

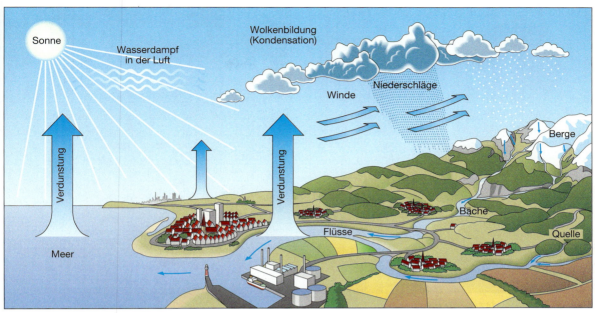

3 Wasserkreislauf

Schnee, Hagel, Reif

Ist es wärmer als −10 °C, bestehen die Wolken aus Wassertröpfchen, man spricht dann von „Wasserwolken". Weil es in großer Höhe aber meist sehr viel kälter ist, bestehen die Wolken dort aus Eiskristallen. Fallen diese durch Wasserwolken, können sie zu **Schneeflocken** anwachsen. Je nach der Temperatur in den unteren Luftschichten erreichen die Schneeflocken den Erdboden oder tauen vorher schon auf und kommen als Regen unten an.

Hagel entsteht, wenn bereits gebildete Regentropfen gefrieren. Durch ihr Gewicht fallen die Hagelkörner so schnell zur Erde, dass sie keine Zeit zum Schmelzen haben.

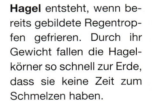

In kalten wolkenlosen Winternächten kühlt die Luft in Bodennähe stark ab. Der in ihr enthaltene Wasserdampf gefriert an Gräsern, Ästen, Zäunen und Autos, es bildet sich Reif.

Sonne, Wetter, Jahreszeiten

1 Kann Sabrina zaubern?

2 Luftdruck, so „stark" wie drei Elefanten!

1.5 Luftdruck und Fronten

Sabrina füllt ein Glas bis zum Rand mit Leitungswasser und hält die Öffnung mit einer Postkarte zu. Dann dreht sie das Glas um und lässt die Karte los. Kann Sabrina zaubern? Das Wasser läuft nicht aus und Sabrina bleibt bei dem Experiment trocken. Wie ist das möglich?

Wir leben am Grund eines „Meeres" aus Luft. Weil die Luft ein Gewicht hat, drückt sie auf alle Dinge, Pflanzen, Tiere und Menschen. Sie drückt auch gegen die Postkarte in Sabrinas Experiment, sodass das Wasser nicht herauslaufen kann. Dieser **Luftdruck** ist viel stärker als der Druck, den das Gewicht des Wassers verursacht.

Auf einen Fingernagel von dir drückt die Luft so stark wie eine volle 1-Liter-Flasche Wasser. Das entspricht auf deinen ganzen Körper umgerechnet dem Gewicht von etwa drei Elefanten. Warum spürst du das nicht? Die Luft drückt eben von allen Seiten, also auch von unten und von innen gegen den Körper.

Die Luft über einem Gebiet ist nicht überall gleich warm. Nun ist warme Luft aber leichter als kalte. Sie steigt auf, wenn sie von kälterer Luft umgeben ist. Daher übt sie einen etwas niedrigeren Druck aus. So entsteht ein „Tiefdruckgebiet", das man auch einfach **Tief** nennt. Umgekehrt ist ein Bereich mit hohem Luftdruck ein „Hochdruckgebiet" oder kurz ein **Hoch.**

Die Luft in Hoch- und Tiefdruckgebieten führt immer eine Drehbewegung aus. Tiefs drehen sich auf der Nordhalbkugel entgegen dem Uhrzeigersinn, Hochs im Uhrzeigersinn.

Ein Tief bringt meist Wolken und Niederschläge mit sich, weil beim Aufsteigen Luftfeuchtigkeit kondensiert. Wir empfinden es als ein Schlecht-Wetter-Gebiet. Im Hoch lösen sich die Wolken auf, weil die Luft absteigt. Die Sonnenstrahlen können ungehindert auf die Erde fallen. Es gibt sonniges Wetter. Im Sommer wird es dann angenehm warm. Im Winter kann sich der Erdboden in der Nacht bei klarem Himmel im Bereich eines Hochs stark abkühlen. Dann gibt es strengen Frost.

Tiefdruckgebiete ziehen meist von West nach Ost über Deutschland hinweg. Dabei überqueren uns meist unterschiedlich warme Luftmassen. Das Grenzgebiet, an dem sich die Lufttemperatur ändert, nennt man eine **Front.** Beim Durchzug eines Tiefs erreicht uns zunächst die **Warmfront.** Sie kündigt sich meist durch Federwolken an. Die Warmfront bringt in der Regel diesiges Wetter mit Regenwolken, aus denen Landregen fällt. Hinter der Warmfront folgt die Kaltfront mit Schauern, Gewittern und klarer Luft. Schauer fallen aus hoch reichenden Haufenwolken.

1 Besorge dir eine Wetterkarte aus einer Zeitung. Untersuche den Zusammenhang zwischen der Lage von Hoch- und Tiefdruckgebieten und dem jeweiligen Wetter.

Sonne, Wetter, Jahreszeiten

2 Nimm ein dünnes Holzbrettchen (wenige Millimeter dick, ca. 30 cm lang, kein Sperrholz, Abfallholz vom Schreiner) lege es auf eine Tischkante, sodass es 10 cm übersteht. Schlage mit der Handkante kräftig auf den überstehenden Teil.
Wiederhole den Versuch, breite aber vorher fünf Seiten einer Tageszeitung flach auf dem Tisch aus, sodass sie über dem Brett liegen. Protokolliere jeweils deine Beobachtungen.

3 Lege ein Dosenbarometer in eine durchsichtige Plastiktüte. Blase die Tüte auf, halte sie mit einer Hand zu und drücke mit der anderen Hand auf die Tüte. Beobachte die Zeigerstellung des Barometers.

4 Erläutere die Luftbewegung in einem Tief und in einem Hoch (Abbildung 3).

5 Erkläre den Aufbau und die Funktion eines Barometers (Abbildung 4).

Den Luftdruck kann man messen

4 Barometer

Schwankungen des Luftdrucks kann man mit einem **Barometer** messen. Ein Metallbarometer enthält eine luftleere Metalldose. Eine Stahlfeder verhindert, dass der Luftdruck die Dose ganz zusammendrückt. Bei hohem Luftdruck wird der Deckel stärker nach innen gedrückt, die Feder wird mehr beansprucht. Bei niedrigem Luftdruck wird der Deckel weniger stark nach innen gedrückt. Diese Änderung wird mit einem Zeiger am Ende der Feder sichtbar gemacht.

Die Skala des Barometers zeigt den Luftdruck in *Hektopascal* (hPa) an. Der Durchschnittswert des Luftdrucks in Meereshöhe beträgt 1013 hPa. Auf einem Berg ist der Luftdruck geringer als im Tal. Die Luftsäule über dem Berg ist schließlich nicht so hoch wie im Tal. Das Dosenbarometer wird immer so eingestellt, dass es den Luftdruck auf Meereshöhe anzeigt. Ist der Luftdruck höher als 1020 hPa, spricht man von einem Hoch, liegt der Druck dagegen unter 1000 hPa, handelt es sich um ein Tief.

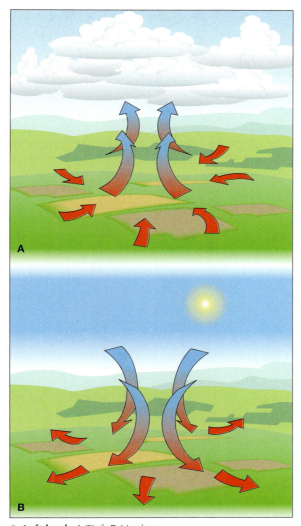

3 *Luftdruck.* **A** *Tief;* **B** *Hoch*

Sonne, Wetter, Jahreszeiten

1.6 Wind und Wetter

Wenn die Sonne den Erdboden bestrahlt, erwärmt sich auch bald die Luft darüber. Sie steigt auf und, wie du inzwischen weißt, kann dann ein Tief entstehen.
Wenn die Luft einmal aufgestiegen ist, muss sie irgendwo bleiben. Sie schiebt sich in großer Höhe über andere Luftmassen und bildet gewissermaßen einen „Luftberg". Dort erhöht sich der Druck. Es entsteht ein Hoch.
Am Boden drängt die Hochdruckluft dort hin, wo das Tief entstanden ist. Denn da ist ja „dünnere" Luft. Also strömt Luft vom Hoch ins Tief. Das ist die Ursache für den Wind, den wir spüren.
Die Luft steigt im Tief durch Erwärmung auf, zieht oben zum Hoch, steigt hier ab und weht in Bodennähe zum Tief zurück.

Winde kommen also immer auf, wenn zwischen zwei Gebieten Luftdruckunterschiede bestehen.

Weil die Sonneneinstrahlung am Äquator besonders stark ist, enstehen dort häufig Tiefdruckgebiete.
Aber nicht immer muss sich ein Tief an demselben Ort bilden, wo die Sonnenstrahlen auftreffen. Im Nordatlantik gibt es warme Meeresströmungen, die aus dem Süden kommen. Sie sind bekannt als „Golfstrom". Dieser kann die Luft erwärmen. So entstehen über dem Nordatlantik immer wieder Tiefdruckzonen. Oft ziehen sie zu uns nach Mitteleuropa.

Sicher hast du schon beobachtet, dass Wasser aus der Badewanne immer im Kreis durch den Abfluss verschwindet.
Ebenso kann die Luft nicht auf direktem Weg aus dem Hoch ins Tief „wandern". Sie zieht im Kreis um das Tief herum. Ursache dafür ist die Erddrehung. Solche links drehenden Wirbel kann man sehr schön im Wetterbericht sehen, wenn mehrere Satellitenbilder hintereinander gezeigt werden.

Über tropischen Meeren kann besonders viel feuchtwarme Luft aufsteigen. Das geschieht sehr schnell. Die Luftmassen geraten in heftige Drehung. Es entsteht eine mächtige Wolkenspirale, die viel Luft ringsherum ansaugt. So kommt es zu gefährlichen Wirbelstürmen mit Windgeschwindigkeiten von bis zu 300 Kilometern pro Stunde. Solche Wirbelstürme entstehen beispielsweise an der Westküste von Afrika. Von dort wandern sie auf die Karibik und den Süden der USA zu. Man nennt sie dort **Hurrikan**. Im Westen des Pazifischen Ozeans treten ähnliche Wirbelstürme auf. Sie heißen dort **Taifune**. Durch Wirbelstürme werden jährlich Schäden in Millionenhöhe verursacht.

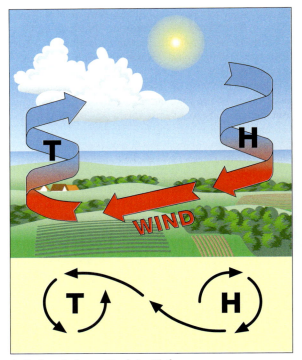

1 Bodenwind vom Hoch ins Tief

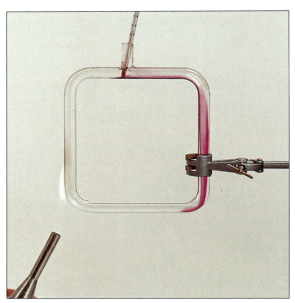

2 Wärmeströmung im Rechteckrohr

1 Informiere dich im Lehrbuchkapitel „Bewegung am Land, im Wasser und in der Luft" über den Vogelflug. Erläutere, welche Eigenschaften der Luft Vögel beim Fliegen nutzen.

Sonne, Wetter, Jahreszeiten

2 Gib kleine Papierschnipsel in einen Rundkolben (500 ml oder größer) und fülle ihn zur Hälfte mit Wasser. Erhitze den Kolben von unten mit kleiner Flamme (Abbildung 3). Protokolliere deine Beobachtungen und finde eine Erklärung unter Nutzung des Teilchenmodells.

3 Wenn es in deinem Klassenzimmer wärmer ist als auf dem Flur, kannst du das folgende Experiment machen. Entzünde eine Kerze. Öffne die Tür zum Flur einen Spalt und halte die Kerze einmal in Bodennähe vor den Türspalt und dann möglichst weit oben vor den Spalt. Wie verhält sich die Flamme? Du kannst es auch vor einem Fensterspalt versuchen.

4 Du brauchst ein rechteckiges gebogenes Glasrohr, das oben eine Einfüllöffnung hat. Fülle es mit Wasser und spanne es in ein Stativ. Gib dann eine Spatelspitze eines Farbpulvers (z. B. Kaliumpermanganat) durch die Öffnung auf den oberen Boden und setze einen Stopfen auf. Erhitze dann das Rechteckrohr mit kleiner Flamme an der linken unteren Biegung (Abbildung 2).

5 Erläutere die Luftbewegung vom Hoch zum Tief.

6 In der Nacht kehrt sich die Windrichtung am Meer häufig vom See- zum Landwind um. Erkläre diese Erscheinung.

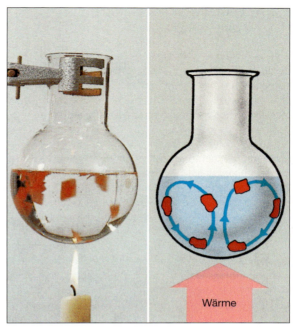

3 Erwärmungsversuch

Nutzung der Windenergie

Windkraftanlagen fallen bereits aus großer Entfernung auf: Auf einem hohen Betonmast dreht sich ein Propeller mit drei Flügeln, den Rotorblättern. Durch den Wind wird der Propeller in Bewegung versetzt. Diese Bewegung wird über eine Achse auf einen Generator übertragen, in dem die Bewegungsenergie in elektrischen Strom umgewandelt wird. An der Küste und im Bergland, wo der Wind besonders oft und stark weht, gibt es die meisten Windkraftanlagen. Weil Wind immer wieder neu entsteht, zählt man diese Energiequelle zu den **erneuerbaren Energieträgern.** Windenergieanlagen geben keine Abgase in die Umwelt ab und sind aus diesem Grunde umweltfreundlich.

7 Der Mensch nutzt den Wind schon seit Jahrtausenden. Nenne Beispiele dafür.

8 Erläutere, welchen entscheidenden Nachteil die Nutzung des Windes hat.

4 Windkraftanlagen

Sonne, Wetter, Jahreszeiten

1.7 Auswirkungen des Wetters auf den Menschen

„Wie wird das Wetter morgen? Wir haben doch Wandertag und wollen zum Bergsee wandern." Lisa wartet gespannt auf den Wetterbericht. Sie überlegt, was sie anziehen wird. Genügen Jeans, T-Shirt und Jacke oder muss sie auch Regenmantel und Mütze bereitlegen?

An diesen Fragen erkennst du, wie sehr wir alle in unseren Unternehmungen und unserem Verhalten vom Wetter abhängig sind. Menschen, die ihren Beruf überwiegend im Freien ausüben, wie zum Beispiel in der Landwirtschaft, im Straßenbau oder auch als Kraftfahrer, sind davon besonders betroffen.

Bei vielen Menschen beeinflusst das Wetter die Stimmungslage. Schönes Sonnenwetter ruft gute Laune und Unternehmungslust hervor. Bei neblig-trübem, nasskaltem Wetter dagegen fühlen sich viele müde und schlapp.

Manche Krankheiten treten zu bestimmten Jahreszeiten gehäuft auf. Im Winter und im Frühjahr kommt es verstärkt zu Erkältungskrankheiten. Der Körper ist dann oft geschwächt, weil er sich unterkühlt hat oder weil wir mit der Nahrung nicht mehr so viele Vitamine aufnehmen. Der Vitamingehalt der Früchte nimmt bekanntlich bei längerem Lagern ab. Krankheitserreger, die ja immer vorhanden sind, haben also leichteres Spiel.
Meist ist eine „Erkältung" harmlos und geht bald vorüber. Anders ist es bei der „echten Grippe", die mit hohem Fieber auftritt. Sie wird durch gefährliche Influenza-Viren hervorgerufen. Vor ihnen kann man sich durch eine vorbeugende Impfung schützen.

Ein gesunder Körper kann auf die verschiedenen Witterungseinflüsse reagieren und sich auf unterschiedliche Temperaturen einstellen. Man kann das unterstützen durch Sport, Bewegung in frischer Luft oder Saunabesuche.

Vor Urlaubsreisen ist es sehr wichtig, sich auf die zu erwartende Witterung im Urlaubsgebiet vorzubereiten. Bei Reisen in trocken-heiße Gebiete sollte leichte Baumwollkleidung mitgenommen werden, die Schweiß aufnehmen kann. In heißen Gebieten muss man viel trinken – am besten Mineralwasser oder Kräutertees – um gesund zu bleiben. Für den Urlaub in Wintersportgebieten muss warme, Wind abweisende Kleidung ins Gepäck. Bei allen Urlaubszielen, in denen mit viel Sonne zu rechnen ist, dürfen Sonnenschutzmittel nicht vergessen werden.

1 Wetter und Wohlbefinden

1 Manche Menschen haben bei bestimmten Wetterlagen oder bei Wetterwechsel gesundheitliche Probleme. Erkundige dich in deinem Bekanntenkreis danach. Erstelle eine Liste über die genannten Beschwerden.
2 In welchen Berufen sind die Menschen besonders vom Wetter abhängig? Beschreibe die Auswirkungen des Wetters auf den Tagesablauf dieser Menschen.
3 In bestimmten Jahreszeiten treten manche Krankheiten ziemlich häufig auf.
Nenne Beispiele. Informiere dich auch beim Arzt oder Apotheker.
4 Gärtner und Obstbauern beachten besonders die Zeit der „Eisheiligen". Dazu zählen die Tage vom 11. bis 15. Mai. Recherchiere, welche Wetterereignisse zu dieser Zeit häufig auftreten und welche Auswirkungen sie auf Pflanzen haben. Informiere dich in ähnlicher Weise über die „Schafskälte" und die „Siebenschläfer"-Regel.
5 Nenne vorbeugende Maßnahmen, um Erkältungen zu vermeiden.
6 Manche Flüsse führen von Zeit zu Zeit gefährliches Hochwasser. Nenne mögliche Ursachen für Flusshochwasser. Überlege, wie sich Menschen vor den Gefahren schützen können.
7 Nenne Wettereinflüsse, die für Autofahrer besonders gefährlich werden können.

Sonne, Wetter, Jahreszeiten

Wetter und Wetterbeobachtung

Übung

Wie „Wetterfrösche" messen. In den Wetterstationen der Wetterämter wird die Temperatur dreimal am Tag gemessen: um 7 Uhr, um 14 Uhr und um 21 Uhr. Aus diesen drei Messungen wird täglich die Durchschnittstemperatur errechnet. Dabei wird der Wert von 21 Uhr doppelt gerechnet. Man macht das heute noch so wie im 18. Jahrhundert. Damals wollte man sich das Aufstehen mitten in der Nacht sparen. Heute weiß man, dass diese Messmethode so genau ist, dass man weiter so verfahren kann.

V1 Wir messen die Tagestemperatur

Material: Außenthermometer; Notizkalender
Durchführung: Hänge das Thermometer in Augenhöhe im Freien zum Beispiel an einem Baum oder an einem Pfosten auf. Achte darauf, dass das Thermometer stets im Schatten hängt.

Aufgaben: a) Lies nun einen Monat lang die Temperatur dreimal am Tag ab, möglichst um 7 Uhr, um 14 Uhr und um 21 Uhr. Falls du einmal die Temperatur nicht selbst ablesen kannst, bitte einen Erwachsenen darum. Notiere die Werte zum Beispiel in einen kleinen Taschenkalender.

b) Schreibe auch auf, ob die Sonne scheint oder ob es regnet, ob der Himmel klar oder bewölkt ist. Du kannst dazu sehr gut die Symbole der Wetterkarte aus der Tageszeitung verwenden:

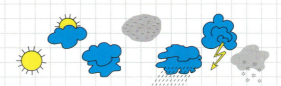

heiter   wolkig   bedeckt   Nebel   Regen   Gewitter   Schnee

c) Führe die Temperaturmessungen und Beobachtungen zu jeder Jahreszeit einen Monat lang durch, zum Beispiel im Oktober, im Januar, im April und im Juli.

A2 Wir notieren unsere Ergebnisse in einer Tabelle

Deine Messergebnisse und Beobachtungen kannst du in einer Tabelle übersichtlich notieren. Das Beispiel unten zeigt dir, wie eine solche Tabelle aussehen kann.

Name: *Martina Meier*			
Monat: *Oktober*	1.10.	2.10.	3.10.
Temperatur um 7 Uhr	5 °C	3 °C	7 °C
um 14 Uhr	9 °C	8 °C	14 °C
um 21 Uhr	7 °C	4 °C	8 °C
Wetterlage vormittags	⛅	⛅	☀
nachmittags	⛅	☁	☀

Sonne, Wetter, Jahreszeiten

Übung: Wetter und Wetterbeobachtung

A3 Wir berechnen die Tagesdurchschnittstemperatur

Aus den drei Messergebnissen für die Tagestemperaturen kannst du nun die Durchschnittstemperaturen errechnen. Beachte: Der Abendwert wird doppelt gerechnet. Das ist eine internationale Vereinbarung.

Beispiel:	1. Oktober	
7 Uhr	5 °C	
14 Uhr	9 °C	Tagesdurchschnitt:
21 Uhr	7 °C	28 °C : 4 = 7 °C
21 Uhr	7 °C	
Summe:	28 °C	

Achtung: Bleibt beim Dividieren ein Rest von 1, so runde ab, bleibt ein Rest von 2 oder 3, so runde auf.

Beispiele: 37 : 4 = 9   Rest 1, also 9 °C
           −36
            1

           19 : 4 = 4   Rest 3, also 5 °C
           16
            3

A4 Messkurve für einen Monat

Stelle die Tagesdurchschnittstemperaturen für einen Monat in einer Messkurve dar.

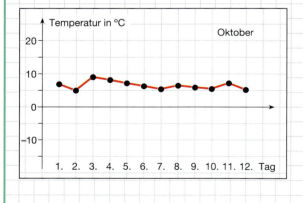

V5 Wir bauen einen Windrichtungsanzeiger

Material: Pappe oder Kartonpapier; Trinkhalm; Stricknadel; Flaschenkorken mit Flasche; Schere; Lineal; Klebstoff; Kompass

Duchführung: Schneide die Pappe nach den Größenangaben in der Zeichnung zu und klebe die Einzelteile zusammen. Die beiden Teile des Papppfeils werden mit dem Trinkhalm verklebt. Fülle anschließend die Flasche mit Wasser, damit sie nicht so leicht umkippen kann und setze den Korken auf. Befestige den Windrichtungsanzeiger mit Hilfe der Stricknadel am Korken.

Aufgaben: a) Stelle das Gerät bei windigem Wetter auf dem Schulhof erhöht auf (z. B. auf einer Mauer). Bestimme die Windrichtung mit Hilfe des Kompasses oder durch Schätzung, wenn dir die Lage der Himmelsrichtungen an deiner Schule bekannt ist (z. B. durch vorangegangene Beobachtungen des Sonnenverlaufes). Beachte dabei, dass die Richtung, aus der der Wind weht, die Windrichtung ist (vgl. auch V 6).
b) Beobachte die Windrichtung an verschiedenen Tagen und protokolliere deine Ergebnisse. Untersuche, ob es eine bevorzugte Windrichtung gibt.
c) Für wissenschaftliche Messungen ist dein Gerät nicht geeignet. Nenne Eigenschaften, die ein Windrichtungsanzeiger für Profis haben sollte.

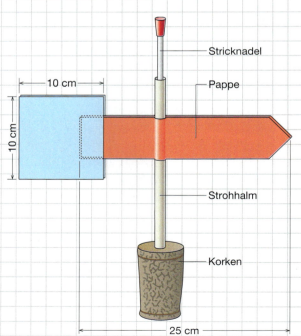

Sonne, Wetter, Jahreszeiten

V6 Langzeitbeobachtung des Wetters

Material: Thermometer; Regenmesser; Windrichtungsanzeiger; falls vorhanden: Windstärkemesser, Barometer, Luftfeuchtigkeitsmesser; 1 Wetterbeobachtungsbogen; 1 Stück Karton; Klebstoff; Klarsichthülle.

Durchführung: Führe über einen längeren Zeitraum hinweg Wetterbeobachtungen durch. Miss dazu die *Lufttemperatur,* falls möglich auch Luftdruck und *Luftfeuchtigkeit.* Ermittle die *Windrichtung* und die *Windstärke.* Die Windrichtung wird immer nach der Richtung bezeichnet, aus der er weht. Bei Westwind notiert man daher ein W. Die Windstärke kannst du entweder mit Hilfe der Tabelle rechts bestimmen oder mit Worten beschreiben (windstill, leicht, kräftig, Sturm). Berichte über die *Niederschlagsmenge* und die Art der *Niederschläge* (Regen, Graupel, Hagel, Schnee). Die *Bewölkung* kannst du in vier Stufen festhalten:

○ wolkenlos   ◐ heiter
◑ wolkig   ● bedeckt.

Aufgaben: a) Notiere deine Beobachtungen auf einem Beobachtungsbogen (Beispiel unten). Klebe den Bogen auf Karton und schiebe ihn in eine Klarsichthülle.
b) Vergleiche deine eigenen Beobachtungen mit dem regionalen Wetterbericht in der Tageszeitung.

Windstärke	Bezeichnung	Auswirkung	Windgeschw. in km/h
0	still	Rauch steigt gerade empor	0–1
2	leichte Brise	Windfahne bewegt sich, Blätter säuseln	6–11
4	mäßige Brise	bewegt Zweige, dünne Äste, bewegt Staub und loses Papier	20–28
6	starker Wind	bewegt starke Äste, Telefonleitungen pfeifen, Regenschirme schwer zu benutzen	39–49
8	stürmischer Wind	bricht Zweige und kleine Äste, erschwert Gehen erheblich	62–74
9	Sturm	bewirkt kleinere Schäden an Häusern, bricht große Äste	75–88
10	schwerer Sturm	entwurzelt und bricht Bäume, bewirkt große Schäden an Häusern	89–102
11	orkanartiger Sturm	verbreitete Sturmschäden, im Binnenland sehr selten	103–117
12	Orkan	schwerste Verwüstungen, im Binnenland fast nie	über 117

Windstärke-Tabelle

Name: Tobias Barth Klasse: 6a	Monat: Juni		
	1.6	2.6	3.6
Temperatur um 7 Uhr	10 °C	12 °C	10 °C
um 14 Uhr	24 °C	26 °C	27 °C
um 21 Uhr	18 °C	19 °C	18 °C
Niederschlagsart		Regen	
Niederschlagsmenge		5 mm	
Windrichtung	W	SW	W
Windstärke	2	4	1
Bewölkung	◑	●	○

Beobachtungsbogen

Sonne, Wetter, Jahreszeiten

1 Die Erde aus dem Weltraum gesehen

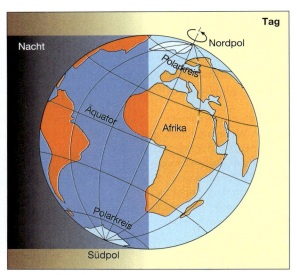

2 Tag und Nacht

2 Die Entstehung der Jahreszeiten

„Im Osten geht die Sonne auf, im Süden steigt sie hoch hinauf, im Westen wird sie untergehen, im Norden ist sie nie zu sehen." Dieser bekannte Merkvers weckt die Vorstellung, dass sich die Sonne um die Erde dreht. In Wirklichkeit *bewegt sich die Erde um die Sonne.*
Außerdem dreht sich die Erde um ihre eigene Achse. Die Zeit, die die Erde für eine solche Drehung um sich selbst braucht, nennen wir einen **Tag.** Er dauert 24 Stunden. Dabei wird nur die Hälfte der Erde von der Sonne beschienen. Auf ihr ist es dann hell, es ist also **Tag.** Die andere Hälfte der Erde liegt im Schatten, dort ist es deshalb dunkel, es ist also **Nacht.**

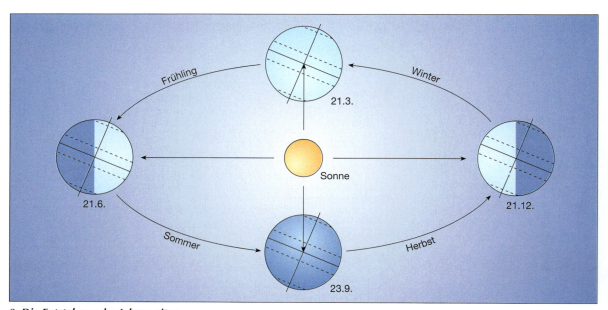

3 Die Entstehung der Jahreszeiten

Sonne, Wetter, Jahreszeiten

Viele tausend Jahre lang haben die Menschen angenommen, dass die Erde der Mittelpunkt des Weltalls sei, um den sich die Sonne und die Sterne drehen. Erst seit etwa 500 Jahren weiß man, dass die Sonne den Mittelpunkt unseres Planetensystems bildet. Die Erde und die anderen Planeten wie Mars, Venus und Jupiter bewegen sich auf fast kreisförmigen Bahnen um die Sonne herum. Dass die Sonne im Mittelpunkt unseres Sonnensystems steht, erkannte der deutsche Astronom Nikolaus KOPERNIKUS (1473–1543). Auf welchen Bahnen sich die Planeten um die Sonne bewegen, entdeckte etwa 100 Jahre später Johannes KEPLER (1571–1630).

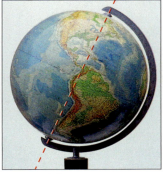

4 Globus

Wie es zum Tag-Nacht-Rhythmus kommt, ist nun klar. Wie aber entstehen die verschiedenen **Jahreszeiten**?

Die Zeit, die die Erde braucht, um einmal um die Sonne zu wandern, nennen wir ein **Jahr**. Es dauert etwas mehr als 365 Tage. Dabei steht die Erdachse aber nicht *senkrecht* zur Umlaufbahn, sondern sie ist *leicht geneigt*. Diese schräge Lage der Erdachse wird auch bei einem Globus deutlich.

Die Neigung der Achse hat zur Folge, dass im Laufe des Jahres nicht alle Teile der Erde gleich viel Licht und Wärme von der Sonne erhalten.

Eine Zeit lang ist die *nördliche Halbkugel*, da wo wir leben, mehr der Sonne zugeneigt. Dann ist **Sommer**. Bei uns sind dann die Tage länger als die Nächte. Auf der *Südhalbkugel* ist zur selben Zeit **Winter** (lange Nächte, kurze Tage). Auf dem Weg der Erde um die Sonne ändert sich dies aber allmählich. Ein halbes Jahr später ist auf der Südhalbkugel Sommer und bei uns im Norden Winter. Im Frühling und Herbst werden Nord- und Südhalbkugel etwa gleich stark von der Sonne beschienen.

Zu dieser Zeit sind Tag und Nacht gleich lang. Eine Besonderheit gibt es in Polargebieten, die durch die Polarkreise begrenzt werden. In diesen Zonen der Erde geht die Sonne im Sommer für eine gewisse Zeit nicht unter. Man spricht dann vom **Polartag** oder der **Mitternachtssonne**. Im Winter geht die Sonne dort für einige Wochen oder Monate überhaupt nicht auf. In dieser Zeit der **Polarnacht** bleibt es dunkel.

1 a) Wie lang sind auf der Abbildung 2 die Äquatorstrecken auf der Tagseite, wie lang auf der Nachtseite? Miss die Strecken in Millimeter.
b) Miss dann die Länge der Strecke auf der Tag- bzw. Nachtseite bei einem nördlichen und südlichen Breitengrad.
c) Ziehe Schlussfolgerungen aus deinen Messungen.
2 Erläutere anhand von Abbildung 3 die Entstehung der Jahreszeiten auf der Nordhalbkugel.
3 Informiere dich über die Klimagebiete auf der Erde, zum Beispiel die Tropen, die gemäßigten Breiten und die Polargebiete. Erkläre die Unterschiede.

Warum ist es auf der Erde unterschiedlich warm?

Streifzug durch die Erdkunde

Wegen der Kugelform der Erde verteilt sich die Strahlung der Sonne auf unterschiedlich große Flächen auf der Erde.

Am *Äquator* fallen die Sonnenstrahlen sehr *steil* auf die Erde, die getroffene Fläche ist *klein*: hohe Temperaturen.

Zu den Polen hin fallen die Sonnenstrahlen *flach* ein. Das führt zu einer *größeren* Fläche und daher *niedrigeren* Temperaturen.

Zu den Polen hin verteilt sich die Wärme der Sonne auf eine größere Fläche. Deshalb ist es dort kühler.

Am Äquator verteilt sich die Wärme auf eine kleinere Fläche. Dort ist es daher stets heiß.

1 Einstrahlung der Sonne in verschiedenen Gebieten der Erde

Sonne, Wetter, Jahreszeiten

Übung | **Jahreszeiten**

V 1 Wir bauen ein Modell Sonne – Erde

Material: 1 Styropor-Kugel (∅ ca. 20 cm); 4 Styroporkugeln (∅ ca. 10 cm); 4 Holzspieße (ca. 20-cm lang); 2 dünne Holzstäbe (∅ ca. 5 mm, Länge ca. 1 m); Wasserfarben; Pinsel

Durchführung: Male die große Kugel als Sonne mit Wasserfarben gelb an. Male die vier kleineren Kugeln hellblau an: Sie sollen die Erde darstellen. Stecke durch jede der kleinen Kugeln einen Holzspieß als Erdachse. Markiere auf jeder dieser Kugeln mit Klebeband den „Äquator". Zeichne jeweils auf eine Halbkugel ein „N" für Nordhalbkugel und auf die andere Hälfte ein „S" für Südhalbkugel.
Durch die „Sonne" steckst du kreuzweise die beiden längeren Stäbe.

Befestige nun die vier „Erdkugeln" auf die freien Enden der längeren Holzstäbe. Achte darauf, dass die „Erdachsen" (Holzspieße) stets in dieselbe Richtung zeigen.
Nun hast du ein Modell, das dir zeigt, wie die Erde in den vier Jahreszeiten zur Sonne steht.

Aufgaben: a) Wir leben auf der Nordhalbkugel. In welcher Stellung in unserem Modell wird die Nordhalbkugel am stärksten beschienen? Welche Jahreszeit herrscht dann bei uns?

b) Welche Jahreszeit herrscht bei uns zu den anderen drei Positionen, die die Erdkugel im Modell einnimmt? (Die Erde dreht sich gegen den Uhrzeigersinn um die Sonne.) Schreibe die Jahreszeiten an kleine Papierfähnchen, die du jeweils an der „Erdachse" befestigst.

c) Betrachte nun noch einmal Abbildung 2 auf Seite 238. Welche Jahreszeit herrscht gerade in Deutschland?

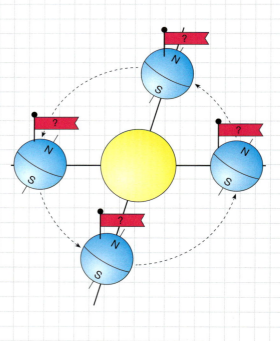

Anmerkung: Die Größenverhältnisse unseres Modells stimmen nicht mit der Wirklichkeit überein. Wenn wir als Sonne eine Kugel mit 20 cm Durchmesser wählen, dann dürfte der Durchmesser der Erde in unserem Modell noch nicht einmal 2 mm betragen. Auch der Abstand zwischen Sonne und Erde ist in unserem Modell viel zu gering. In unserem Modell müsste die Erde in einem Abstand von über 200 m um die Sonne kreisen. Bei einer solchen Verkleinerung wäre allerdings nicht mehr viel zu erkennen.

Sonne, Wetter, Jahreszeiten

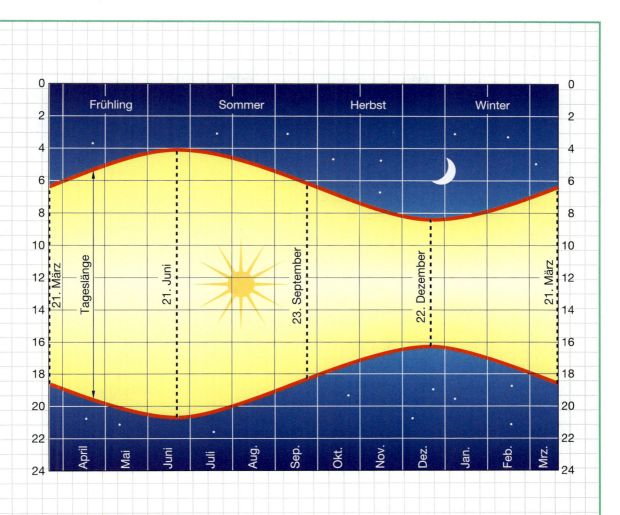

A2 Wir arbeiten mit einem Diagramm der Tageslängen

a) In dem Diagramm kannst du senkrecht die Stunden eines Tages und waagerecht die Monate eines Jahres ablesen. Es zeigt also die gesamte Zeit eines Jahres. Was stellen demnach das gelbe Feld bzw. die blauen Felder dar?

b) Das Diagramm beginnt und endet mit dem 21. März. Warum ist das ein besonderes Datum?

c) Lies den Beginn von allen vier Jahreszeiten ab.

d) Wie ändert sich die Tageslänge in den Jahreszeiten jeweils?

e) Wann ist der längste Tag? Zu welcher Zeit geht dann jeweils die Sonne auf bzw. unter? Lies die Stunden zwischen Sonnenaufgang und Sonnenuntergang ab.
Bestimme dasselbe für den kürzesten Tag.

f) Nenne Gemeinsamkeiten von Frühlingsanfang und Herbstanfang.

g) Wie viele Stunden ist es an einem Tag in den Sommerferien hell (z. B. Anfang August), wie viele in den Weihnachtsferien (z. B. Anfang Januar)?
Hinweis: Die Angaben beziehen sich auf die Stadt Kassel ohne Berücksichtigung der Sommerzeit.

h) Der wärmste Monat des Jahres ist meist der Juli, der kälteste der Januar. Erläutere.

j) Bestimme mit Hilfe des Diagramms und eines Jahreskalenders die Länge der einzelnen Jahreszeiten in Tagen. Was fällt dir auf? Hast du eine Erklärung?

k) Die Tageslänge hat Auswirkungen auf das Leben von Pflanzen und Tieren. Nenne dazu Beispiele.

Sonne, Wetter, Jahreszeiten

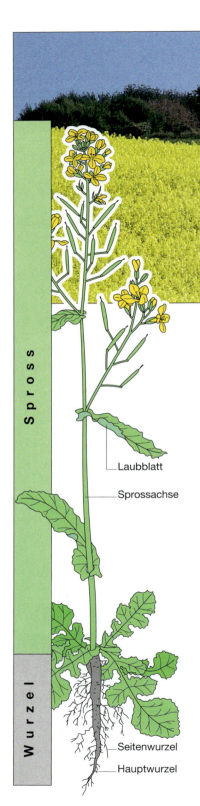

1 Blühendes Rapsfeld

3 Pflanzen brauchen Sonnenlicht

3.1 Samenpflanzen zeigen einen Grundbauplan

Im Frühjahr blüht auf vielen Feldern der Raps. Du erkennst die Rapspflanzen leicht an den gelben Blüten. Zur Zeit der Rapsblüte blühen auch andere Pflanzen wie zum Beispiel die Heckenrose und die Rosskastanie. Pflanzen, die Blüten ausbilden, nennt man *Samenpflanzen*. Haben Samenpflanzen außer Blüten noch weitere gemeinsame Merkmale?

Betrachten wir eine Rapspflanze genauer. Dazu ziehen wir sie aus dem Boden. Deutlich ist die **Wurzel** zu sehen. Sie besteht aus einer pfahlförmigen *Hauptwurzel* und kurzen *Seitenwurzeln*. Die oberirdischen Pflanzenteile bilden den **Spross.** Darunter verstehen wir die Sprossachse mit den Blättern. Die Sprossachse heißt bei *krautigen Pflanzen* wie dem Raps auch *Stängel*. Ist der Stängel verholzt, spricht man von einem *Stamm*. Dies ist bei den *Holzgewächsen* wie der Heckenrose und der Rosskastanie der Fall. Bei der Rosskastanie kann der Stamm sehr dick werden. Er ist lang und trägt die Krone mit den Ästen und Zweigen, an denen sich Blätter und Blüten entwickeln. Eine solche Wuchsform bezeichnet man als *Baum*. Die Heckenrose hingegen ist ein *Strauch:* Von einem sehr kurzen Hauptstamm entspringen kurz über dem Boden viele Seitenstämmchen.

1 Erläutere den Unterschied zwischen krautigen Pflanzen und Holzgewächsen. Nenne möglichst viele Beispiele für beide Pflanzengruppen.
2 Nach einem Sturm wurden Fichten und Buchen entwurzelt, Kiefernstämme abgeknickt. Erläutere diese Beobachtungen. Nimm auch die Pinnwand Seite 243 zu Hilfe.

2 Rapspflanze (Bauplan)

BAUPLÄNE VON SAMENPFLANZEN

Pinnwand

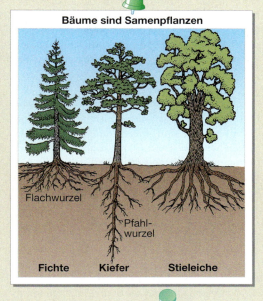

Bäume sind Samenpflanzen

Flachwurzel — Pfahlwurzel

Fichte — Kiefer — Stieleiche

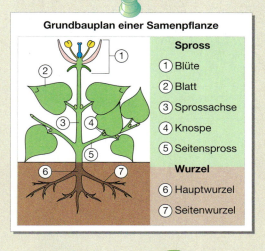

Grundbauplan einer Samenpflanze

Spross
1. Blüte
2. Blatt
3. Sprossachse
4. Knospe
5. Seitenspross

Wurzel
6. Hauptwurzel
7. Seitenwurzel

Die Heckenrose – ein Strauch

Die gefleckte Taubnessel, eine krautige Samenpflanze

- Blüte
- Laubblatt
- Stängel
- unterirdischer Ausläufer
- Wurzel

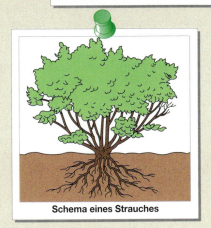

Schema eines Strauches

3 Beschreibe anhand einer Pflanze aus dem Garten die einzelnen Teile einer Samenpflanze.

Sonne, Wetter, Jahreszeiten

3.2 Pflanzenorgane erfüllen bestimmte Aufgaben

Stehen Pflanzen auf der Fensterbank nahe einer kalten Fensterscheibe, kann man mitunter eine seltsame Beobachtung machen: Berühren die Blätter die Scheibe, so wird sie an dieser Stelle nass. Auch die Blattunterseiten fühlen sich feucht an. Können Pflanzen über ihre Blätter „schwitzen"?

Betrachtet man die Unterseite eines **Blattes** stark vergrößert mit einem Mikroskop, sieht man kleine ovale Öffnungen. Es sind *Spaltöffnungen,* die jeweils zwei *Schließzellen* besitzen. Damit kann die Pflanze die Spaltöffnungen öffnen und schließen. Über die Öffnungen gibt die Pflanze Wasserdampf ab. An einer kalten Fensterscheibe verdichtet sich der Wasserdampf zu kleinen Tröpfchen. Diese Verdunstung nennt man *Transpiration.* Über die Spaltöffnung wird jedoch nur ein Teil des Wassers abgegeben. Der Rest verbleibt im Blatt und wird dort zur Herstellung von Nährstoffen verwendet. Dazu benötigt die Pflanze außer dem Wasser noch verschiedene Mineralstoffe. Diese sind im Bodenwasser gelöst. Sie werden ebenfalls über die Wurzeln aufgenommen und in den Leitbündeln transportiert. Da Pflanzen ständig Wasser abgeben, muss es aus dem Boden nachgeliefert werden.

Das Wasser wird dem Blatt über die *Blattadern* zugeführt. In den Blattadern verlaufen Bündel von dünnen Röhrchen. Solche **Leitbündel** führen von den Wurzelspitzen durch die **Sprossachse** bis in die Blätter. Die Röhrchen eines Leitbündels, durch die Wasser transportiert wird, nennt man *Gefäße*.

Ihren Ursprung haben die Leitbündel in den Wurzelspitzen. An jeder Wurzelspitze sitzen viele haarfeine Wurzelhärchen. Durch ihre Wände nimmt die Pflanze Wasser aus dem Boden auf. Die Gefäße bilden von den *Wurzelhaaren* bis zu den Blättern zusammenhängende Leitungsbahnen. Eine weitere Aufgabe der **Wurzel** ist die Verankerung der Pflanze im Boden. Bei einigen Bäumen, wie der Kiefer, kann sie mehrere Meter tief in den Boden wachsen. Andere Bäume bilden flache, aber sehr große Wurzelteller, zum Beispiel die Fichte.

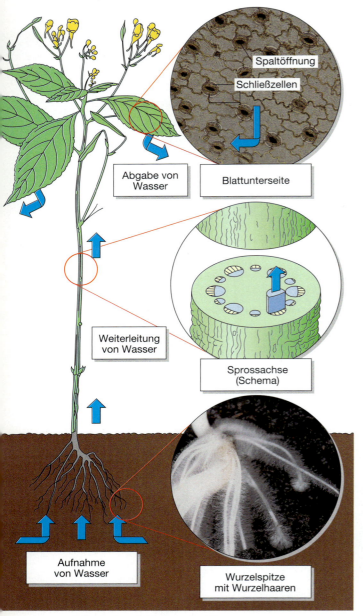

1 Springkraut. Organe des Wassertransports

1 Beschreibe anhand von Abbildung 1 den Weg des Wassers beim Springkraut.

2 Erstelle eine Tabelle nach folgendem Muster in deinem Heft und fülle sie aus:

Pflanzenorgan	Aufgabe
Blatt	...
Sprossachse	...
Wurzel	...

3 Eine Pflanze soll im Garten an eine andere Stelle gesetzt werden. Beim Herausziehen aus dem Boden reißen die meisten Wurzelspitzen ab. Erläutere, welche Auswirkungen für die Pflanze zu erwarten sind.

Sonne, Wetter, Jahreszeiten

3.3 Die Blätter der grünen Pflanzen wandeln Sonnenenergie um

Wie Menschen und Tiere brauchen auch Pflanzen die Nährstoffe Kohlenhydrate, Fette und Eiweißstoffe für ihre Lebensvorgänge. Mit ihren Wurzeln können sie aber nur Wasser und gelöste Mineralstoffe aus dem Boden aufnehmen. Woher bekommen die Pflanzen die lebensnotwendigen Nährstoffe?

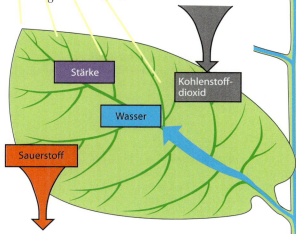

Forscher haben herausgefunden, dass Pflanzen das Kohlenhydrat *Stärke* aus dem *Kohlenstoffdioxid* der Luft und *Wasser* aufbauen können. Dieser Aufbau findet in den *Chloroplasten* der Blätter statt. Die Energie für den Stoffaufbau liefert das *Sonnenlicht*. Diesen Vorgang nennt man **Fotosynthese**.
Bei der Fotosynthese entweicht aus den Spaltöffnungen der grünen Blätter *Sauerstoff*, den fast alle Lebewesen zur Atmung benötigen.

Die Stärke wird von den Pflanzen zu Fetten und Eiweißstoffen umgewandelt, die sie zum Wachsen, Blühen und zur Samenbildung brauchen. Bei diesen Umwandlungsvorgängen werden auch die Mineralstoffe benötigt.

1 Beschreibe anhand der Abbildung, wie die Pflanze Stärke herstellt.
2 Auch Menschen und Tiere benötigen Stärke, Fette und Eiweißstoffe. Erläutere, auf welchem Wege sie sich mit diesen Stoffen versorgen. Vergleiche Pflanzen und Tiere im Hinblick auf die Nährstoffversorgung miteinander.

Wasser

Wasserleitung und Verdunstung bei Pflanzen

Übung

V1 Stängel und Blätter leiten Wasser

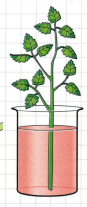

Material: Glaszylinder oder Marmeladenglas; Rasierklinge; Lupe; Eosin oder rote Tinte zum Färben; Fleißiges Lieschen

Durchführung: Gib Wasser und Farbstoff in den Glaszylinder. Stelle einen Spross vom Fleißigen Lieschen ohne Wurzeln in den Glaszylinder und bringe ihn an einen hellen Ort.

Aufgaben: a) Kontrolliere Stängel und Blattadern zwei Tage lang in jeder Pause.
b) Schreibe deine Beobachtungen auf und erkläre sie.

V2 Blätter verdunsten Wasser

Material: 3 Marmeladengläser; 3 Plastiktüten; 3 Gummiringe; Öl; Wasser; Filzstift; Fleißiges Lieschen

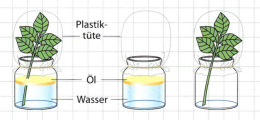

Durchführung: Fülle zwei Gläser gleich hoch mit Wasser und markiere die Füllhöhe. Gieße etwas Öl auf das Wasser, damit es nicht verdunstet. Stelle in eines der Gläser ein Fleißiges Lieschen, ebenso in das leere Glas. Stülpe über die drei Gläser jeweils eine Plastiktüte und ziehe die Gummiringe darüber. Stelle die Gefäße an einen hellen Ort.
Aufgaben: a) Miss täglich den Wasserstand. Notiere das Ergebnis.
b) Beschreibe das Aussehen der Pflanzen und die Veränderungen an den Plastikbeuteln.
c) Erkläre deine Beobachtungen.

Pinnwand

ZIMMERPFLANZEN AUS VERSCHIEDENEN LEBENSRÄUMEN

Flamingoblume oder Anthurie

Heimat: Tropische Regenwälder, Südamerika

Wachstumszeit: März bis September

Pflege: Standort hell, jedoch keine direkte Sonne; Blumenerde mit Styroporflocken auflockern; Topfballen gleichmäßig feucht halten; mit Regenwasser gießen und von Zeit zu Zeit die Blätter besprühen

Alpenveilchen

Heimat: Alpen, östliche Mittelmeerländer

Wachstumszeit: September bis April

Pflege: Standort halbschattig, kühl; kalkfreies Wasser verwenden, nur in den Untersatz gießen; verblühte Stiele aus der Knolle herausdrehen

Usambaraveilchen

Heimat: Ostafrika (Tansania)

Wachstumszeit: Februar bis Oktober

Pflege: Standort hell, jedoch keine direkte Sonne; mäßig gießen; keine Staunässe; Blätter und Blüten nicht übergießen; Temperatur um 20 °C

Pflegemaßnahmen für Zimmerpflanzen

1. Stelle die Pflanzen möglichst so auf, wie es dem jeweiligen Licht- und Wärmebedürfnis nach ihrer Herkunft entspricht.
2. Verändere nicht so häufig den Standort.
3. Achte auf Ruhezeiten zur Blütenbildung.
4. Gieße nur mit Regenwasser oder abgestandenem Wasser von Zimmertemperatur.
5. Gieße nicht mitten in die Pflanze, sondern vom Rand her.
6. Lasse kein Gießwasser im Topfuntersatz stehen.
7. Lockere die Oberfläche der Erde im Topf nach mehrmaligem Gießen mit einem Holzstab auf.
8. Dünge nur nach Vorschrift.
9. Topfe vor der Weihnachtszeit um, wenn der Topf zu klein geworden ist.
10. Informiere dich im Falle dir unbekannter Zimmerpflanzen in Fachbüchern, in einer Gärtnerei oder in einem Blumengeschäft über Name, Heimat, Wachstumszeit und Pflegehinweise.

1 Informiere dich über die Ansprüche weiterer Zimmerpflanzen. Erstelle dazu weitere Steckbriefe.

Kakteen

Heimat: Südamerika

Wachstumszeit: April bis August

Pflege: Von März bis August sonnig, warm und feucht halten; Kakteenerde verwenden; Wurzelhals vor Nässe schützen; bis Juli einmal in der Woche düngen; ab September hell, aber nicht zu warm stellen (etwa 10 °C); wenig gießen; im Frühjahr umtopfen

Was Pflanzen zum Wachstum brauchen

Übung

V1 Wachstum bei Lichtmangel

Material: Kressesamen; zwei Blumentöpfe mit feuchter Gartenerde; Pappschachtel, etwa 20 cm hoch mit Deckel (zum Beispiel ein Schuhkarton)

Durchführung: Streue einige Kressesamen auf die Erde in den Blumentöpfen. Drücke die Samen leicht an. Stelle die Töpfe auf die Fensterbank. Lass die Kressepflänzchen dort etwa fünf Tage lang wachsen. Gieße sie regelmäßig. Gib einen der Blumentöpfe in eine Schachtel und verschließe sie. Stelle sie an einen dunklen Ort, zum Beispiel in einen Schrank. Der andere Topf bleibt weiter im Licht stehen. Halte die Erde in beiden Blumentöpfen feucht. Stelle nach etwa vier Tagen die Töpfe nebeneinander.

Aufgaben: a) Beschreibe die Unterschiede zwischen den Pflanzen in den beiden Blumentöpfen.

b) Salatsorten wie Chicoree, Chinakohl und Staudensellerie sind hell und besonders zart. Informiere dich im Internet über deren Aufzucht. Berichte.

c) Welche Bedeutung hat Licht für alle grünen Pflanzen? Informiere dich dazu auf der Seite „Pflanzenorgane erfüllen bestimmte Aufgaben" und berichte.

V3 Mineralstoffe und Pflanzenwachstum

Material: Samen der Gemüsebohne; Topf mit Blumenerde; 2 Glasgefäße; Fließpapier; Blumendünger; destilliertes Wasser; Styropor®-Stücke

V2 Lichtwendigkeit von Pflanzen

Material: Blumentopf mit feuchter Erde; Kressesamen; Pappschachtel mit Deckel; Messer; Klebeband; Lampe

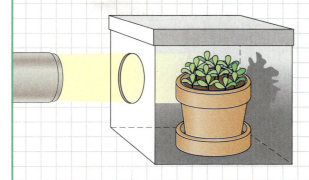

Durchführung: Verfahre wie in Versuch 1. Schneide in die Schachtel seitlich ein zwei Euro großes Loch. Stelle den Topf mit den Pflanzen in die Schachtel. Verschließe diese so, dass nur noch durch das Loch Licht einfällt. Beleuchte die Pflanzen zusätzlich mit einer Lampe. Öffne die Schachtel nach drei Tagen.

Aufgaben: a) Beschreibe die Wuchsform und -richtung der Pflanzen. Erkläre.

b) Erkläre, welche Bedeutung die Lichtwendigkeit für das Gedeihen junger Bäume im Wald hat.

Durchführung: Lass die Samen der Gemüsebohne einen Tag lang in Wasser quellen. Lege sie dann in ein Glasgefäß auf angefeuchtetes Fließpapier. Halte dieses feucht, bis die Keimpflanzen etwa sechs Zentimeter lang sind. Setze eine dieser Pflanzen in Blumenerde. Gieße sie regelmäßig. Stelle eine weitere Pflanze in Düngerlösung und eine andere in destilliertes Wasser. Klemme die Pflanzen durch passende Styropor®-Stücke so fest, dass ihre Wurzeln in die Flüssigkeiten tauchen. Stelle die Pflanzen auf die Fensterbank.

Aufgabe: Vergleiche die Pflanzen nach zwei Wochen bezüglich Größe, Anzahl der Blätter und Wurzelbildung. Berichte und erkläre.

Sonne, Wetter, Jahreszeiten

3.4 Blüten dienen der Fortpflanzung

An einem blühenden Kirschzweig findest du neben den weiß leuchtenden Blüten auch Blütenknospen. Schaust du eine Knospe näher an, fällt dir auf, dass grünlich gefärbte Blätter das Blüteninnere schützend umhüllen. Sie sitzen am Rande eines kelchförmigen Blütenbodens und heißen **Kelchblätter.** Die Ähnlichkeit mit einem Laubblatt gibt einen Hinweis auf ihre Herkunft. Kelchblätter sind umgewandelte Blätter. Trifft dies auch auf die anderen Blütenteile zu? Auffallend an der geöffneten Kirschblüte sind die fünf weißen **Kronblätter.** Bei näherem Hinsehen kannst du sogar Blattadern erkennen. Die Kronblätter locken Insekten wie zum Beispiel Bienen an.

Auf die Kronblätter folgt nach innen ein „Büschel" von 30 **Staubblättern.** Die Umbildung aus Laubblättern ist hier nur schwer nachzuvollziehen. Allerdings geben Zuchtformen von Zierkirschen einen Hinweis: Bei ihren gefüllten Blüten sind Staubblätter zu Kronblättern umgewandelt worden. Jedes Staubblatt setzt sich aus dem *Staubfaden* und dem *Staubbeutel* zusammen. Der Staubbeutel enthält gelben Blütenstaub, den Pollen. Er wird in den vier *Pollensäcken* des Staubbeutels gebildet. Der Pollen besteht aus mikroskopisch kleinen *Pollenkörnern.* In ihnen entwickeln sich die männlichen Geschlechtszellen. Staubblätter sind daher die *männlichen Blütenorgane*.

Aus der Mitte der Staubblätter ragt der *Stempel* heraus. Er ist aus einem **Fruchtblatt** entstanden. Deutlich lassen sich die klebrige *Narbe,* der *Griffel* und der verdickte *Fruchtknoten* unterscheiden. Der Fruchtknoten enthält die *Samenanlage* mit der *Eizelle.* Das Fruchtblatt ist also das *weibliche Blütenorgan.* Blüten, die sowohl männliche als auch weibliche Blütenorgane enthalten, heißen *Zwitterblüten.*

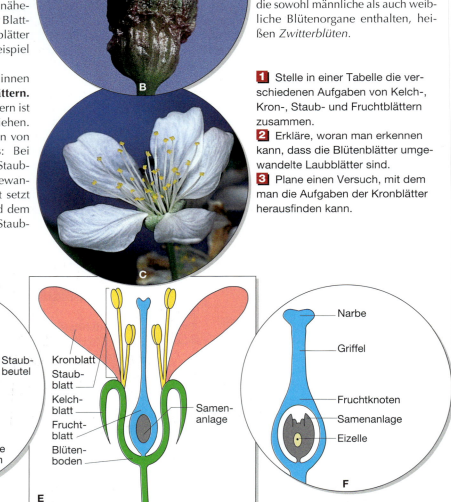

1 Stelle in einer Tabelle die verschiedenen Aufgaben von Kelch-, Kron-, Staub- und Fruchtblättern zusammen.

2 Erkläre, woran man erkennen kann, dass die Blütenblätter umgewandelte Laubblätter sind.

3 Plane einen Versuch, mit dem man die Aufgaben der Kronblätter herausfinden kann.

1 Kirschblüte. A blühende Kirschzweige; **B** Blütenknospe; **C** Blüte; **D** Staubblatt; **E** Blütenlängsschnitt; **F** Fruchtblatt

Sonne, Wetter, Jahreszeiten

Blüten

Übung

A1 Wir zeichnen eine Blüte

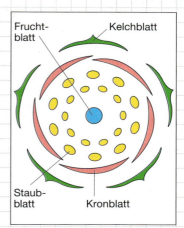

Fertige von dem abgebildeten Längsschnitt der Kirschblüte eine Zeichnung an. Beschrifte.

V2 Wir zergliedern eine Kirschblüte

Material: Kirschblüte; Lupe; Pinzette; ein Stück durchsichtige Klebefolie (8 cm × 8 cm); schwarzer Zeichenkarton

Durchführung: Betrachte den Bau der Kirschblüte mit einer Lupe und suche die einzelnen Blütenteile. Lege dann die Klebefolie mit der Klebeseite nach oben auf den Tisch. Zupfe von der Blüte vorsichtig mit der Pinzette zuerst die Kronblätter, dann die Kelchblätter, die Staubblätter und schließlich den Stempel ab. Ordne die Blütenteile auf dem Zeichenkarton so, wie auf der Abbildung dargestellt. Übertrage dann die Blütenteile in dieser Anordnung auf die Klebefolie und drücke jeweils leicht an. Drehe die Klebefolie mit den anhaftenden Blütenteilen um und klebe sie auf den Zeichenkarton. Du hast nun ein Legebild einer Kirschblüte. Stellt man die Anordnung der Blüten-teile zeichnerisch vereinfacht dar, erhält man einen **Blütengrundriss** oder Blütendiagramm. Im Blütendiagramm sind die einzelnen Blütenteile durch bestimmte Farben gekennzeichnet.

Aufgaben: a) Begründe, warum die Blütenteile im Legebild und im Blütengrundriss kreisförmig angeordnet werden.
b) Zähle die einzelnen Blütenteile und nenne ihre jeweilige Aufgabe.

V3 Wir zergliedern eine Wickenblüte

Material: Blüte einer Gartenwicke; Lupe; Pinzette; ein Stück durchsichtige Klebefolie (10 cm × 10 cm); schwarzer Zeichenkarton

Durchführung: Betrachte den Bau der Wickenblüte mit der Lupe und suche die einzelnen Blütenteile. Stelle dann ein Legebild her. Bedenke, dass Staubblätter und Stempel nebeneinander angeordnet werden müssen.

Aufgaben: a) Die Wickenblüte hat fünf Kronblätter. Vergleiche diese Angabe mit deinem Legebild. Finde eine Erklärung.
b) Vergleiche den Bau der Wickenblüte mit dem der Kirschblüte. Suche im Buch nach Pflanzen, die ähnlich gebaute Blüten wie die Wicke ausbilden.

1 Bestäubung von Kirschblüten durch Bienen

3.5 Blüten werden bestäubt

An dem blühenden Kirschbaum herrscht Hochbetrieb: Bienen fliegen summend von Blüte zu Blüte. Sie werden angelockt von dem Duft, der den weißen Blüten entströmt. Er stammt von einem zuckerhaltigen Saft aus Nektardrüsen am Blütenboden. Dieser *Nektar* dient den Bienen als Nahrung. Sie saugen ihn mit ihrem Rüssel auf und bilden daraus Honig. Verfolgen wir die Blütenbesuche einer Biene!

Bei einer Kirschblüte sind die Staubblätter und der Stempel selten gleichzeitig reif. Landet die Biene in einer älteren Blüte mit reifen Staubbeuteln, so drückt sie die Staubblätter beiseite, um an den Nektar zu gelangen. Dabei bleiben viele klebrige Pollenkörner in ihrem Haarpelz hängen. Damit fliegt sie zur nächsten Blüte.

Ist es eine junge Blüte, sind die Staubblätter noch geschlossen, die Narbe dagegen ist reif. Bei der Suche nach dem Nektar streift die Biene einige Pollenkörner an der Narbe ab. Man sagt, die Blüte ist **bestäubt.** Da die Bestäubung durch Bienen, also durch Insekten erfolgte, spricht man von **Insektenbestäubung.** Dabei werden die Narben von jungen Kirschblüten immer mit den Pollenkörnern von *fremden,* älteren Blüten bestäubt. Man spricht daher von **Fremdbestäubung.**

Fremdbestäubung erfolgt auch bei der *Steinnelke.* Ihre Blüten sind lang gestreckt und im unteren Bereich von einer Kelchröhre umschlossen. Durch diese Röhre kann nur der lange und dünne Saugrüssel eines Schmetterlings den Nektar vom Blütenboden aufsaugen. Dabei werden Pollenkörner auf die Narbe übertragen. Bei der Steinnelke reifen die Staubblätter vor der Narbe. Solche Pflanzen, die von Tagfaltern bestäubt werden, heißen auch **Tagfalterblumen.**

Ganz anders erfolgt die Fremdbestäubung bei der *Salweide.* Bestimmt sind dir im zeitigen Frühjahr schon einmal die leuchtend gelben „Kätzchen" aufgefallen. Ein Kätzchen besteht aus vielen Einzelblüten. Es bildet einen *Blütenstand.*

2 Steinnelke

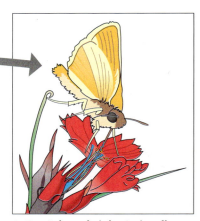

3 Bestäubung bei der Steinnelke

Sonne, Wetter, Jahreszeiten

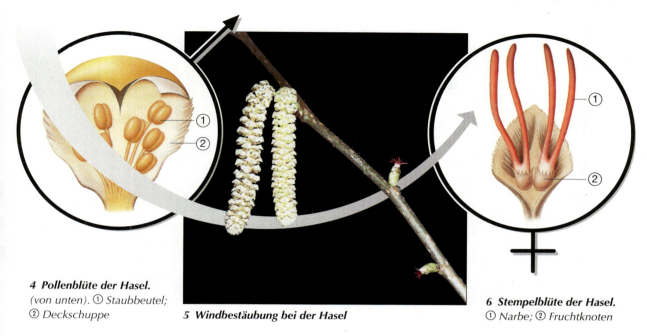

4 Pollenblüte der Hasel.
(von unten). ① Staubbeutel;
② Deckschuppe

5 Windbestäubung bei der Hasel

6 Stempelblüte der Hasel.
① Narbe; ② Fruchtknoten

Allerdings enthalten die Blüten nur Staubblätter. Immer zwei Staubblätter bilden zusammen mit einem kleinen Tragblatt und einer Nektardrüse die männliche Blüte. Man nennt sie *Pollenblüte*. An einer Weide mit Pollenblüten findest du keine weiblichen Blüten. Sie sitzen an Weiden mit grau-grünen Kätzchen. Ein weiblicher Blütenstand setzt sich aus vielen *Stempelblüten* zusammen. Von dem Duft ihres Nektars werden Bienen angelockt. Bei der Nektarsuche bestäuben sie die klebrigen Narben mit Pollenkörnern.

Bei der Salweide sind die weiblichen und männlichen Blüten auf zwei Pflanzen verteilt. Sie „wohnen" sozusagen in „zwei Häusern". Solche Pflanzen heißen *zweihäusig*. Im Gegensatz zu den Zwitterblüten der Kirsche enthalten die Weidenblüten nur männliche oder nur weibliche Blüten. Sie sind *getrenntgeschlechtlich*.

Auch die *Hasel* hat getrenntgeschlechtliche Blüten. Männliche und weibliche Blüten findest du jedoch an einer Pflanze. Sie ist *einhäusig*. Die männlichen Blütenstände kannst du leicht als gelbe Kätzchen erkennen. Die weiblichen Blütenstände sind dagegen nur durch die roten pinselartigen Narben zu erkennen. Sie sind unscheinbar und werden von Insekten nicht besucht. Die Bestäubung erfolgt durch den Wind: Aus den reifen Staubbeuteln einer männlichen Blüte fallen bei warmem Wetter die trockenen, leichten Pollenkörner auf die Deckschuppe der darunter liegenden Blüte. Durch den Wind werden sie fortgeweht. So gelangen einige Pollenkörner zu den weiblichen Blütenständen. Eine solche **Windbestäubung** findest du auch bei den Gräsern und vielen Bäumen.

1 Beschreibe die Bestäubung bei der Kirschblüte.
2 Nenne andere Möglichkeiten der Bestäubung.
3 Begründe, warum Pflanzen mit Insektenbestäubung meist sehr auffällige Blüten haben.
4 Erkäutere, was man unter Fremdbestäubung versteht. Nenne Einrichtungen, durch die Fremdbestäubung gesichert wird.

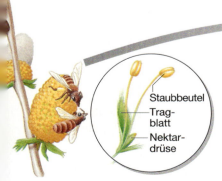

7 Salweide *(männlicher Strauch)*

8 Salweide *(weiblicher Strauch)*

37

Sonne, Wetter, Jahreszeiten

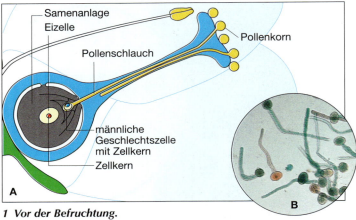

1 *Vor der Befruchtung.*
A wachsende Pollenschläuche; B keimendes Pollenkorn

3.6 Von der Bestäubung zur Frucht

Nach der Bestäubung einer Kirschblüte keimen die Pollenkörner auf der Narbe und wachsen in den Stempel hinein. Durch ein Mikroskop kann man den Vorgang der **Befruchtung** beobachten: Aus dem Pollenkorn wächst ein Pollenschlauch durch die Narbe in den Griffel. Der *Pollenschlauch* dringt in die Samenanlage ein, öffnet sich und setzt einen Zellkern frei. Dieser verschmilzt mit der *Eizelle* und damit ist die Eizelle befruchtet.

Nun verschließt sich die Samenanlage, sodass keine weiteren Pollenschläuche in sie eindringen können. Nach der Befruchtung der Eizelle werden die Kronblätter braun und fallen ab. Auch Griffel und Narbe vertrocknen. Der Fruchtknoten wird dagegen dicker und entwickelt sich zur **Kirschfrucht**.

Die auffällig rot gefärbten, schmackhaften Früchte der Kirsche locken hungrige Tiere an, die Früchte fressen. Die Tiere können zwar das Fruchtfleisch verdauen, die innere Fruchtschale widersteht jedoch den Verdauungssäften. Mit dem Kot werden die unverdauten **Samen** der Kirsche wieder ausgeschieden. Sie keimen dann an einem von der Mutterpflanze entfernten Ort.

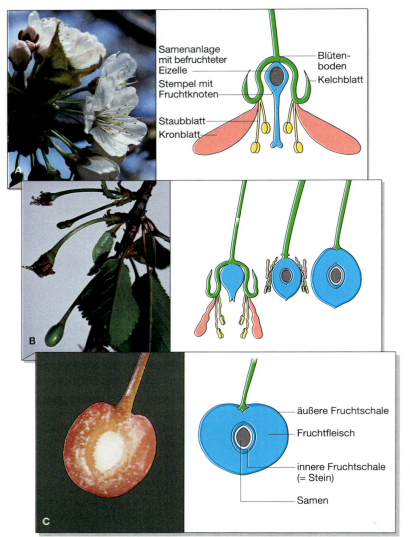

2 *A–C Entwicklung der Kirschfrucht*

1 Beschreibe die Entwicklung der Kirschfrucht anhand der Abbildungen 1 und 2.
2 Beschreibe den Aufbau einer reifen Kirsche.
3 Erläutere, welchen Zweck die Kirschfrucht erfüllt.
4 In einer Kirsche und in jeder anderen Frucht ist Sonnenenergie gespeichert. Erkläre diese Aussage.

VERMEHRUNG – NICHT NUR DURCH SAMEN

Pinnwand

Geschlechtliche und ungeschlechtliche Vermehrung

Blütenpflanzen können sich auf zweierlei Art vermehren: Meist vermehren sie sich durch *Samen*. Samen entwickeln sich nach der Befruchtung der Eizelle durch eine männliche Geschlechtszelle. Eine solche Vermehrung bezeichnet man als *geschlechtliche Vermehrung*.

Manche Blütenpflanzen sind jedoch in der Lage, sich zusätzlich ohne Ausbildung von Samen zu vermehren. Diese *ungeschlechtliche Vermehrung* erfolgt durch Ausläufer, Ableger, Brutknollen, Wurzelknollen oder Stecklinge.

Die **Erdbeerpflanze** bildet im Sommer Seitensprosse. Aus der Blattrosette der Mutterpflanze wachsen diese *Ausläufer* auf dem Erdboden entlang. In bestimmten Abständen werden aus den Knospen Wurzeln und Blätter gebildet. Wenn diese Tochterpflanzen selbstständig Nährstoffe bilden können, vertrocknen die Ausläufer.

Das **Brutblatt** bildet an den Blatträndern winzige Tochterpflanzen mit Wurzeln und Blättchen. Fallen diese *Ableger* auf die Erde, wachsen sie unter der Mutterpflanze fest. Die Tochterpflanzen können dann umgesetzt werden.

[1] Erkundige dich in Baumschulen, welche Pflanzen ungeschlechtlich vermehrt werden. Berichte.

[2] Überlege dir, welchen Vorteil die ungeschlechtliche Vermehrung für die Pflanze hat.

Usambaraveilchen aus Blattstecklingen

Steckt man das Blatt eines Usambaraveilchens in feuchte Erde, bilden sich nach etwa einer Woche an der Schnittfläche Wurzeln. Es ist ein *Steckling* entstanden. Aus Stecklingen von einer Mutterpflanze entstehen so beliebig viele Tochterpflanzen.

Scharbockskraut

Sonne, Wetter, Jahreszeiten

1 Löwenzahn. „Pusteblume" – Fruchtstand des Löwenzahns

3.7 Verbreitung von Früchten und Samen

Wenn du eine „Pusteblume" pflückst und darauf pustest, wirbeln viele kleine, fallschirmartige Gebilde durch die Luft. Die „Pusteblume" ist der Fruchtstand des Löwenzahns. Er besteht aus etwa 150 Einzelfrüchten, denn aus jeder einzelnen Blüte des gelben Blütenstandes hat sich eine Frucht entwickelt. Die Früchte besitzen Widerhaken und hängen an einem „Fallschirm" aus Haaren.

Schirmflieger wie der Löwenzahn werden durch den Wind verbreitet und können viele Kilometer weit fliegen. Solche Früchte bezeichnet man als **Flugfrüchte.** Nach der Landung verankern sie sich mit Widerhaken auf dem Untergrund und keimen zu einer neuen Pflanze aus. So können sie sich an ihrem Standort verbreiten und neue Lebensräume besiedeln. Die Früchte des *Weidenröschens* sind mit einem Haarschopf ausgestattet, der wie ein Wattebäuschchen aussieht. Auch Weiden und *Pappeln* gehören zu den **Schopffliegern.** Ihre „Wattebäuschchen" bilden zur Flugzeit am Boden oft regelrechte Teppiche. Die Früchte von *Birke* und *Erle* haben zwei kleine Häutchen als Flügel. Diese **Segelflieger** schweben durch die Luft und keimen bei der Landung auf geeignetem Untergrund. Die Früchte der *Ulme* sitzen in der Mitte einer häutigen Scheibe. Im Flug rotieren sie um die eigene Achse. Auch der *Spitzahorn* hat Flugfrüchte. Jeweils zwei Früchte mit propellerartigen Flügeln sind zusammengewachsen. Sie werden durch den Wind getrennt. In der Luft drehen sie sich schraubenförmig und verlängern dadurch ihren Flug. Auch die Früchte von Hainbuche und Esche gehören zu den **Schraubenfliegern.**

Andere Pflanzen wie Ginster und Lupine besitzen **Schleuderfrüchte.** Wenn die Früchte reif sind, trocknen sie aus und brechen auf. Die beiden Hälften der Hülsen verdrehen sich dabei und schleudern die Samen bis zu fünf Meter weit fort. Auch die reifen Früchte des Springkrauts platzen bei Berührung auf und schleudern ihre Samen meterweit fort.

Im Herbst sammeln Eichhörnchen die reifen Früchte vieler Sträucher und Bäume und verstecken sie als Wintervorrat im Boden oder in Baumhöhlen. Aus den Samen der Früchte, deren Verstecke die Eichhörnchen vergessen haben, keimen im Frühjahr neue Pflanzen.

Manche Pflanzen schicken ihre Früchte als „blinde Passagiere" auf die Reise. Sie besitzen Haare mit Widerhaken, die wie eine Klettvorrichtung wirken. Sie haken sich im Fell oder im Gefieder von Tieren fest und werden irgendwo wieder abgestreift. Auch der Mensch verbreitet unfreiwillig **Klettfrüchte** wie Kleblabkraut, Klette und Waldmeister.

Die Früchte des Schneeglöckchens enthalten Samen mit fetthaltigen Anhängseln, die gern von Ameisen gefressen werden. Sie schleppen die Samen häufig zu ihrem Bau. Unterwegs verzehren sie das Anhängsel und lassen den Samen liegen. Veilchen dagegen machen sich die Vorliebe der Ameisen für Süßes zunutze. Die Samen in ihren Früchten haben süße Anhängsel, mit denen sie die Ameisen anlocken. Die Früchte von Schneeglöckchen, Veilchen, Taubnesseln und Schöllkraut nennt man daher **Ameisenfrüchte.**

2 Blühender Löwenzahn

Sonne, Wetter, Jahreszeiten

3 Schleuderfrucht (Ginster) *4 Klettfrüchte (Kleblabkraut)*

5 Lockfrüchte (Vogelbeere)

Manche Bäume und Sträucher wie zum Beispiel Eberesche, Himbeere, Holunder oder Schneeball haben auffällig gefärbte **Lockfrüchte,** die von Vögeln gefressen werden. Die in den Früchten liegenden Samen haben harte Schalen. Sie sind unverdaulich und werden daher mit dem Kot der Vögel oft weit entfernt von der „Mutterpflanze" ausgeschieden.

Wasserpflanzen wie der Wasserhahnenfuß haben **Schwimmfrüchte.** Sie enthalten Luft in ihrem Gewebe. So können sie auf der Wasseroberfläche schwimmen. Sie treiben mit der Wasserströmung weit fort.

1 Ordne die Früchte und Samen aus Abbildung 6 nach ihren Verbreitungseinrichtungen (4 Gruppen).
2 Begründe, warum du an Straßenrändern, Feldrainen oder Wiesen manchmal ein Blütenmeer aus Löwenzahn findest.
3 Nenne Lockfrüchte, die gern von Vögeln gefressen werden.
4 Lasse im Klassenraum aus etwa 2,50 m Löwenzahnfrüchte zu Boden fallen. Miss mit einer Stoppuhr die Fallzeiten und berechne den Mittelwert. Entferne dann den „Fallschirm" und führe den Versuch erneut durch. Vergleiche die Fallzeiten miteinander und begründe die Unterschiede.
Führe ähnliche Versuchsreihen mit anderen Flugfrüchten durch.

6 Früchte werden unterschiedlich verbreitet. ① *Birke,* ② *Ginster,* ③ *Himbeere,* ④ *Wasserhahnenfuß,* ⑤ *Linde,* ⑥ *Klette,* ⑦ *Weidenröschen*

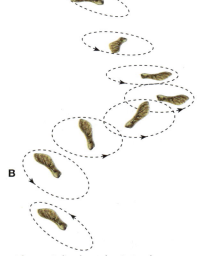

7 Ahorn. A fruchtender Spitzahorn, B Schraubenflug einer Teilfrucht

Sonne, Wetter, Jahreszeiten

3.8 Eine Samenpflanze entwickelt sich

Bohnen sind die Samen von Bohnenpflanzen. Ein Bohnensamen wird von einer lederartigen **Samenschale** umgeben. Im Innern liegt ein kleines Pflänzchen, ein **Embryo.** Er enthält zwei große *Keimblätter,* in denen Nährstoffe gespeichert sind. Der Embryo zeigt außerdem eine *Keimwurzel,* einen *Keimstängel* und winzige *Laubblätter.* Als Samen überdauert zum Beispiel die Feuerbohne ungünstige Bedingungen wie Trockenheit oder Frost. Was passiert aber, wenn der trockene Samen in feuchte Erde gelangt?

Zunächst nimmt die Bohne Wasser auf und quillt. Dabei vergrößern sich ihr Gewicht und ihr Umfang. Bei dieser **Quellung** entsteht ein so großer Druck, dass das umgebende Erdreich gelockert wird. Nach einigen Tagen platzt die inzwischen weiche Samenschale: Die Keimwurzel bricht durch. Sie dringt senkrecht in die Erde ein. Dabei streckt sie sich in die Länge. Das *Streckungswachstum* lässt sich durch Markierung der Keimwurzel gut beobachten. Man nennt die Wachstumszone an der Wurzelspitze auch *Streckungszone.* Die so in die Länge wachsende Keimwurzel entwickelt sich zur *Hauptwurzel,* die im oberen Bereich zahlreiche *Seitenwurzeln* ausbildet. Die Spitzen der Wurzeln sind von einem zarten Haarflaum umgeben. Der Bereich dieser *Wurzelhaare* ist bis zu drei Zentimeter lang. Über die Wurzelhaare nimmt die Keimpflanze Wasser und die darin gelösten Mineralstoffe auf. Eine weitere Aufgabe der Wurzeln ist die Verankerung der Pflanze im Erdboden. Dann streckt sich auch der Keimstängel. Dabei biegt er sich hakig um und wächst durch den gelockerten Boden

1 Feuerbohne. A *Samen (trocken und gequollen);* **B** *Samen aufgeklappt (① Samenschale);*

nach oben. Allmählich wird so die Keimknospe mit den zwei gelblichen, inzwischen gewachsenen Laubblättern aus der Samenschale gezogen. Bei der Feuerbohne bleibt im Gegensatz zur Gemüsebohne der Stängelabschnitt mit den Keimblättern im Erdboden. Dann durchbricht der gelblich weiße Stängel mit den Laubblättern den Erdboden und richtet sich auf. Im Licht werden Stängel und Laubblätter grün. Bei der Gemüsebohne ergrünen auch die Keimblätter.

Unter **Keimung** versteht man den Entwicklungsabschnitt bei Pflanzen von der Quellung der Samen bis zur Entfaltung der ersten Laubblätter. In dieser Zeit spricht man von Keimpflanzen.

C Embryo (② Keimblatt, ③ Laubblätter, ④ Keimstängel, ⑤ Keimwurzel)

1 Beschreibe den Aufbau eines Samens der Feuerbohne. In der Einbuchtung der Bohne ist ein heller Fleck zu sehen, den man als *Nabel* bezeichnet. Um welche Stelle handelt es sich hier?

2 Beschreibe die Keimung der Feuerbohne. Nimm auch die Abbildung 2 (A bis H) zu Hilfe.

3 Auf die Keimwurzel, die Keimblätter und die Laubblätter eines Embryos der Feuerbohne wird jeweils ein Tropfen Iodlösung gegeben. Nur bei den Keimblättern färbt sich die Auftropfstelle blauschwarz. Dies ist ein Zeichen für das Vorhandensein von Stärke. Finde eine Erklärung für das Versuchsergebnis.

4 Plane einen Versuch, mit dem du nachweisen kannst, welche der Bedingungen Wasser, Wärme, Erde, Licht und Luft für die Keimung notwendig sind.

Sonne, Wetter, Jahreszeiten

Methode — **Umgang mit Diagrammen und Tabellen**

Naturwissenschaftliche Texte enthalten oft **Diagramme** und **Tabellen.** Diese stellen eine Fülle von Informationen übersichtlich und anschaulich dar. Sie müssen oft in mehreren Schritten gelesen werden. Die einzelnen Schritte können dabei von Darstellung zu Darstellung verschieden sein. Es gibt unterschiedliche Darstellungsformen. Am häufigsten sind **Kreisdiagramme** und **Säulendiagramme.** Tabellen und Diagramme können auch als Grundlage für Vorträge dienen.

1 Sieh dir das Kreisdiagramm an. Es zeigt dir, welche Kosten ein Hund in einem Jahr verursacht und wie hoch diese Kosten im Einzelnen sind. Beantworte folgende Fragen:
a) Welche Bedeutung haben die Kreisabschnitte?
b) Welche Bedeutung haben die Farben?
c) Verfasse einen Text, in dem die wichtigsten Aussagen des Diagramms enthalten sind.

2 In diesem Säulendiagramm ist das Wachstum einer Feuerbohne dargestellt. Sieh dir das Diagramm genau an und beantworte die folgenden Fragen:
a) Welche Bedeutungen haben die Achsen?
b) Wie sind die Achsen eingeteilt?
c) Welche Bedeutung haben die Säulen?
d) Verfasse einen Text, in dem die wichtigsten Aussagen des Diagramms enthalten sind.

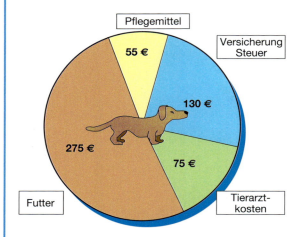

1 Kreisdiagramm (Kosten pro Jahr)

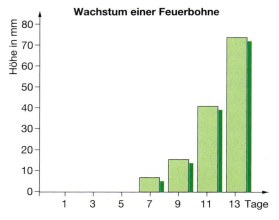

2 Säulendiagramm

3 In der folgenden Tabelle werden die Wachstumsbedingungen für Bohnen dargestellt. Vergleiche die Tabelle mit den Ergebnissen von V 4 in der Übung „Keimung und Wachstum". Nenne die Unterschiede.

	Glas A	Glas B	Glas C	Glas D	Glas E	Glas F
Erde	ja	Watte	ja	ja	ja	ja
destilliertes Wasser ohne Mineralstoffe	ja	ja	nein	ja	ja	ja
Temperatur	warm	warm	warm	warm	kalt	warm
Licht	ja	ja	ja	nein	ja	ja
Luft	ja	ja	ja	ja	ja	nein
Ergebnis	wächst	wächst, stirbt später ab	wächst nicht	wächst, ergrünt nicht	wächst nicht	wächst nicht

Sonne, Wetter, Jahreszeiten

Keimung und Wachstum

Übung

V1 Samen als „Sprengmaterial"

Material: Samen der Gemüsebohne; großer Eimer; kleines Marmeladenglas mit Deckel; Wasser
Durchführung: Fülle das Marmeladenglas randvoll mit trockenen Bohnen. Gib dann, ebenfalls bis zum Rand, Wasser hinzu. Verschließe das Glas mit dem Deckel und stelle es einen Tag lang in den Eimer.
Aufgaben: a) Beschreibe deine Beobachtungen nach einem Tag.
b) Erkläre das Versuchsergebnis.

V2 Wachstumsprotokoll

Material: Samen der Feuerbohne; Blumenerde; Marmeladenglas; Wasser; Lineal
Durchführung: Lege eine Bohne einen Tag lang in Wasser. Fülle Erde in das Marmeladenglas. Drücke den Bohnensamen ganz am Rand etwa vier Zentimeter in die Erde, sodass du ihn von außen sehen kannst. Stelle das Gefäß hell und warm auf.
Aufgaben: a) Miss täglich die Länge des Keimstängels. Schreibe die Werte auf.
b) Fertige ein Diagramm wie in der Abbildung an. Zeichne täglich den sichtbaren Zustand des Samens, des Keimlings und später der Pflanze.

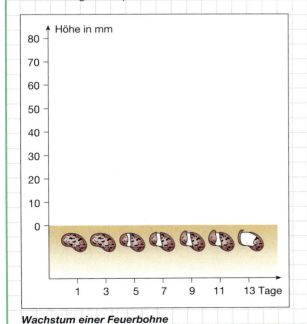

Wachstum einer Feuerbohne

V3 Untersuchung der Keimblätter

Material: gequollene Samen der Feuerbohne; Küchenmesser; Nadel; Pinzette; Zeichenpapier; Bleistift; Lupe
Durchführung: Entferne die Samenschale der Feuerbohne vorsichtig mit dem Küchenmesser. Klappe die beiden Keimblätter auseinander. Betrachte die aufgeklappten Keimblätter mit der Lupe.
Aufgabe: Zeichne beide Keimblätter und beschrifte sie.

V4 Keimungsbedingungen der Gemüsebohne

Material: Samen der Gemüsebohne; sechs gleich große Marmeladengläser (ein Glas mit Deckel); Watte; Blumenerde; Schuhkarton
Durchführung: Glas A: Fülle das Glas zu etwa einem Drittel mit Blumenerde. Feuchte die Erde an. Lege sechs Bohnen gleichmäßig verteilt auf die Erde und drücke sie leicht an. Stelle das Glas an einen hellen und warmen Ort, etwa auf die Fensterbank. Halte die Erde feucht, aber nicht nass.
Glas B: Fülle Glas B zu etwa einem Drittel mit Watte. Verfahre dann weiter wie bei Glas A.
Glas C: Fülle Glas C mit trockener Blumenerde. Verfahre dann weiter wie bei Glas A. Lass die Erde jedoch trocken.
Glas D: Verfahre mit Glas D wie bei Glas A. Stülpe über das Glas dann den Schuhkarton, sodass es vollständig abgedunkelt ist.
Glas E: Verfahre mit Glas E wie bei Glas A. Stelle das Glas bei Frost ins Freie.
Hinweis: Dieser Versuch ist im Sommer nicht machbar. Du kannst ihn nur im Winter bei Frost durchführen.
Glas F: Verfahre mit Glas F wie bei Glas A. Verschließe jedoch das Glas luftdicht mit dem Deckel. Beobachte die Versuchsreihe zwei Wochen lang täglich.
Aufgaben: a) Halte deine Beobachtungen in Form einer Tabelle fest.
b) Erstelle eine weitere Tabelle, aus der du entnehmen kannst, welche Bedingungen Bohnenpflanzen zur Keimung brauchen. Nimm dazu die Methodenseite „Umgang mit Diagrammen und Tabellen" zu Hilfe.

Sonne, Wetter, Jahreszeiten

1 Frühblüher. A Laubwald mit Buschwindröschen; **B** Krokus

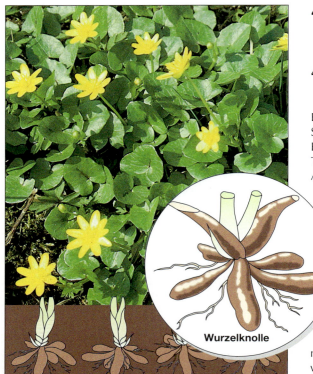

2 Scharbockskraut

4 Pflanzen und Tiere im Jahreszyklus

4.1 Manche Pflanzen findet man nur im Frühjahr

Es ist Frühling: Der Schnee ist geschmolzen. Die wärmende Sonne dringt durch die noch laubfreien Baumkronen im Buchenwald und erhellt den Waldboden. Wie von einem Teppich ist er mit verschiedenen Blütenpflanzen bedeckt. An manchen Stellen erscheint er völlig weiß durch die Blüten der Buschwindröschen. An anderen Stellen bildet das Scharbockskraut durch seine Blüten gelbe Flecken. Es ist leicht an den glänzenden rundlichen Blättern zu erkennen. Pflanzen wie Schneeglöckchen, Buschwindröschen, Scharbockskraut, Krokus und Tulpe blühen als Erste im Frühjahr. Solche Pflanzen heißen **Frühblüher.** Wieso können sie unmittelbar nach der kalten Jahreszeit des Winters wachsen und blühen?

Um hierauf eine Antwort zu erhalten, müssen wir einen Blick unter die Erdoberfläche werfen. Beim Buschwindröschen erkennen wir verdickte Sprosse, die waagerecht unter der Oberfläche liegen.

Sonne, Wetter, Jahreszeiten

Solche **Erdsprosse** enthalten Nährstoffe, die in der Wachstumszeit des Vorjahres gebildet wurden. Mit den Erdsprossen überdauert das Buschwindröschen die kalte Jahreszeit. An ihrem vorderen Ende werden im Frühjahr Blütenstängel und Blätter gebildet, während das hintere Ende im Laufe der Zeit abstirbt. Sind die unteren Abschnitte des Sprosses verdickt wie beim Krokus, spricht man von **Sprossknollen.** Auch Wurzelabschnitte können durch die eingelagerten Nährstoffe verdickt sein. Solche **Wurzelknollen** findet man beim Scharbockskraut. Manche von ihnen sind weich und dunkler gefärbt. Es sind die im Vorjahr angelegten Wurzelknollen, deren Nährstoffe in diesem Frühjahr aufgebraucht wurden. Die neuen Vorratsspeicher hingegen sind hell und hart.

Ganz anders hat die Tulpe ihre Nährstoffe gespeichert. Ihre **Zwiebel** kannst du dir als Pflanze vorstellen, deren Stängel wie eine „Radioantenne" zusammengeschoben wurde. Unten findest du ganz normale Wurzeln. Es folgt eine stark verkürzte Sprossachse, an der seitlich dickfleischige, nährstoffreiche Blätter sitzen, wie du sie von der Küchenzwiebel kennst. An der Spitze befindet sich die Sprossknospe für die Ausbildung der grünen Laubblätter und der Blüte.

Wachsen im Frühjahr Laubblätter und Blüte der Tulpe in kurzer Zeit heran, werden die Vorräte aus den dickfleischigen Zwiebelblättern verbraucht. Die entfalteten grünen Laubblätter liefern dann neue Nährstoffe zum Aufbau einer **Ersatzzwiebel,** die den Nährstoffvorrat für das nächste Frühjahr speichert. Außerdem werden **Brutzwiebeln** gebildet, die der Vermehrung der Tulpe dienen.

Im Sommer finden wir keine Buschwindröschen. Wenn die Bäume ab April ein dichtes Blätterdach ausbilden, erreicht nur noch wenig Sonnenlicht den Waldboden. Die oberirdischen Teile der meisten Frühblüher verwelken jetzt, sodass du sie schon wenige Wochen später nicht mehr findest. Im tiefen Schatten des sommerlichen Waldbodens sind nur noch wenige krautige Pflanzen in der Lage, ausreichend Licht zu gewinnen.

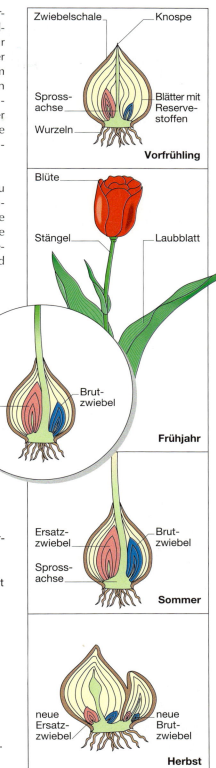

3 *Tulpe mit Zwiebel*

1 Beschreibe die Umweltbedingungen, denen Pflanzen im Winter und Vorfrühling im Wald ausgesetzt sind. Berücksichtige bei deinen Überlegungen Lichtverhältnisse und Temperatur.
2 Wie sind die Frühblüher, zum Beispiel das Scharbockskraut, in dieser Zeit den Umweltbedingungen angepasst? Beschreibe anhand der Abbildungen auf Seite 260 und 261, wie sie den Winter überdauern.
Woher nehmen die Frühblüher die Kraft, so früh im Jahr auszutreiben und zu blühen?
3 Beschreibe den Ausschnitt aus dem Laubwald in der Abbildung 1 A. Was wird sich in den nächsten Wochen verändern? Weshalb wachsen und blühen die Frühblüher im Frühling und nicht im Sommer?
4 Liste die Speicherorgane auf, mit denen Frühblüher überwintern. Nenne jeweils eine Pflanzenart als Beispiel.
5 Informiere dich über weitere Frühblüter, zum Beispiel Leberblümchen, Wald-Veilchen und Hohlen Lerchensporn. Erstelle zu den Arten Steckbriefe.

1 Mischwald im Herbst

2 Herbstlaub

4.2 Im Herbst verändern sich viele Pflanzen

Es ist Herbst. Der Laubwald ist prächtig rot und gelb gefärbt. Anja und Christian sammeln bunte Blätter für den Kunstunterricht. Sie sollen die Blätter zu „Blättertieren" zusammenkleben. Wieso verfärben sich die Laubblätter eigentlich im Herbst? Die grünen Laubblätter versorgten die Pflanze im Frühjahr und vor allem im Sommer mit Nährstoffen. Hierzu benötigten sie neben dem grünen Blattfarbstoff **Chlorophyll** noch Sonnenlicht, Wasser und Kohlenstoffdioxid. Überschüssiges Wasser verdunsteten sie über die Spaltöffnungen in den Blättern.

Im Herbst werden die Tage kürzer und die ersten Nachtfröste setzen ein. Ein gefrorener Boden gibt jedoch kein Wasser mehr her. Die Pflanzen würden kein Wasser aus dem Boden nachsaugen können: Sie würden vertrocknen, wenn sie ihre Blätter behalten. Um die kalte Jahreszeit im Winter zu überstehen, müssen die Pflanzen ihre Blätter abwerfen. Bevor dies geschieht, werden zunächst Nährstoffe und das Chlorophyll abgebaut und in Stamm und Wurzel transportiert. Im Blatt bleiben gelbe und rote Farbstoffe zurück. Sie sind die Ursache für die prächtige *Laubfärbung* im Herbst. Jetzt werden an den Abbruchstellen des Blattstiels eine frische Zellschicht und Korkstoff gebildet; hierdurch fällt das Blatt ab. Die entstehenden Blattnarben werden verschlossen. In jeder Blattachsel ruht jedoch bereits die Knospe für einen neuen Seitenspross.

Der Waldboden bedeckt sich nun mit herabfallendem Laub. Die dichte Laubdecke bildet einen Kälteschutz für Pflanzen und Tiere des Waldbodens. Im Laufe der nächsten Monate werden die Blätter von Kleinlebewesen zerfressen und zu **Humus** umgewandelt.

1 Nenne die Früchte auf Seite 263, die nicht nur für Tiere, sondern auch für Menschen essbar sind.
2 Informiere dich über die Merkmale der Fruchttypen auf Seite 263. Stelle eine Tabelle zusammen.

3 Humusbildung

SAMEN UND FRÜCHTE AN HECKE UND WALDRAND

Pinnwand

Name: *Heckenrose*
Frucht: kugelige bis längliche *Sammelnussfrucht* (A); wird Hagebutte genannt
Besonderheit: Verarbeitung zu Hagebuttentee; reich an Vitamin C; Winternahrung für Vögel

Name: *Haselnuss*
Frucht: braune, hartschalige *Nuss* (A) mit wohlschmeckendem, ölhaltigem Kern
Besonderheit: wird von manchen Säugetieren als Wintervorrat vergraben

Name: *Schwarzer Holunder*
Frucht: schwarze, kugelige *Steinfrucht* (A) mit 3 bis 6 Steinkernen
Besonderheit: Frucht hat gute Heilwirkung bei Erkältungskrankheiten; reich an Vitamin C

Name: *Zweigriffliger Weißdorn*
Frucht: rote *Scheinfrucht*, am Scheitel kraterförmig vertieft mit zwei Griffeln (A)
Besonderheit: Winternahrung für Vögel

Name: *Eberesche / Vogelbeere*
Frucht: anfangs gelbe, später rote *Scheinfrucht* (A)
Besonderheit: Frucht wird vor allem nach dem ersten Frost von Vögeln gefressen

Name: *Schlehe*
Frucht: dunkelblaue, etwa kirschgroße *Steinfrucht* (A) mit runzeligem Kern und saurem Fleisch
Besonderheit: Nahrung für Vögel; Herstellung von Marmelade und Likör

Name: *Pfaffenhütchen*
Frucht: mehrfächerige, karminrote *Kapsel* (A) mit vier eiförmigen, von einem orangefarbigen Samenmantel umgebenem Samen
Besonderheit: giftig

Name: *Stachelbeere*
Frucht: rötliche, rundlicheiförmige, borstige *Beere* (A); Kultursorten auch gelb und grün
Besonderheit: Herstellung von Marmelade und Kompott

Sonne, Wetter, Jahreszeiten

4.3 Die Rosskastanie im Jahresverlauf

Knospen

Am winterlichen Zweig sind über den Blattnarben Seitenknospen und die besonders dicke Endknospe zu erkennen.

Von November bis April hat die **Rosskastanie** keine Laubblätter. Mit ihren kahlen Zweigen wirkt sie im Winter wie abgestorben. Lediglich die hufeisenförmigen Blattnarben erinnern an die Blätter des vergangenen Jahres. Die übereinander liegenden, schuppenförmigen Hüllblätter der **Knospen** schützen die darunter verborgenen zarten Sprossenden sowie Blatt- und Blütenanlagen vor Nässe, Austrocknung und Frost. Die Knospen scheiden eine unangenehm schmeckende harzige Masse aus. Hierdurch werden die Knospenschuppen wasserdicht verklebt und die jungen Blätter vor Tierfraß geschützt.

Blüten

Die Einzelblüten bestehen aus fünfzipfligem Kelch, vier bis fünf ungleichen Kronblättern, Staubblättern und/oder Stempel.

Im Frühjahr schwellen die Knospen an. Sobald die Wurzeln den Baum wieder mit ausreichend Wasser versorgen, entfalten sich ab April erst die **Blätter** und dann die **Blüten.** Die Seiten- und Endknospen entwickeln sich zu vier handförmig gefingerten Laubblättern. Die Endknospen bringen außerdem den Blütenstand hervor. Die Bestäubung erfolgt durch Hummeln und Bienen. Nach der Befruchtung der Eizellen in den Samenanlagen entwickeln sich stachelige Kapselfrüchte, die bis zum Oktober einen Durchmesser von etwa sechs Zentimetern erreichen.

Blätter

Die Blätter sind handförmig gefingert mit fünf bis sieben keilförmigen, gesägten Blättchen. Die Herbstfärbung ist meist gelb und braun.

Im Herbst platzt die Frucht beim Aufschlagen auf den Boden an den Verwachsungsnähten ihrer Fruchtblätter auf und gibt bis zu drei braunrot gefärbte **Samen** frei.

Früchte

Die Kapselfrüchte sind grün, kugelig und oft durch kurze, scharfe, biegsame Stacheln igelartig; innen sitzen ein bis drei braune, glänzende Samen, die „Kastanien".

1 Rosskastanie im Jahresverlauf

1 Ordne die Zettel 1 bis 5 vom Aronstab auf der Pinnwand Seite 265 in eine zeitliche Reihenfolge.

2 Beobachte einen bestimmten Baum über mehrere Monate. Protokolliere alle Beobachtungen und mache Fotos. Präsentiere deine Ergebnisse in geeigneter Form.

DER ARONSTAB IM JAHRESVERLAUF

Pinnwand

feuchter Laubwald – Lebensraum des Aronstabs

Steckbrief:

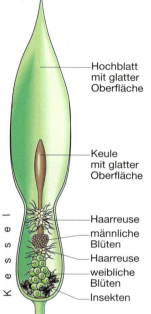

- Hochblatt mit glatter Oberfläche
- Keule mit glatter Oberfläche
- Kessel
- Haarreuse
- männliche Blüten
- Haarreuse
- weibliche Blüten
- Insekten

Aronstab

Blütezeit: April bis Mai

Vorkommen: krautreiche Buchen-, Laubmisch- und Auenwälder, Hecken, auf mehr oder weniger feuchten, nährsalzreichen Lehm- und Tonböden

Überwinterung: mit einer Sprossknolle im Boden

Fortpflanzung: Die Blühdauer des Aronstabs beträgt etwa einen Tag. Nachdem sich das Hochblatt meistens in den Nachmittagsstunden geöffnet hat, werden Aasfliegen und andere Insekten durch Wärme und kotartigen Geruch angelockt. Sie rutschen von der glatten Oberfläche der Keule oder des Hochblattes in den Kessel und übertragen an ihren Haaren klebende Pollenkörner auf die weiblichen Blüten. Die Haarreuse verhindert für einige Stunden das Entweichen der Insekten aus dem Kessel. Am nächsten Tag reifen die männlichen Blüten, und die Insekten bepudern sich erneut mit Pollenkörnern. Sind die Reusenhaare eingetrocknet, verlassen die Insekten den Kessel und fliegen zum nächsten Aronstab.

4 Blätter

1 Beeren

5 Kessel mit Blüten

3 Blütenstand

2 grüne Beeren

51

Sonne, Wetter, Jahreszeiten

4.4 Viele Vögel ziehen im Winter fort

Im Herbst kannst du beobachten, wie sich Vögel sammeln, um in den Süden zu ziehen. Ihre Winterquartiere liegen in Südeuropa oder Afrika. Vögel, die nur im Frühling und Sommer bei uns sind, um zu brüten, werden **Zugvögel** genannt. Mehr als die Hälfte unserer einheimischen Vogelarten flieht so vor Kälte und Nahrungsknappheit. Störche ziehen sogar tausende von Kilometern bis in den Süden Afrikas.

Lange Zeit war es rätselhaft, wie die Zugvögel den Abflugtermin und den richtigen Weg bestimmen können. Wissenschaftler fanden heraus, dass die Vögel unterschiedliche Möglichkeiten nutzen. Sie verfügen über eine Art innere Uhr, die ihnen den Abflugzeitpunkt anzeigt. Auch der zunehmende Nahrungsmangel und die abnehmende Tageslänge sind Hinweise für die Vögel. Zur Orientierung nutzen einige Zugvögel das Magnetfeld der Erde oder die Sterne. Tagzieher wie Störche richten sich dagegen nach der Sonne. Zudem können erfahrene Tiere auffällige Landmarken wie Küsten, Flüsse oder Gebirge nutzen.

Zugvögel sind auf ihrem Weg ins Winterquartier vielen Gefahren ausgesetzt. Manchmal treiben sie starke Winde ab. Sie verfehlen so ihr Zugziel. Oder sie fallen Vogelfängern zum Opfer.

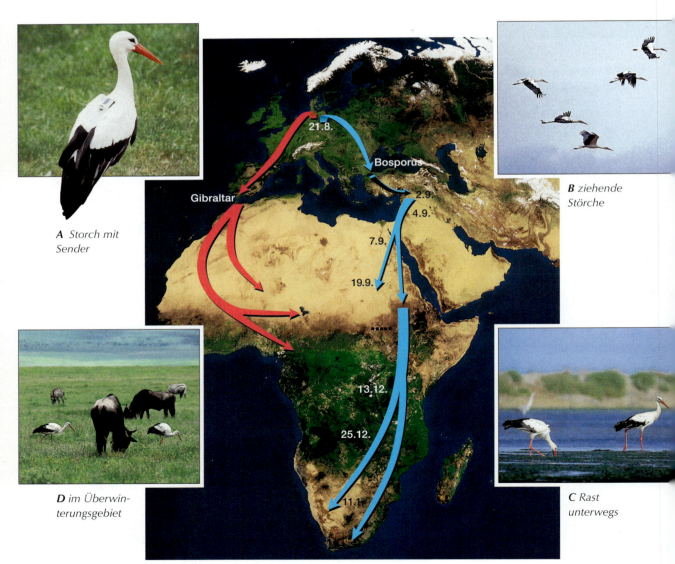

A Storch mit Sender

B ziehende Störche

D im Überwinterungsgebiet

C Rast unterwegs

1 Zug der Weißstörche in ihre Überwinterungsgebiete

Meisens, Drosseln, Finken, Sperlinge und Rotkehlchen sind auch in den Wintermonaten bei uns anzutreffen. Solche Vögel, die das ganze Jahr über in ihrem Brutgebiet bleiben, nennt man **Standvögel** oder *Jahresvögel*.

Viele dieser Standvögel ernähren sich im Winter von den Samen stehen gebliebener Stauden und den Früchten von Sträuchern. Meisen, die im Sommer von Insekten und Würmern leben, stellen sich im Winter um. Sie werden zu Samen- und Körnerfressern. Amseln bevorzugen Früchte. Rotkehlchen suchen auch nach kleinen Samen. Einzelne Insektenfresser wie der Zaunkönig und das Wintergoldhähnchen finden im Laub oder an Zweigen auch im Winter Insektennahrung.

Fichtenkreuzschnäbel haben sich auf die noch verschlossenen Zapfen der Fichten spezialisiert. Ihre Schnabelhälften sind an der Spitze gebogen und überkreuzen sich. Mit diesem „Spezialwerkzeug" spreizen sie die Schuppen der Kiefernzapfen auseinander und gelangen mit der Zunge an die Samen. So finden sie selbst bei Frost und Schnee genug Nahrung. Aufgrund des guten Nahrungsangebots können sie sogar im Winter brüten und ziehen in dieser Zeit ihre Jungen groß.

Neben den Zug- und Standvögeln gibt es Vogelarten, die den ungünstigen Lebensbedingungen nur kurzzeitig ausweichen. Auf der Suche nach Futter streichen sie umher, ohne dabei weit fortzuziehen. Zu diesen **Teilziehern** oder *Strichvögeln* gehören Kohlmeise, Amsel und Saatkrähe.

1 Erkläre die Begriffe Teilzieher, Zugvogel und Standvogel.
2 Stelle in einer Tabelle Beispiele einheimischer Teilzieher, Zugvögel und Standvögel zusammen. Nimm ein Bestimmungsbuch zu Hilfe.
3 Erkläre, wie sich Zugvögel orientieren.
4 Beschreibe die Flugwege von Weißstörchen. Nimm Abbildung 1 und einen Atlas zu Hilfe.
5 Erkläre, weshalb der heimische Fichtenkreuzschnabel sogar im Winter brüten und seine Jungen aufziehen kann.
6 Auch Meisen findet man das ganze Jahr über in Deutschland. Recherchiere die Lebensweise der Kohlmeise und stelle den Jahreszyklus auf einem Informationsplakat dar.

2 Standvögel. **A** Buchfink, **B** Rotkehlchen, **C** Wasseramsel, **D** Fichtenkreuzschnabel am Nest

Sonne, Wetter, Jahreszeiten

Methode **Eine Mindmap erstellen**

Du sollst zu einem Thema, zum Beispiel zu Tieren im Winter, einen kleinen Vortrag halten. Zuerst musst du deine Ideen zu diesem Thema ordnen. Das Erstellen einer Mindmap ist eine Möglichkeit, dies zu tun. Du schreibst dabei deine Gedanken nicht wie üblich hintereinander in einem Text auf. Du notierst stattdessen alle Gedanken in einer Art *„Gedankenlandkarte"*, einer **Mindmap.** Sie hilft dir, das Thema weiter auszuarbeiten. Du kannst sie später auch als Stichwortzettel für deinen Vortrag verwenden. Eine Mindmap hilft dir ebenfalls, die Inhalte eines Textes besser einzuprägen.

So gehst du vor:

1. Schreibe das Thema in die Mitte eines Blattes.

2. Zeichne nun für jede weitere Idee, die dir zu diesem Thema einfällt, einen Ast. Schreibe an jeden Ast möglichst mit ein oder zwei Worten, was dir dazu eingefallen ist.

3. An jedem Ast befinden sich dünnere Zweige. Schreibe an jeden dieser Zweige neue Ideen, die dir zu den Begriffen an den Ästen einfallen. Du kannst alle Begriffe mit Bildern oder Zeichen versehen. Dadurch gelingt es dir später leichter, dich wieder an diese Gliederung zu erinnern. Wenn du magst, kannst du die Äste auch in verschiedenen Farben darstellen. Dies trägt zur Übersichtlichkeit bei.

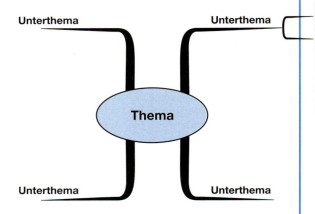

Beispiel für eine Mindmap

In einem Text über Tiere im Winter hast du dir folgende Begriffe markiert: Vögel, Vögel am Futterplatz, Kohlmeise, Sperling, Zugvögel, Star, Schwalbe, Tiere mit Fell, Winterschlaf, Igel, Siebenschläfer, aktive Überwinterung, Feldhase, Fuchs, Wildschwein.

Eine Mindmap dazu könnte so aussehen:

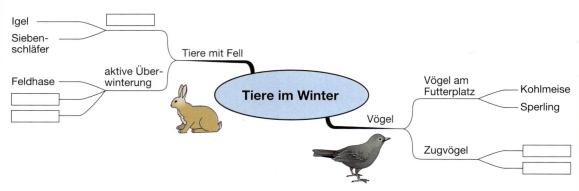

1 Ergänze die Mindmaps. Benutze dazu die Begriffe aus der Aufzählung, die noch nicht verwendet wurden.

Sonne, Wetter, Jahreszeiten

Internetrecherche in der Schule

Methode

Ein Schüler erhält den Auftrag, im Internet Informationen zum Zugverhalten des Weißstorchs zu recherchieren. Zum Speichern der Suchergebnisse wird eine Datei angelegt. Für die Recherche benutzt er eine Suchmaschine. Das ist ein Programm, welches die im Internet verbundenen Computer nach den Suchbegriffen durchmustert. Nach der Eingabe des Suchbegriffs „Weißstorch" meldet ihm die Suchmaschine etwa 5700 deutsche Seiten, auf denen etwas über den Weißstorch zu erfahren ist. Darunter finden sich auch für die Suche völlig wertlose Angaben, wie zum Beispiel Anzeigen von Ferienhäusern. Selbst wenn man pro Seite nur 30 Sekunden zur Überprüfung aufwendet, würde die Durchsicht ungefähr zwei Tage dauern.

Das Thema sollte eingegrenzt werden, um effektiver recherchieren zu können. Dazu notiert man alle Stichworte, die für die Recherche wichtig erscheinen. Durch die Kombination von Suchbegriffen kann man die Treffergenauigkeit erhöhen. Die Eingabe von „Weißstorch +Zugverhalten" liefert dann zum Beispiel noch etwa 200 Treffer. Sucht man lediglich Angaben zur Zugroute ohne Angaben zum Winterquartier, wird „Weißstorch -Winterquartier +Zugroute" eingegeben. Das Ergebnis sind etwa 100 Treffer. Während der Recherche entdeckt man immer neue Stichwörter, die sich für die Suche anbieten. Im Beispiel könnten das die Begriffe Oststörche und Weststörche sein. Durch Eingabe von „Weststörche/Oststörche", kann man sich alle Seiten anzeigen lassen, auf denen mindestens einer dieser beiden Begriffe auftaucht.

Gefundene Informationen müssen vor allem auf ihre Qualität hin beurteilt werden. Dabei sollte man unter anderem beachten, wer den Artikel verfasst hat. Bezogen auf das Beispiel sind Artikel von Naturschutzverbänden und Wissenschaftlern als seriöse Quellen einzustufen. Weitere Kriterien sind die vom Autor verwendeten Quellen und ob überhaupt ersichtlich ist, woher die Informationen stammen. Um diesen Anforderungen auch selbst zu genügen, speichert man die Internetadresse jeder Quelle, die weiterverwendet werden soll.

Umfangreichere Seiten, die man später in Ruhe durchsehen will, werden mit Lesezeichen versehen. Dazu wählt man im Menü Favoriten den Befehl „Favoriten hinzufügen". Bilder können ebenfalls kopiert und gespeichert werden.

1 Führe eine Internetrecherche zum Leben der Störchin „Prinzesschen" durch.

1 Suchergebnisse. *A Bei Eingabe von „Weißstorch"; B Bei Eingabe von „Weißstorch + Zugverhalten"*

4.5 Säugetiere überwintern unterschiedlich

Der Winter ist für Tiere eine schwierige Zeit: Es wird nicht nur kälter, sondern auch die Nahrung wird knapper. Diese ungünstige Periode können Säugetiere auf unterschiedliche Weise überdauern.

Säugetiere sind gleichwarm, das heißt, sie müssen Energie aufbringen, um ihre Körpertemperatur auf einem gleichmäßig hohen Wert zu halten. In der kalten Jahreszeit ist der Temperaturunterschied zwischen einem Säugetier und seiner Umgebung größer als in den wärmeren Jahreszeiten: Das Tier verliert daher mehr Wärme an seine Umwelt. Deshalb sind körperliche Veränderungen, die zu einer besseren Wärmeisolierung beitragen, für Säugetiere im Winter von Vorteil. Dazu gehört zum Beispiel ein **Fellwechsel** zwischen Sommer und Winter. So nimmt zur Winterzeit die Zahl der wärmenden Wollhaare deutlich zu. Diese isolieren das Tier besser gegen die Kälte und der Wärmeverlust wird vermindert.

Wegen des geringeren Pflanzenbewuchses gibt es für viele Tiere im Winter weniger Versteckmöglichkeiten. Deshalb ist der Fellwechsel manchmal auch mit einem Farbwechsel verbunden. Säugetiere wie Hermelin, Schneehase oder Eisfuchs haben im Winter ein weißes und im Sommer ein erdfarbenes Fell. So wird ihre Tarnung verbessert und sie werden von ihren Fressfeinden und Beutetieren nicht so leicht entdeckt.

Im Winter sind viele Pflanzen oder zumindest deren oberirdische Teile abgestorben. Die meisten Bäume und Sträucher haben ihre Blätter abgeworfen. Auch Beutetiere wie Insekten sind nicht leicht zu finden. Es gibt verschiedene Möglichkeiten, dieser Nahrungsknappheit zu begegnen. Manche Tiere fressen sich in Sommer und Herbst den sprichwörtlichen **Winterspeck** als Vorrat an. Eine dicke Fettschicht unter der Haut bietet daneben den Vorteil einer weiteren Wärmeisolierung. Andere Tiere tragen ihren Wintervorrat nicht dauernd mit sich herum, was auch Energie kostet. Sie legen im Herbst **Vorratslager** an, die sie im Winter aufsuchen. Dies ist aber nur möglich, wenn die gesammelte Nahrung lange haltbar ist. Neben dem Eichhörnchen ist der Feldhamster ein Tier, das Vorräte sammelt. Im Herbst trägt er unermüdlich Grassamen und Getreidekörner in den Backentaschen zu seinem Bau. Man hat unter Getreidefeldern schon Vorratslager eines einzigen Hamsters mit bis zu eininhalb Kilogramm Körnern gefunden. Tiere, die Vorratslager anlegen, bleiben im Winter mehr oder weniger aktiv.

Igel und Fledermaus überstehen den Winter mit einer deutlichen Absenkung der Körpertemperatur. Sie halten **Winterschlaf,** das verringert den Nahrungsbedarf. Der Stoffwechsel sinkt auf ein Fünfzigstel des Sommerumsatzes. Gleichzeitig werden Atem- und Herzschlag-

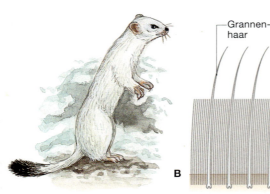

1 Hermelin. A Sommerfell; **B** Winterfell

2 Hamster mit Vorrat an Getreidekörnern

frequenz deutlich erniedrigt. Während des Winterschlafs wird auch der Stoffwechsel grundlegend umgestellt. Es dürfen zum Beispiel keine giftigen Abbaustoffe entstehen, die das Tier während des Winterschlafes nicht abgeben kann. Siebenschläfer halten einen besonders langen Winterschlaf. Sie sind dämmerungs- und nachtaktive Nagetiere, die Baumhöhlen in Laubbäumen bewohnen. Sie ernähren sich von Obst, Eicheln und Bucheckern. Von Oktober bis Mai ziehen sie sich zum Winterschlaf zurück.

Eichhörnchen halten keinen Winterschlaf, sondern **Winterruhe.** Dabei verbringen sie den Winter zwar auch weitgehend schlafend, senken ihre Körpertemperatur aber nur um ein bis zwei Grad ab. Dadurch verringert sich zwar der Stoffumsatz in den Tieren, aber bei Weitem nicht so sehr wie bei den Winterschläfern. Deshalb müssen Winterruher in dieser Zeit hin und wieder Nahrung aus ihren Vorratslagern aufnehmen.

Manche Tiere führen auch Wanderungen durch, um den Bedingungen des Winters teilweise zu entgehen. So zogen Hirsche im Winter früher aus den höheren Berglagen hinunter in die Täler. Dieser Weg ist ihnen heute oft versperrt, da am Ende der Täler Städte und Dörfer liegen. Die Hirsche verbleiben in den ungünstigen Gebieten. Dort fehlen ihnen aber Gräser und Kräuter wie im Sommer oder Eicheln und Bucheckern wie im Herbst. Hirsche schälen im Winter deshalb die Rinde von den Bäumen oder verbeißen Triebe und Knospen. Dadurch werden die Pflanzen stark geschädigt und ihr Holz wird für die Verarbeitung entwertet. Um starke Verbissschäden zu vermeiden, werden Hirsche im

3 Siebenschläfer.
A Wach;   **B** im Winterschlaf

Winter daher zugefüttert. Dies gilt beispielsweise auch für Wildschweine, insbesondere, wenn sie in einem Gebiet sehr häufig vorkommen.

Durch Aktivitäten des Menschen wird den Tieren die Überwinterung zusätzlich erschwert. Auch wenn viele große Tiere wie Hirsche, Rehe und Wildschweine den Winter durchgehend wach zubringen, bewegen sie sich nicht so viel wie im Sommer und ziehen sich ins Dickicht zurück. Jede Flucht daraus kostet Energie, die bei Nahrungsmangel schwer zu ersetzen ist. Es schwächt die Tiere deshalb zusätzlich, wenn Menschen sich beim Wandern nicht an ausgeschilderte Wege halten und die Tiere stören.

4 Winterfütterung durch den Förster

🟥 Beschreibe die Unterschiede zwischen Winterruhe und Winterschlaf.

🟥 Beurteile die Überwinterungsmethoden „Winterschlaf" und „Wachbleiben" nach ihren Vor- und Nachteilen.

Zusammenfassung

Sonne, Wetter, Jahreszeiten

Basiskonzept Energie und Wechselwirkung

Die Erde ist wahrscheinlich der einzige Planet in unserem Sonnensystem, auf dem Leben existiert. Die Entfernung zur Sonne ist so günstig, dass es weder zu kalt noch zu heiß ist. Die Strahlung der Sonne führt der Erde so viel Energie zu, dass große Mengen des vorhandenen Wassers im flüssigen Aggregatzustand vorliegen. Allerdings kommt Wasser auch in fester Form als Eis und gasförmig als Wasserdampf vor. Durch den Übergang zwischen den Aggregatzuständen entsteht der Wasserkreislauf. Zusammen mit Luftbewegungen, die durch unterschiedliche Erwärmung hervorgerufen werden, entsteht das Wetter. Die Sonne ist nicht nur der Motor des Wetters. Auch alle Lebensvorgänge sind direkt von ihrer Strahlungsenergie abhängig. Pflanzen nutzen bei der Fotosynthese das Sonnenlicht zum Aufbau von Stärke und anderen Nährstoffen. Auf diese Weise entsteht die Nahrungsgrundlage für alle übrigen Lebewesen, einschließlich des Menschen.
Durch den Einsatz technischer Geräte, zum Beispiel von Sonnenkollektoren, nutzt der Mensch Sonnenenergie direkt.
In den Gebieten der Erde, die nicht in unmittelbarer Nähe des Äquators liegen, gibt es Jahreszeiten. Im Laufe des Jahres verändern sich die Tag- und Nachtlänge sowie der Einfallswinkel der Sonnenstrahlung. Die Ursache für die Entstehung der Jahreszeiten ist die Lage der Erdachse, die nicht senkrecht auf der Ebene der Umlaufbahn steht.
Pflanzen und Tiere sind an den Wandel der Umweltbedingungen im Jahresverlauf angepasst.

Basiskonzept Struktur – Eigenschaft – Funktion

Samenpflanzen sind aus Wurzel, Sprossachse, Laubblättern und Blüten aufgebaut. Mit den Wurzeln nehmen sie Wasser und Mineralstoffe aus dem Boden auf und leiten sie über Leitbündel zu den Laubblättern. Diese nehmen über die Spaltöffnungen Kohlenstoffdioxid auf. Der Aufbau von Stärke erfolgt in den grünen Chloroplasten.
Die Blüten sind die Fortpflanzungsorgane der Pflanzen. In den Staubblättern, den männlichen Fortpflanzungsorganen, reifen die Pollenkörner mit den männlichen Geschlechtszellen. Die Eizellen reifen im Fruchtknoten, einem Teil des Stempels, den weiblichen Fortpflanzungsorganen. Die Bestäubung der weiblichen Blütenteile erfolgt durch den Wind oder mit Hilfe von Tieren, meist Insekten.

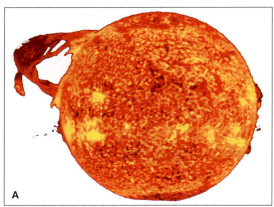

Wechselwirkungen zwischen Sonne und Erde.
A *Energiequelle Sonne;* **B** *Die Erde – ein belebter Planet;* **C** *Wetter – von der Sonne angetrieben;* **D** *Lebewesen nutzen Sonnenenergie*

Sonne, Wetter, Jahreszeiten

Basiskonzept Entwicklung

Die Entwicklung einer Samenpflanze beginnt mit der Keimung des Samens. Zunächst entwickeln sich Keimwurzel und Keimstängel, später auch die ersten Laubblätter. Aus den Fruchtknoten der Blüten entwickeln sich nach der Befruchtung Früchte mit darin enthaltenen Samen. Die Verbreitung von Früchten und Samen erfolgt auf unterschiedlichem Wege.

Bei vielen Pflanzen kann man auch eine Entwicklung im Wechsel der Jahreszeiten beobachten. Frühblüher bilden nur im Frühjahr einen oberirdischen Spross aus. Sie überwintern mit Hilfe unterirdischer Speicherorgane. Andere Pflanzen, zum Beispiel Laubbäume, werfen ihre Blätter im Herbst ab. Erst im nächsten Frühling entwickeln sich wieder neue Laubblätter und Blüten.

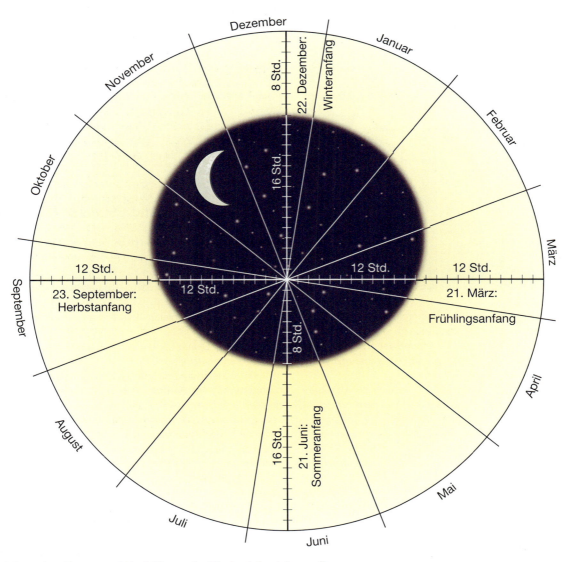

Jahresuhr – Tages- und Nachtlängen im Wechsel der Jahreszeiten

Sonne, Wetter, Jahreszeiten

Wissen vernetzt

Sonne, Wetter, Jahreszeiten

A1 Sonnenenergie

A2 Sommer und Winter

Für die Nutzung der Sonnenenergie gibt es viele Beispiele. Einige sind auf den Fotos zu sehen.
Aufgaben: a) Erläutere, in welcher Weise die Sonnenenergie in den Beispielen auf den Fotos genutzt wird. Nenne weitere Anwendungen.
b) Das Prinzip eines Solarkollektors hast du in diesem Kapitel bereits kennen gelernt. Recherchiere, in welcher Form das Sonnenlicht durch Solarzellen genutzt wird.
c) Sonnenenergie gehört zu den erneuerbaren Energieträgern. Erläutere diesen Begriff und nenne weitere Beispiele. Die Nutzung solcher Energiequellen gilt als besonders umweltfreundlich. Beurteile diese Einschätzung.
d) Eigentlich nutzen wir in Windkraftanlagen auch Sonnenenergie. Begründe diese Aussage.
e) Sonne – Pflanzen – Nahrung für Mensch und Tier. Schreibe zu diesen Stichworten einen verbindenden Text.

Die Fotos zeigen die gleiche Landschaft im Sommer und im Winter.
Aufgaben: a) Beschreibe, welche Unterschiede auf den Fotos zu erkennen sind.
b) Erkläre, wie es zur Entstehung der Jahreszeiten kommt.
c) Das Wetter im Sommer unterscheidet sich bei uns deutlich vom Winterwetter. Erkläre diese Beobachtung, indem du einen Zusammenhang zwischen der Tageslänge und dem Sonnenstand in verschiedenen Jahreszeiten herstellst.
d) Pflanzen und Tiere sind an den Wechsel der Jahreszeiten unterschiedlich angepasst. Nenne verschiedene Beispiele.
e) In der Nähe des Äquators gibt es keine Jahreszeiten. Finde eine Erklärung für diese Tatsache.

A3 Zwiebeln und Knollen

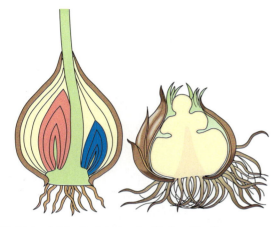

Die Tulpe bildet Zwiebeln, der Krokus Knollen.
Aufgaben: a) Beschreibe den Aufbau von Zwiebel und Knolle.
b) Bei Zwiebeln und Knollen handelt es sich um vollständige Pflanzen. Erläutere.
c) Nenne die Aufgaben von Zwiebeln und Knollen.

A4 Überleben im Winter

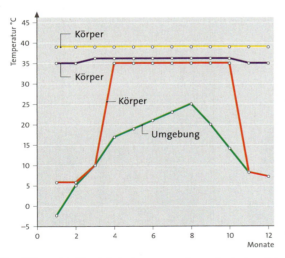

Der Winter ist für viele Lebewesen eine schwierige Jahreszeit. Säugetiere überdauern diese Zeit auf unterschiedliche Art und Weise. Manche bleiben wach, andere schränken in der Winterruhe ihre Aktivitäten deutlich ein oder sinken in tiefen Winterschlaf.

Aufgaben: a) Beschreibe das abgebildete Diagramm und erläutere die Kurvenverläufe.
b) Ordne die drei abgebildeten Körpertemperatur-Kurven den drei Säugetierarten Wildschwein, Eichhörnchen und Igel zu. Begründe jeweils die Zuordnung.
c) Recherchiere die Überwinterung von Bären, Rehen und Rothirschen.

A5 Gesamtstärkeproduktion eines Baumes

Eine etwa 100-jährige Rotbuche mit einer Höhe von rund 25 Metern besitzt im Sommer mehrere Hunderttausend Blätter. Wissenschaftler haben errechnet, dass eine solche Rotbuche an einem Sommertag mit 14 Stunden Sonnenschein mehr als ein Kilogramm Stärke pro Stunde bildet.
Aufgaben: a) Berechne die Gesamtstärkeproduktion einer solchen Rotbuche im Sommer an einem Tag, in einer Woche und in einem Monat.
b) Erläutere, wie die Pflanze die Stärke erzeugt und wofür sie die großen Mengen an aufgebauter Stärke verwendet.
c) Begründe, warum die Stärkeproduktion im Herbst und Winter unterbrochen wird.
d) Stelle Zusammenhänge zwischen Energieversorgung eines Baumes und den Beispielen in A1 her.

Geräte und Maschinen im Alltag

Im Inneren eines elektrischen Schraubenziehers

Bringe von zuhause ein nicht mehr benötigtes elektrisches Gerät mit (zum Beispiel Mixer, Haartrockner, Toaster), das ihr in der Gruppe zerlegen könnt.
Bevor ihr anfangt, besprecht mit eurer Lehrerin, ob das mitgebrachte Gerät ungefährlich und zum Zerlegen geeignet ist.
Nehmt das Gerät Teil für Teil auseinander. Versucht dabei, die einzelnen Teile zu benennen und ihre Funktion zu beschreiben. Dokumentiert eure Ergebnisse schriftlich und stellt sie anschließend in der Klasse vor.
Vergleicht verschiedene Geräte und findet Bauteile, die in verschiedenen Geräten vorkommen, wie etwa Schalter, Lämpchen oder Zahnräder.
In den Abbildungen siehst du einen elektrischen Schraubenzieher. Wenn man ihn aufschraubt, entdeckt man Batterien, einen Schalter und Kabel. Die Kabel führen zu einem Elektromotor. Batterie, Schalter, Kabel und Elektromotor bilden einen Stromkreis.
Das Zahnrad am Kopf des Elektromotors greift in ein Getriebe, das aus Zahnrädern besteht. Das Getriebe treibt die Schraubenzieherspitze an und hat dabei die gleiche Aufgabe wie die Gangschaltung in deinem Fahrrad: Aus der schnellen Drehbewegung des Zahnrads am Elektromotor wird eine langsamere Drehbewegung der Schraubenzieherspitze.

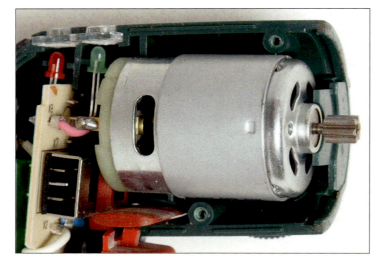

Elektrischer Strom im Alltag

Weißt du, was man mit elektrischem Strom alles machen kann? In unserem Alltag erfüllt der elektrische Strom viele Aufgaben. Mit Strom kann man zum Beispiel
- Licht erzeugen,
- heizen und kühlen,
- Elektromotoren antreiben,
- Informationen speichern und übermitteln.

Bildet Gruppen und schreibt elektrische Geräte auf, die ihr kennt. Ordnet ihnen in einer Tabelle die oben genannten Aufgaben zu. Gewonnen hat die Gruppe, die die meisten Geräte richtig zugeordnet hat.
Hebt eure Tabelle auf und besprecht sie ausführlicher, wenn ihr im Unterricht die Wirkungen des elektrischen Stroms behandelt.

elektrisches Gerät	Aufgaben
Flurlampe	Licht
Klingel	Schall
Summer	Schall
Handy	Information, Licht, Schall
Bügeleisen	

Leben ohne elektrischen Strom?

Hast du schon einmal einen Stromausfall erlebt? Versuche dir vorzustellen, wie die Stadt auf der Abbildung dann aussieht. Alle Lichter gehen aus. Es passiert aber noch viel mehr. Wie stark elektrischer Strom unseren Alltag bestimmt, merken wir erst, wenn er einmal nicht da ist. Wir sitzen im Dunkeln, weil das Licht in der Wohnung nicht funktioniert. Wir erfahren auch nicht, was los ist, weil weder Radio noch Fernsehen sich anschalten lassen. Die Lebensmittel im Kühlschrank verderben, weil dieser nicht mehr kühlt. Auch die Heizung funktioniert nicht mehr. Schreibe eine Geschichte, in der du die Folgen eines Stromausfalls darstellst. Vergleicht eure Geschichten in der Gruppe.

Geräte und Maschinen im Alltag

1 Elektrizität im Alltag

1.1 Woraus bestehen Stromkreise?

Der einfachste Aufbau eines Stromkreises besteht aus der **Batterie** und einer **Lampe** (Abbildung 2 A). In Abbildung 2 B siehst du zusätzlich noch eine **Leitung,** die die Batterie mit der Lampe verbindet. Abbildung 2 C zeigt den gleichen Aufbau. Die Lampe ist jetzt in eine Fassung geschraubt. Hier brauchst du zwei Leitungen.
Die bisher betrachteten Stromkreise bestehen also aus einer Batterie, die Elektrizität liefert, und einer Lampe, die Strom anzeigt. Beide Teile sind mit Leitungen verbunden, damit der Stromkreis geschlossen ist.

Ein weiterer Bestandteil eines Stromkreises ist ein **Schalter** (Abbildung 2 D). Mit ihm lässt sich der Stromkreis öffnen oder schließen. Das könntest du auch dadurch erreichen, dass du eine Leitung von der Batterie oder der Lampe trennst. Bequemer geht es aber mit dem Schalter. Um den Schalter einzubauen, musst du den Stromkreis an einer beliebigen Stelle auftrennen.

Abbildung 1 zeigt einen ähnlichen Stromkreis wie Abbildung 2 D. Du erkennst eine flache Taschenlampe mit Batterie, Lampe und Schalter. Alle drei Bauteile sind in ein Gehäuse eingebaut. Die Lampe leuchtet, wenn der Schalter den Stromkreis schließt.

Auch bei der Fahrradbeleuchtung gibt es einen Stromkreis. Häufig wird diese Beleuchtung nicht durch eine Batterie, sondern durch eine Lichtmaschine (Dynamo) betrieben. Diese liefert den elektrischen Strom, wenn sie beim Fahren in Kontakt zu einem der Räder gebracht wird.

1 Erläutere, welche Teile der Stromkreise in Abbildung 2 A bis D der Stromversorgung, welche der Stromanzeige dienen.
2 Nenne die Funktion von Stromleitungen.
3 Welche Stromleitungen siehst du in Abbildung 2 A?
4 Bringe eine 3,5 V-Glühlampe
a) an einer Flachbatterie,
b) an einer runden Batterie zum Leuchten.
5 Schraube die Glühlampe in eine Fassung. Schließe sie erneut an die Flachbatterie an. Beschreibe und vergleiche die notwendigen Materialien mit denen aus Aufgabe 4.
6 Beschreibe, wie du in Aufgabe 5 vorgehen musst, um die Lampe aus- und einschalten zu können.
7 Baue in den Stromkreis aus Aufgabe 5 einen Schalter an verschiedenen Stellen ein. Schalte die Lampe ein und aus. Was stellst du fest?
8 Welchem Aufbau aus deinen Versuchen entspricht der Stromkreis in Abbildung 1? Begründe deine Antwort.

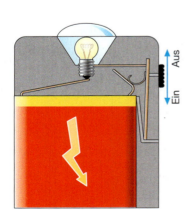

1 Stromkreis in einer Taschenlampe

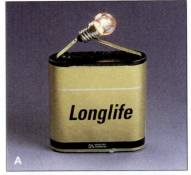

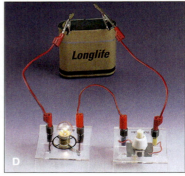

2 Ein Stromkreis, bestehend aus **A** *Lampe und Batterie,* **B** *mit einer Leitung,* **C** *mit zwei Leitungen,* **D** *mit Schalter*

1.2 Stromkreise – schnell gezeichnet

Wenn du immer alle Einzelteile von Stromkreisen so zeichnen müsstest wie sie aussehen, würde das sehr lange dauern. Zum Glück hat man sich in Physik und Technik schon frühzeitig auf einfache Zeichen für elektrische Bauteile geeinigt. Diese heißen **Schaltzeichen**. Sie werden weltweit verstanden. Einige lernst du hier kennen.

2 Schaltplan eines elektrischen Stromkreises

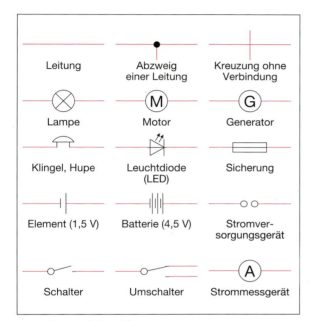

1 Wichtige Schaltzeichen

3 Nenne die Bauteile, die im Schaltplan in Abbildung 2 als Schaltzeichen dargestellt sind.
4 Baue die Schaltung aus Abbildung 2 auf.

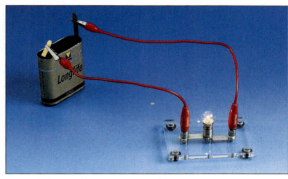

3 Einfacher elektrischer Stromkreis

5 Zeichne zum Aufbau aus Abbildung 3 den zugehörigen Schaltplan.
6 Begründe, warum für beide Stromkreise in Abbildung 2 und nach Aufgabe 5 derselbe Schaltplan gezeichnet wurde.
7 Baue den Stromkreis aus Abbildung 2 nach und setze einen Schalter ein. Zeichne den Schaltplan des veränderten Stromkreises.
8 Zeichne den Schaltplan für den Stromkreis in Abbildung 4. Als Stromversorgung dient ein Generator.

In einem Stromkreis werden elektrische Bauteile zusammengeschaltet. Du kannst ihn jetzt mit den Schaltzeichen der einzelnen Bauteile einfach und schnell darstellen. Eine solche Zeichnung des Stromkreises ist dann der **Schaltplan**.

Beachte: Beim Zeichnen eines Schaltplanes solltest du jeweils an einem Anschluss der Stromquelle beginnen. Die Leitungen zwischen den einzelnen Bauteilen des Stromkreises werden mit einem Lineal gezeichnet. Der *Stromkreis* wird als *Rechteck* dargestellt (Abbildung 2), unabhängig davon, wie die Kabel im aufgebauten Versuch tatsächlich verlaufen.

1 Zeichne den Schaltplan für die flache Taschenlampe in Abbildung 1 auf der Seite 278. Nutze dazu die Schaltzeichen in Abbildung 1 auf dieser Seite.
2 Erläutere, welche Vorteile das Zeichnen von Stromkreisen mit Schaltzeichen hat.

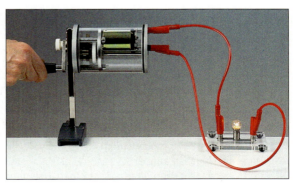

4 Generator als Stromversorgungsgerät

Geräte und Maschinen im Alltag

1.3 Elektrizität fließt „im Kreis"

In Abbildung 1 siehst du eine Menschenmenge, die an einem Marathonlauf teilnimmt. Wir könnten hier von einem **Menschenstrom** sprechen. Die Menschen bewegen sich auf der Straße gemeinsam in einer Richtung. Du kennst weitere Ströme: Wasser strömt beispielsweise den Rhein hinunter, viele Autos fahren auf der Autobahn, beim Fön benutzt du den Luftstrom zum Trocknen der Haare.

Was ist elektrischer Strom? In den elektrischen Bauteilen und den Leitungen bewegen sich kleine Elektrizitäts-Teilchen. Diese Teilchen heißen **Elektronen**. Sie sind überall vorhanden. Wenn du zum Beispiel eine Taschenlampe anschaltest, *strömen* die Elektronen in den Leitungen. Das ist *elektrischer Strom*.

Damit du dir einen elektrischen Stromkreis besser vorstellen kannst, vergleichst du ihn am besten mit einem „Wasserstromkreis" (Abbildung 2). Wasser befindet sich in einem geschlossenen Rohr. Zunächst passiert nichts. Wenn aber jemand die Pumpe anstellt, drückt sie das Wasser durch das Rohr in die Turbine. Diese beginnt sich zu drehen. Das Wasser strömt weiter, nichts geht dabei verloren. Wird das Ventil aber geschlossen, strömt kein Wasser mehr, auch wenn die Pumpe noch läuft.

Ähnlich ist es beim elektrischen Stromkreis (Abbildung 3). In den Leitungen und in den elektrischen Bauteilen befinden sich Elektronen. Durch die Verbindung von der Batterie über die Lampe und den Schalter zurück zur Batterie entsteht ein geschlossener Kreis. Die Batterie treibt die Elektronen an. Diese strömen durch die *Hinleitung* zur Lampe und lassen sie aufleuchten. Die Elektronen bleiben aber nicht dort, sondern bewegen sich durch die *Rückleitung* zum anderen Anschluss der Batterie. Sie strömen also im Kreis. Den Elektronenstrom kannst du unterbrechen, wenn du den Schalter öffnest.

1 Ein Menschenstrom

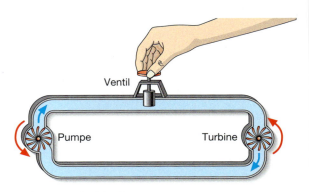

2 Ein Wasserkreislauf

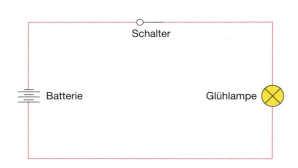

3 Ein elektrischer Kreislauf

1 Nenne die Bedingungen, die für einen elektrischen Strom erfüllt sein müssen.
2 Bilden die Schüler auf dem Schulhof während der Pause auch einen Strom? Begründe.
3 Nenne die „Teile", die auf Abbildung 1 strömen. Erläutere, wodurch dieser Strom geleitet wird.
4 Nenne die Leitung für einen Wasserstrom und einen Verkehrsstrom.
5 Wasser strömt „im Kreis". Welches Gerät treibt die Wasserteilchen an? Begründe warum keine Wasserteilchen verloren gehen können.
6 Auch Meerwasser kann „im Kreis" strömen. Erläutere dies anhand einer Karte der Meeresströmungen im Atlas.

7 Nenne die Teile im Schaltplan (Abbildung 3), die der Pumpe, der Turbine, dem Ventil und dem Rohr in Abbildung 2 entsprechen.
8 Auch in deinem Körper gibt es Kreisläufe. Erläutere diese und vergleiche sie mit einem elektrischen Stromkreis.
9 Begründe, ob auch eine Fahrradkette als Modell für den Stromkreis dienen kann.

Elektrische Geräte

Übung

V1 Wir zerlegen eine Taschenlampe

Material: Taschenlampe (auseinanderschraubbar)
Durchführung: Bringe von zuhause eine Taschenlampe mit, die sich auseinanderschrauben lässt. Benenne und beschreibe die verschiedenen Bauteile, aus denen sie besteht.
Aufgaben: a) Jede Taschenlampe hat einen *Schalter* und ein *Lämpchen*. In neueren Taschenlampen ist oft eine weiße *Leuchtdiode* (LED) statt eines Lämpchens eingebaut. Leuchtdioden sind dir bestimmt schon öfter aufgefallen. Tauscht eure Erfahrungen in der Klasse aus.
b) Damit ein elektrisches Gerät funktioniert, muss ein geschlossener *Stromkreis* vorhanden sein. Oft ist der Verlauf des Stromkreises allerdings nicht leicht zu erkennen. Verfolge und beschreibe den Stromkreis in deiner Taschenlampe.
c) Die Spielzeugtaschenlampe im Bild oben ist durchsichtig, sodass man den Stromkreis besonders gut erkennen kann. Der Fußkontakt des Lämpchens stößt direkt an den einen Pol der Batterie. Beschreibe, wie der andere Pol der Batterie mit dem Lämpchen verbunden ist.
d) Im Bild oben rechts erkennst du einen Metallstreifen im Innern der Taschenlampe. Er verbindet das Lämpchen über die Spiralfeder mit dem zweiten Pol der Batterie. Dazwischen befindet sich noch ein Schalter, mit dem man den Stromkreis öffnen oder schließen kann.
Erläutere, ob man den Metallstreifen im Inneren benötigt, wenn die Taschenlampe ein Metallgehäuse hat.

V2 Im Inneren eines Föns

Material: Alter oder defekter Fön; verschiedene Schraubenzieher
Durchführung: Zerlege den Fön in seine einzelnen Bauteile. Fotografiere mit einem digitalen Fotoapparat die einzelnen Teile und Beschrifte die Abbildungen.
Aufgaben: a) Überlege, was ein Haarfön alles können muss. Erläutere die Struktur und Funktion der Bauteile eines Föns.
b) Verfolge den Stromkreis im Haarfön. Erläutere, warum viele Modelle zwei Schalter haben.

Geräte und Maschinen im Alltag

Übung

Austauschen von Bauteilen in Stromkreisen

Geräte und Maschinen im Alltag

Batterien unterscheiden sich in ihrer Form und haben alle einen Aufdruck, z.B. 1,5 V, 9 V, 12 V. Dieser Wert ist für ihre Verwendung sehr wichtig. Das **Stromversorgungsgerät** kann auf verschiedene Werte für V eingestellt werden. Auch ein **Spielzeug-Trafo** kann geregelt werden. **Eine Solarzelle** liefert Elektrizität, wenn Licht darauf fällt, die **Fahrradlichtmaschine**, wenn du sie drehst.

Es gibt vielfältige Formen und Größen von **Glühlampen**. Alle tragen einen Aufdruck wie z.B. 3,5 V, 6 V, 230 V. Dieser Wert ist bei ihrem Einsatz zu beachten.
Eine **Leuchtdiode** muss immer mit dem längeren Beinchen an den ⊕-Pol angeschlossen werden.
Motor, Spielzeuglokomotive und **Klingel** sind ebenfalls Stromanzeiger.

Schalter gibt es in den verschiedensten Ausführungen. Einfache Schalter kannst du auch selbst bauen.
Ein interessanter Schalter ist der **Reed-Schalter.** Ihn kannst du mit einem Magneten betätigen. Du findest ihn z.B. in elektrischen Zahnbürsten oder in Alarmanlagen.

Zum Experimentieren werden farbige **Leitungen** mit Steckern benutzt. In der Elektrotechnik werden verschiedene Arten von Kabeln verwendet. Ein Kabel enthält mindestens zwei Leitungen.
Zum Basteln kannst du **Klingeldraht** nehmen. Als Verbindungsstücke dienen Krokodilklemmen, Lüsterklemmen, Bananenstecker und Buchsen.

Der Stromkreis wurde bisher aus folgenden Bestandteilen aufgebaut:
– Batterie zur *Stromversorgung*
– Lampe zur *Anzeige* des Stromes
– Schalter zum *Schließen* oder *Öffnen* eines Stromkreises
– Leitungen zum *Verbinden* der Einzelteile.

Alle diese Teile lassen sich durch andere ersetzen, die die gleiche Aufgabe erfüllen. Beispiele dafür findest du im abgebildeten Schrank.

In dieser Übung sollst du verschiedene Bauteile jeweils zu einem Stromkreis zusammenfügen. Dabei müssen die gewählten Bauteile zusammenpassen. Auf vielen elektrischen Geräten findest du dafür eine wichtige Angabe, z. B. 1,5 V. Der Buchstabe „V" ist die Abkürzung für Volt. Beim Aufbau eines Stromkreises musst du darauf achten, dass das Stromversorgungsgerät und das Anzeigegerät zueinander passen.

V 1 Aufbau verschiedener Stromkreise

Baue jeweils aus Geräten für die Stromversorgung und die Stromanzeige sowie aus Schaltern und Leitungen Stromkreise auf. Überlege vorher und überprüfe, ob die Bauteile zusammenpassen. Wenn ein Stromkreis richtig aufgebaut ist und die Teile richtig gewählt sind, dann leuchtet die Glühlampe oder die Diode, läuft der Motor, fährt die Lok oder läutet die Klingel. Beim Experimentieren mit Leuchtdioden musst du darauf achten, dass du sie nur kurz zum Leuchten bringst.

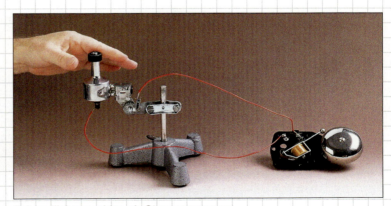

Fahrradlichtmaschine als Stromversorgung

Stelle in einer Tabelle die Bauteile jedes Stromkreises zusammen. Notiere, ob Strom angezeigt wird, ob die Teile also zueinander passen.

Stromversorgung	Stromanzeiger	Schalter	Leitung	Strom wird angezeigt
1,5 V-Batterie	Klingel	Hebelschalter	Klingeldraht	nein

Geräte und Maschinen im Alltag

Methode: Einen Versuch planen, durchführen und protokollieren

Wenn du herausfinden willst, welche Lampen aus der Physiksammlung noch zu gebrauchen sind, kannst du einen **Versuch** durchführen. Dazu ist es wichtig, dass du dir vor dem Experimentieren Gedanken darüber machst, wie ein solcher Versuch ablaufen soll. Du erstellst eine **Versuchsplanung.**

Was wird benötigt? → Überlege zunächst, welche Bauteile erforderlich sind, damit du die Lampen prüfen kannst (Abbildung 2).

Wie wird der Versuch aufgebaut? → Mache dir klar, wie die Bauteile verbunden werden müssen, damit ein Stromkreis entsteht und damit empfindliche Materialien nicht zerstört werden.

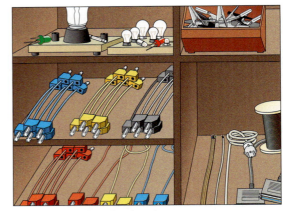

2 Bauteile im Physikschrank

Am Anfang eines **Versuchsprotokolls** werden die Problemstellung und das Datum als Überschrift notiert (Abbildung 1).

Im nächsten Schritt schreibst du die *Materialien* auf, die zum Experimentieren erforderlich sind. → **Material**

Zeichne in der *Versuchsbeschreibung* eine Skizze, in der dargestellt ist, wie die Bauteile verbunden werden. Beschreibe mit deinen eigenen Worten, wie du den Versuch aufbaust. → **Versuchsbeschreibung**

Ist die Planung abgeschlossen, kannst du das Experiment durchführen. Schreibe deine *Versuchsdurchführung* sehr genau auf, damit der Versuch auch von jemandem durchgeführt werden kann, der nicht am Unterricht teilgenommen hat.
Die Beobachtungen oder Messwerte können in Form von Sätzen oder in einer Tabelle notiert werden. → **Versuchsdurchführung**

Die Versuchsergebnisse werden in Form von Sätzen, in einer Tabelle oder als Zeichnung in der *Auswertung* des Protokolls festgehalten. Sie werden danach beurteilt, ob die Problemstellung des Versuchs geklärt werden konnte. Kannst du mit Hilfe des Experiments auch weitergehende Schlussfolgerungen gewinnen, so werden diese ebenfalls in der Auswertung aufgeschrieben. → **Versuchsauswertung**

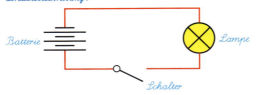

Problemstellung: 6.12.2009
Welche Lampen sind noch zu gebrauchen?

Material:
Batterie, verschiedene Lampen, Schalter, Leitungen

Versuchsbeschreibung:
[Skizze: Batterie – Lampe – Schalter]

Ich verbinde einen Pol der Batterie mit einem Anschluss des Schalters. Den zweiten Anschluss des Schalters verbinde ich mit der Lampe. Anschließend verbinde ich den freien Anschluss der Lampe mit dem zweiten Pol der Batterie.

Versuchsdurchführung:
Ich schließe den Schalter und beobachte, ob die Lampe leuchtet.
Danach öffne ich den Schalter, tausche die Lampe aus und schließe den Schalter wieder.

Lampe Nr.	1	2	3	4
leuchtet	ja	nein	ja	nein

Auswertung:
Fünf der zwölf Lampen im Materialschrank funktionieren nicht mehr. Bei allen ist der Glühdraht durchgebrannt. Sie werden aussortiert.

1 Versuchsprotokoll

Geräte und Maschinen im Alltag

Gruppen- und Partnerarbeit beim Experimentieren

Methode

Im Unterricht kommt es häufig vor, dass ihr selbstständig Experimente plant und durchführt. Dazu wird in einer größeren Gruppe oder zu zweit gearbeitet.
Die **Gruppenarbeit** hat viele Vorteile. So kann jedes Gruppenmitglied Ideen einbringen, die ihr gemeinsam diskutieren könnt. Zudem ist es möglich, Aufgaben untereinander aufzuteilen.
Bei der **Partnerarbeit** dürft ihr zu zweit experimentieren. Dabei kann der Einzelne beim gleichen Versuch mehr tun als bei der Gruppenarbeit. Darüber hinaus ist es oft einfacher, sich zu zweit auf eine Vorgehensweise zu einigen als in einer größeren Gruppe.
Vom Sport her wisst ihr aber auch, dass ein Team nur dann gut zusammenarbeiten kann, wenn klare Regeln vereinbart wurden.

1 Arbeiten am Gruppentisch

Wichtige Regeln für die Gruppenarbeit

Plant den Versuch gemeinsam. Jeder in der Gruppe soll verstehen, wie der Versuch durchzuführen ist.

Es redet immer nur ein Gruppenmitglied. Die anderen hören aufmerksam zu.

Habt ihr innerhalb der Gruppe unterschiedliche Vorschläge und Meinungen, diskutiert sie in Ruhe aus und einigt euch auf eine Vorgehensweise.

Ein Gruppenmitglied holt die Versuchsmaterialien, ohne dabei zu rennen.

Teilt euch die Arbeit während des Experiments auf. Ein oder zwei Gruppenmitglieder führen den Versuch durch, ein oder zwei weitere Mitglieder beobachten und halten die Ergebnisse im Versuchsprotokoll fest.

Experimentiert in Ruhe, sodass die anderen Klassenmitglieder nicht gestört werden.

Wechselt euch bei den Aufgaben ab. Jeder muss beim nächsten Versuch eine andere Aufgabe übernehmen.

Haltet Ordnung auf dem Experimentiertisch eurer Gruppe.

Erstellt das Versuchsprotokoll gemeinsam. Jeder in der Gruppe sollte zum Schluss das gleiche Versuchsprotokoll vorliegen haben.

Treten in eurer Gruppe beim Experimentieren Konflikte auf, versucht sie zunächst selbst zu lösen. Holt erst dann eure Lehrerin oder euren Lehrer zu Hilfe, wenn ihr nicht mehr weiterkommt.

Geräte und Maschinen im Alltag

1.4 Elektrizität und elektrische Energie

Andrea hat ein Problem: Sie will telefonieren, doch das Handy funktioniert nicht. Die Balkenanzeige auf dem Display gibt an, dass der Akku leer ist. Deshalb muss Andrea zum Aufladen des Akkus das Handy über ein Ladegerät mit der Steckdose verbinden. Die Elektrizität aus der Steckdose sorgt dann dafür, dass das Handy wieder einsatzbereit ist.
Diese Fähigkeit der Elektrizität, beispielsweise das Handy zu betreiben, wird **elektrische Energie** genannt. Sie wird im Handy in Licht, Wärme und Schall umgewandelt. Das Handy ist also ein **Energiewandler.** Elektrische Energie, Licht, Wärme und Schall sind **Energieformen.**

Auch viele andere Geräte aus dem Alltag arbeiten erst dann, wenn sie mit elektrischer Energie versorgt werden.

Wenn du den Stecker deiner *Schreibtischlampe* in die Steckdose steckst und den Schalter betätigst, dann strömt die elektrische Energie von der Steckdose in die Glühlampe. Der Glühdraht wird heiß und beginnt zu glühen. Die leuchtende Glühlampe wandelt elektrische Energie in die beiden Energieformen *Licht* und *Wärme* um. Die Lampe ist also ebenfalls ein Energiewandler. Den Transport der elektrischen Energie von der Steckdose zur Lampe übernehmen dabei die fließenden Elektronen.

Ein *CD-Player* nimmt ebenfalls aus der Steckdose oder aus Batterien elektrische Energie auf. Auch er ist ein Energiewandler. Er wandelt die elektrische Energie in *Bewegungsenergie* und *Schall* um. Die CD dreht sich und du hörst die Musik.

Ein *Toaster* arbeitet ähnlich wie eine Glühlampe. Wenn er eingeschaltet ist, fließen Elektronen durch die Heizdrähte in seinem Innern. Dort wird die elektrische Energie hauptsächlich in *Wärme,* zu einem kleinen Teil auch in *Licht* umgewandelt. Somit ist auch der Toaster ein Energiewandler. In ähnlicher Weise arbeiten auch andere Geräte in der Küche. Die Kochplatten eines Elektroherdes werden heiß, wenn elektrischer Strom durch die Heizspiralen geführt wird. Bei einem Rührgerät wird elektrische Energie in *Bewegungsenergie* umgewandelt.

Auch der *Computermonitor* ist ein Energiewandler. Beim Einschalten strömt elektrische Energie aus der Steckdose in das Gerät. Dort wird sie durch komplizierte Vorgänge in *Licht* und *Wärme* umgewandelt. Das Licht erscheint auf dem Bildschirm. Jetzt siehst du auf dem Monitor Texte und Bilder.

1 Erläutere den Begriff Energiewandler. Beziehe in deine Antwort auch Beispiele aus dem Kapitel „Bewegung an Land, im Wasser und in der Luft" mit ein, in dem du bereits etwas über Energie und Energieumwandlung gelernt hast.
2 Nenne die Energieformen, in welche die elektrische Energie bei einem Staubsauger umgewandelt wird.
3 Nenne weitere Energiewandler aus dem Haushalt. Gib jeweils an, in welche Energieformen sie die elektrische Energie umwandeln.

1 Das Handy funktioniert nicht!

4 Erläutere, was du tun musst, um mit einem Handy wie in Abbildung 1 wieder telefonieren zu können.

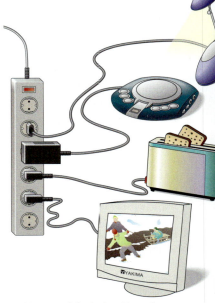

2 Nutzer elektrischer Energie

5 a) Nenne die Energiewandler in Abbildung 2.
b) Welche Form von Energie nehmen sie auf, in welcher Form geben sie Energie ab?
6 Überlege, in welche Energieformen die elektrische Energie in einem Radio umgewandelt wird.
7 Ein Windrad erzeugt elektrische Energie, die zum Betrieb einer Wasserpumpe verwendet wird. Welche Formen der Energieumwandlung sind beteiligt?

1.5 Transport elektrischer Energie

Abbildung 1 zeigt das NASA-Testflugzeug „Helios", das am 13. August 2001 einen neuen Höhenflug-Weltrekord aufstellte. Es erreichte eine Höhe von 32,2 km.
Dabei gewann „Helios" diese enorme Höhe durch einen besonderen Antrieb seiner Rotoren. Sie werden von Solarzellen auf der Tragfläche mit elektrischer Energie versorgt. Dadurch ist das Testflugzeug sehr leicht.
Wie kommt die elektrische Energie von den Solarzellen auf den Tragflächen zu den Rotoren?

1 NASA-Testflugzeug „Helios"

Der Aufbau von „Helios" lässt sich mit einem einfachen Versuch wie in Abbildung 2 darstellen. Fällt Licht auf eine Solarzelle, dann wirkt sie wie ein Stromversorgungsgerät. Sie treibt die Elektronen an, die von der Solarzelle zum Motor und wieder zurückfließen. Der Stromkreis ist geschlossen und die Motorwelle beginnt sich zu drehen.

Die Solarzelle wandelt zunächst das Licht in elektrische Energie um. Diese wird im geschlossenen Stromkreis von den fließenden Elektronen zum Motor transportiert und dort in Bewegungsenergie umgewandelt. Die elektrische Energie kann nur dann von einer Stromquelle zu einem elektrischen Gerät transportiert werden, wenn Elektronen fließen.
Die beiden Ströme, die beim Transport von elektrischer Energie auftreten, kannst du in Abbildung 2 erkennen.

Dieser Vorgang des Energietransportes und der Energieumwandlung kann übersichtlich in einem *Energieflussdiagramm* wie in Abbildung 3 dargestellt werden. In einem solchen Diagramm wird der Energiefluss als Pfeil von einem zum anderen Energiewandler gezeichnet. Je breiter der Pfeil ist, desto größer ist der Energiefluss.

1 Beschreibe den Energiefluss in Abbildung 3.
2 Zeichne zum Energieflussdiagramm von „Helios" den entsprechenden Elektronenfluss.
3 a) Welcher Fehler könnte bei deiner Fahrradbeleuchtung vorliegen, wenn der Scheinwerfer nicht leuchtet, obwohl Glühlampe und Fahrradlichtmaschine funktionieren?
b) Nenne Energieformen und Energiewandler bei der Fahrradbeleuchtung.
c) Zeichne das zugehörige Energieflussdiagramm.
4 Nenne Beispiele für den Einsatz von Solarzellen. Begründe, warum es sich dabei um eine umweltfreundliche Energienutzung handelt.

5 a) Verbinde eine Solarzelle mit einem geeigneten Kleinstmotor und beleuchte sie mit einer starken Taschenlampe. Beschreibe deine Beobachtungen.
b) Wie könntest du die Motorwelle wieder zum Stillstand bringen? Nenne verschiedene Möglichkeiten.

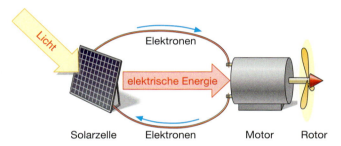

2 Energie- und Elektronenfluss

6 Beschreibe den Energie- und den Elektronenfluss nach Abbildung 2 an einem einfachen Stromkreis.

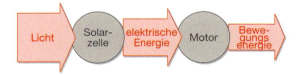

3 Energieflussdiagramm von „Helios"

7 Übertrage das folgende Energieflussdiagramm in dein Heft und ergänze die fehlenden Begriffe.

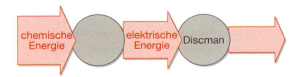

4 Unvollständiges Energieflussdiagramm

Geräte und Maschinen im Alltag

2 Schaltungen

2.1 Reihenschaltung

Eine Lichterkette gibt eine tolle Beleuchtung für dein Lieblingsposter. Ärgerlich ist nur, wenn ein Lämpchen „durchbrennt". Dann ist möglicherweise die ganze Herrlichkeit zu Ende. Wie kommt das?

Wenn du den Stromkreis von der Steckdose aus von einer Lampe zur nächsten verfolgst, stellst du fest, dass jede Lampe durch eine einzige Leitung mit der benachbarten Lampe verbunden ist. Erst von der letzten Lampe führt wieder eine Leitung zur Steckdose. Alle Lampen sind hintereinander geschaltet. Diese Schaltung heißt daher *Hintereinanderschaltung* oder **Reihenschaltung**.

Die Elektronen fließen auch hier im Kreis nacheinander durch alle Lampen. Ein einfaches Beispiel für Reihenschaltung siehst du in Abbildung 2. Wenn du in diesem Aufbau eine Lampe herausdrehst, erlöschen alle. Du hast dadurch den Stromkreis unterbrochen.
In Abbildung 2 sind zwei Lampen in Reihe geschaltet. Abbildung 3 zeigt die Erweiterung auf drei Lampen. Du erkennst, dass du beliebig viele Lampen in Reihe schalten könntest. Bei jedem Aufbau genügt es, eine Lampe aus der Fassung zu lösen, um alle Lampen auszuschalten.

Du wirst allerdings beobachten, dass die Helligkeit der Lampen in einer Reihenschaltung abnimmt, je mehr du hintereinander schaltest.
Es gibt auch Lichterketten, bei denen die anderen Lampen weiter leuchten, wenn eine ausfällt. Bei diesen Lichterketten liegt dann aber eine andere Schaltungsart vor.

1 Besorge dir eine Lichterkette und verfolge die Anschlüsse der einzelnen Lampen. Wie viele Leitungen laufen jeweils zwischen zwei benachbarten Lampen?
2 Baue die Schaltung aus Abbildung 2 auf. Drehe eine Lampe locker. Erkläre, was passiert.
3 Zeichne den Schaltplan zum Aufbau im Versuch in Aufgabe 2.
4 Baue den Versuch in Abbildung 3 auf. Welche Lampe musst du herausschrauben, damit alle ausgehen? Zeichne den Schaltplan zum Aufbau.
5 Wiederhole den Versuch aus Aufgabe 4 mit einer Fahrradlichtmaschine. Benutze zuerst eine Lampe. Schalte dann zwei Lampen und anschließend drei in Reihe.
Beschreibe deine Beobachtung.

1 Lichterkette

6 Begründe die Bezeichnung „Reihenschaltung" mit dem Versuchsaufbau nach Abbildung 3.
7 Begründe, warum bei einer Lichterkette wie in Abbildung 1 keine Reihenschaltung vorliegen sollte.
8 Die Lichterkette am Weihnachtsbaum brennt nicht. Nenne drei mögliche Ursachen für den Ausfall.
9 Welche elektrischen Bauteile sind in einer flachen Taschenlampe in Reihe geschaltet? Begründe die Reihenschaltung anhand des Schaltplans.

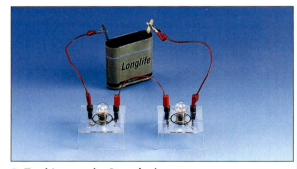

2 Zwei Lampen im Stromkreis

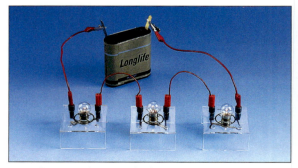

3 Drei Lampen im Stromkreis

74

Geräte und Maschinen im Alltag

2.2 Parallelschaltung

Bei der Halogenbeleuchtung, die du auf Abbildung 1 siehst, sind mehrere Lampen zusammengeschaltet. Aber diese Schaltung unterscheidet sich deutlich von der Reihenschaltung der Lichterkette. Hier ist jede Lampe mit *zwei* Anschlüssen an die beiden Zuleitungen angeschlossen. Diese Schaltung heißt **Parallelschaltung.**

Zwei oder mehr Glühlampen lassen sich wie in Abbildung 2 so an eine Batterie anschließen, dass jede mit zwei Leitungen mit der Batterie verbunden ist. Beide Lampen leuchten. Wenn du eine Lampe herausschraubst, leuchtet die andere weiter. Die Lampen leuchten also unabhängig voneinander.
Es lassen sich auch drei oder mehr Lampen parallel schalten. Diese Lampen leuchten dann ebenfalls alle unabhängig voneinander.

Die Leitungen der einzelnen Lampen müssen nicht alle an der Stromversorgung beginnen. Du kannst die Schaltung vereinfachen, wenn du jeweils die Anschlüsse der vorderen Lampe zum Anschließen der nächsten benutzt (Abbildung 3). Dadurch sparst du lange Leitungen.
Du könntest auch verschieden hell leuchtende Lampen parallel schalten, wichtig ist nur, dass die gleiche Volt-Angabe, zum Beispiel 3,5 V, aufgedruckt ist.

Auch beim Stromnetz im Haus wird die Parallelschaltung benutzt. Alle elektrischen Geräte und Lampen lassen sich daher unabhängig voneinander betreiben. Du kannst deshalb mehrere elektrische Geräte an eine Steckdosenleiste anschließen. Zu jedem Gerät führen dann jeweils zwei Leitungen. Die Geräte sind parallel geschaltet.

1 Was passiert mit einer Lampe, wenn eine zweite, parallel geschaltete Lampe ausfällt? Begründe deine Antwort.
2 Benutze statt der Batterie in Aufgabe 4 eine Fahrradlichtmaschine. Schließe erst eine Lampe an, dann eine baugleiche zweite. Versuche beide so hell leuchten zu lassen wie die eine. Was merkst du beim Drehen des Rädchens? Erläutere deine Beobachtung.

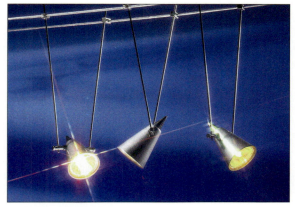

1 Halogen-Beleuchtung

3 Betrachte die Anschlüsse der einzelnen Lampen. Was passiert, wenn eine Lampe ausfällt? Begründe.
4 Schließe zwei Glühlampen wie in Abbildung 2 an eine Batterie an. Schraube eine Lampe locker. Wie verhält sich die zweite?
5 Zeichne den Schaltplan zu dieser Anlage.

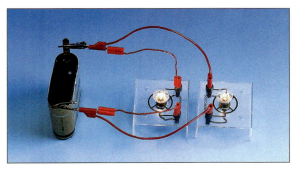

2 Zwei Lampen an einer Batterie

6 Ergänze den Versuch nach Abbildung 2 mit einer dritten Lampe. Vereinfache den Aufbau.
7 Zeichne den Schaltplan zum Aufbau aus Aufgabe 6.
8 Begründe, warum es sinnvoll ist, die Lampen in einer Wohnung in Parallelschaltung anzuschließen.

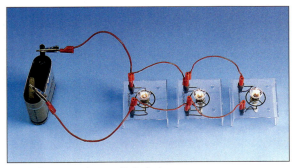

3 Drei Lampen in Parallelschaltung

Geräte und Maschinen im Alltag

2.3 Schalter in Reihen- und Parallelschaltung

Mit einer Papierschneidemaschine werden dicke Papierstapel in einem Arbeitsgang durch ein scharfes Messer zerschnitten. Damit sich der Arbeiter, der die Maschine bedient, nicht verletzen kann, muss er zwei Schalter gleichzeitig drücken.

Wie die beiden Schalter im Stromkreis der Maschine angeordnet sind, siehst du in Abbildung 2. Die Maschine ist hier durch eine Lampe ersetzt. Die Schalter sind hintereinander geschaltet.
Weil du zum Einschalten der Lampe Schalter 1 *und* Schalter 2 betätigen musst, heißt diese Anordnung **UND-Schaltung**.

Zwei Schalter in einem Stromkreis kannst du auch zueinander parallel schalten, die Lampe dazu in Reihe (Abbildung 3). Die Lampe leuchtet, wenn Schalter 1 *oder* Schalter 2 *oder* beide geschlossen sind. Diese Art der Schaltung heißt daher **ODER-Schaltung**.

UND- und ODER-Schaltungen von Schaltern werden vielfältig in der Technik genutzt. Eine Waschmaschine kannst du nur einschalten, wenn du vorher die Tür geschlossen hast. In der Tür ist ein Schalter in Reihe zum Startknopf der Waschmaschine eingebaut. Diese beiden Schalter bilden also eine UND-Schaltung. Genauso werden Arbeiter an Maschinen geschützt, in denen sie ihre Hände verletzen könnten. Solche Maschinen können nur mit zwei Schaltern, die in Reihe geschaltet sind, bedient werden. So können auch elektrische Rasenmäher nur in Gang gesetzt werden, wenn zwei Schalter gleichzeitig gedrückt werden. Das gilt auch für elektrische Handsägen. Durch die Bedienung mit beiden Händen wird die Möglichkeit einer Verletzung durch das bewegte Sägeblatt vermindert.
Schalter in ODER-Schaltung findest du zum Beispiel bei der Innenbeleuchtung eines Autos. Das Licht geht an, wenn du die rechte oder die linke Tür öffnest.

1 In Elektro-Lokomotiven gibt es einen Sicherheitsfahrschalter. Das ist ein Schalter, der vom Lokführer zusätzlich zum Fahrschalter betätigt werden muss, damit der Antriebsmotor weiterläuft. Wie müssen die beiden Schalter geschaltet sein? Begründe.
2 Der Betrieb einer elektrischen Handsäge ist nur auf Plattformen oder Gerüsten erlaubt, nicht aber auf einer Leiter. Begründe diese Vorsichtsmaßnahme.
3 Überlege, wo ODER-Schaltungen eingebaut sein könnten.

1 Eine Papierschneidemaschine wird mit beiden Händen eingeschaltet

4 Begründe, warum die Maschine in Abbildung 1 so gebaut ist, dass zwei Schalter gleichzeitig betätigt werden müssen.
5 Baue nach Abbildung 2 einen Stromkreis auf. Betätige die Schalter und ergänze die Tabelle:

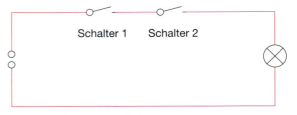

2 Schalter in Reihe geschaltet

Schalter 1	Schalter 2	Lampe
offen	offen	aus

6 Baue nach Abbildung 3 einen Stromkreis auf. Betätige die Schalter und erstelle eine Tabelle.

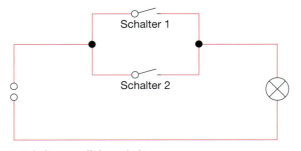

3 Schalter parallel geschaltet

2.4 Umschalter

Stelle dir vor, du würdest im Dunkeln oben auf einer Treppe die Lampe ein- und unten wieder ausschalten. Deine Schwester möchte kurz darauf ebenfalls nach unten. Sie schaltet – nichts passiert. Erst wenn du unten erneut den Schalter betätigst, leuchtet die Lampe wieder. Hier sind die beiden Schalter in Reihe geschaltet. Eine so unpraktische Schaltung findest du im Treppenhaus eurer Wohnung natürlich nicht. Dort kannst du die Lampe oben oder unten beliebig ein- oder ausschalten. Dazu müsste die Anlage in Abbildung 1 umgebaut werden.

Die entsprechende Schaltung zeigt Abbildung 2. Die Schalter sind durch je einen **Umschalter** ersetzt. Ein Umschalter hat einen Eingang und zwei Ausgänge. Im Schaltplan in Abbildung 2 sind die beiden Ausgänge jeweils miteinander verbunden. Dazu ist eine zweite Leitung notwendig. Eine solche Schaltung heißt **Wechselschaltung.**

Befinden sich beide Schalter in Stellung 1 oder beide in Stellung 2, ist der Stromkreis geschlossen. Stehen die Schalter in unterschiedlichen Stellungen, ist der Stromkreis unterbrochen. Durch die beiden Umschalter lässt sich die Lampe an beiden Schaltern ein- und ausschalten. Dabei ist es gleichgültig, an welchen der beiden Schalter du jeweils ein- oder ausschaltest.
Die möglichen Schalterstellungen lassen sich in einer Tabelle darstellen:

Umschalter 1	Umschalter 2	Lampe
Stellung 1	Stellung 1	an

Eine weitere Verwendung des Umschalters zeigt Abbildung 3. Hier werden zwei Lampen mit einem Umschalter wechselweise ein- und ausgeschaltet, es wird also von einer Lampe zur anderen umgeschaltet. So wird zum Beispiel im Auto mit einem Umschalter von Abblendlicht auf Fernlicht umgeschaltet.

1 Hat es Sinn, mit der Wechselschaltung in Abbildung 2 anstelle der Lampe eine Klingel zu betreiben? Nimm an, dass Schalter 1 an der Haustür ist und Schalter 2 an der Wohnungstür. Baue auf und entscheide. Begründe deine Entscheidung.

2 Suche weitere Einsatzmöglichkeiten für Umschalter. Denke auch an Radio, Fernseh- und Videogeräte sowie DVD-Spieler.

3 Warum ist die Schaltung in Abbildung 1 nicht sinnvoll? Begründe deine Antwort.

1 Ärger mit dem Treppenlicht

4 Baue eine Schaltung nach dem Schaltplan in Abbildung 2 auf. Erläutere, bei welcher Stellung der Schalter die Lampe leuchtet.

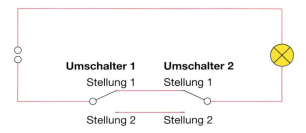

2 Wechselschaltung

5 Zeichne den Schaltplan aus Abbildung 2 viermal ab. Zeichne in jeden Plan die einzelnen Stellungen der beiden Schalter ein.
Wie viele unterschiedliche Stellungen sind möglich? Bei welcher Stellung der Schalter leuchtet die Lampe? Ergänze die Tabelle links.

6 Baue die Schaltung aus Abbildung 3 auf. Wodurch unterscheidet sie sich von der aus Aufgabe 4?
Erläutere, wie du in der Schaltung beide Lampen ausschalten kannst.

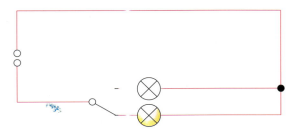

3 Umschalter schaltet zwei Lampen

SCHALTER IN ELEKTRO-INSTALLATIONEN

Pinnwand

Wippschalter

Hier siehst du eine moderne Ausführung zum Einbau in die Wand („Unterputz"). Die Arbeitsweise zeigt das Schnittbild. Sie ist bei allen Schaltern dieser Art gleich. Dabei spielt es keine Rolle, ob der Schalter eine kleine oder große Schaltfläche hat.

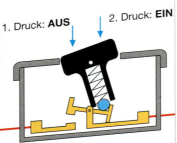

Druckschalter

Er wird meistens als Klingelschalter oder als Taster für den Türöffner eingesetzt. Die Arbeitsweise zeigt das obere Schnittbild.
Für die Innenbeleuchtung im Kühlschrank oder im Auto werden Druckschalter verwendet, die beim Eindrücken ausschalten. Die Arbeitsweise zeigt das untere Schnittbild.

Experimentierschalter

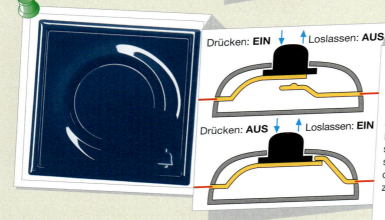

Hebelschalter als EIN-AUS-Schalter

Hebelschalter als Umschalter

Ein weiterer Umschalter

Umschalter von unten

1. Ordne jedem Schalter sein Schaltzeichen zu.
2. Begründe, warum sich die Arbeitsweise des Druckschalters für die Klingel nicht von der des Tasters für den Türöffner unterscheidet?
3. Denke dir für jeden hier angegebenen Schalter Einsatzmöglichkeiten aus. Zeichne jeweils den Schaltplan dazu.

Geräte und Maschinen im Alltag

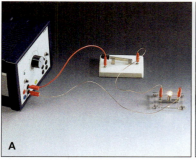

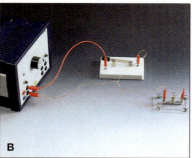

1 Warum leuchtet die Lampe in A und nicht die in B?

4 a) Baue den Versuch nach Abbildung 1 A auf. Benutze als Zuleitung blanke Kupferdrähte mit einem Durchmesser von 0,2 mm. Verwende eine Lampe 6 V|3 W. Schalte das Stromversorgungsgerät ein und regle es auf 6 V. Beobachte die Lampe.
b) Schiebe die Drähte aus a) an einer Stelle zusammen. Was stellst du fest?

2.5 Kurzschluss

In Abbildung 1 sind zwei geschlossene Stromkreise dargestellt. In Abbildung 1 A leuchtet die Lampe, in Abbildung 1 B nicht. Du siehst, dass sich im rechten Stromkreis die blanken Drähte der Zuleitung berühren. Die meisten Elektronen fließen durch die Berührungsstelle und nicht durch die Lampe. Sie kann daher nicht leuchten. Wenn sich blanke Drähte in einem Stromkreis berühren, dann liegt ein **Kurzschluss** vor.

Fällt in einer Parallelschaltung eine Lampe aus, leuchten alle anderen Lampen weiter. Bei einem Kurzschluss leuchtet aber keine Lampe mehr. Die Zuleitungsdrähte bis zur Kurzschlussstelle werden jedoch sehr warm. Sie können dabei ihre Umgebung so stark erwärmen, dass ein Brand entstehen kann. Um das zu vermeiden, wird in jeden Stromkreis der Hausinstallation eine *Sicherung* eingebaut, die den Stromkreis bei einem Kurzschluss unterbricht.

2 Kurzschluss in einer Parallelschaltung

1 Nenne Beispiele, bei denen es in deiner Umgebung zu Kurzschlüssen kommen kann. Denke dabei auch an dein Fahrrad und an Elektrospielzeuge.
2 Erkläre, warum eine Halogen-Schreibtischlampe nicht mehr leuchtet, wenn beide Metallstäbe von einer Schere berührt werden.
3 Informiere dich über die Funktionsweise von Sicherungen wie sie im Haushalt und bei elektrischen Maschinen verwendet werden. Bereite dazu einen kurzen Vortrag vor.

5 a) Baue den Versuch nach Abbildung 2 auf. Verwende drei Lampen 6 V|3 W. Schalte das Stromversorgungsgerät ein und regle es auf 6 V.
b) Überbrücke die erste Lampe wie in Abbildung 2 kurz mit einem Anschlusskabel. Beschreibe, was du bei den Lampen beobachtest.
c) Überbrücke nacheinander kurz die zweite und dritte Lampe in der Parallelschaltung. Erkläre deine Beobachtungen.
6 Baue einen Schienenring einer Modelleisenbahn auf. Verbinde ihn mit dem Trafo und lass eine Lok im Kreis fahren. Überbrücke die Strom führenden Schienen mit einem blanken Draht. Beschreibe deine Beobachtungen.
7 Erkläre jeweils, wodurch der Kurzschluss in den Abbildungen 3 A bis C hervorgerufen wird

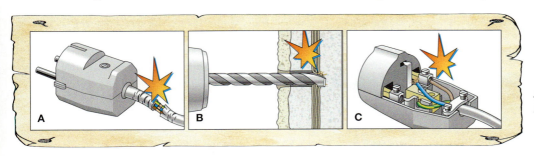

3 Ursachen von Kurzschlüssen

Geräte und Maschinen im Alltag

3 Elektrische Leitfähigkeit von Stoffen

3.1 Leiter, Nichtleiter und Halbleiter

Eine Weide wird eingezäunt, damit die Tiere nicht weglaufen können. Einen Zaun aus Drähten könnten die Pferde leicht umreißen, an einem Stacheldraht könnten sie sich verletzen. Hier hilft ein Elektrozaun. Das ist ein Band aus Draht, an dem die Tiere bei Berührung einen schmerzhaften, aber ungefährlichen elektrischen Schlag erhalten. Nach dieser Erfahrung halten sie Abstand.

Der Elektrozaun wird von einer Batterie mit Strom versorgt. Die Zuleitungen von der Batterie zum Zaun sind mit Kunststoff überzogen. Hier ist die Berührung des Drahtes ungefährlich.
Es ist also ein großer Unterschied, ob der blanke oder der geschützte Draht berührt wird. Nur beim Berühren des blanken Drahtes erhalten die Pferde einen elektrischen Schlag.
Stoffe, die den elektrischen Strom leiten, heißen **Leiter**. Aus solchen Stoffen besteht das Band oder der Draht des Elektrozaunes. Der Kunststoff um die Zuleitungen leitet den elektrischen Strom nicht. Solche Stoffe heißen **Nichtleiter** oder **Isolatoren**.

Mit dem Versuch in Aufgabe 4 kannst du herausfinden, welche Stoffe den Strom leiten und welche nicht. Bei einem Leiter in der *Prüfstrecke* (Abbildung 2) leuchtet die Lampe. Bei einem Nichtleiter leuchtet sie nicht.
Der Versuch zeigt, dass alle Metalle leiten. Ein weiterer Leiter ist Grafit, aus dem eine Bleistiftmine besteht. Nichtleiter sind viele andere Stoffe, zum Beispiel Glas, Kreide, Gummi, Holz und Kunststoff. Stromleitungen und Telefonkabel, die unter Putz oder in der Erde verlegt werden, müssen mit besonders dauerhaften Nichtleitern isoliert werden.

Eine besondere Art der Leitfähigkeit besteht bei **Halbleitern**. Die meisten von ihnen verhalten sich bei tiefen Temperaturen wie Isolatoren, sind bei Zimmertemperatur jedoch Leiter.

1 Zähle weitere Beispiele für Stoffe auf, die den elektrischen Strom leiten und solche, die ihn nicht leiten. Ergänze folgende Tabelle:

Leiter	Nichtleiter
Gold	Gummi

1 A Pferde auf der Weide, B Anschluss des Elektrozaunes an das Stromversorgungsgerät

2 Prüfe die Beispiele aus Aufgabe 1 mit dem Aufbau aus Aufgabe 4. Korrigiere, falls nötig, deine Tabelle.
3 Überlege, warum
a) ein dünnes Band die Pferde auf der Weide halten kann.
b) die Zuleitungen zum Weidezaun mit Kunststoff überzogen sind.

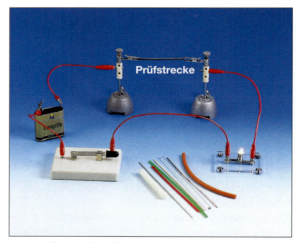

2 Stromkreis mit Prüfstrecke und Anzeigegerät

4 Baue den Stromkreis nach Abbildung 2 auf. Spanne nacheinander Gegenstände aus verschiedenen Stoffen in die Prüfstrecke ein, zum Beispiel eine Stricknadel, ein Stück Kreide, einen Glasstab, eine Bleistiftmine. Notiere in einer Tabelle, ob die Lampe leuchtet oder nicht.
5 Zeichne den Schaltplan zu Aufgabe 4.
6 Aus welchen Stoffen bestehen die Gegenstände in Aufgabe 4, wenn die Lampe leuchtet bzw. nicht leuchtet?

3.2 Leitfähigkeit fester Stoffe

Viele Elektrogeräte, wie der Staubsauger, der Föhn oder der Computer, werden über ein Kabel an die Steckdose angeschlossen. Diese Kabel sind außen mit einem biegsamen Kunststoffmantel umhüllt. Innen befinden sich zwei oder drei Leitungen, die *Adern*. Diese bestehen aus vielen dünnen Kupferdrähten, der *Litze*. Jede der drei Litzen ist ihrerseits mit verschieden farbigem Kunststoff überzogen. Dieser Kunststoff ist ein Isolator, er verhindert eine leitende Verbindung zwischen den Drähten und sorgt auf diese Weise dafür, dass kein Kurzschluss entstehen kann.

Warum wird im Kabel als Litze eigentlich das teure Kupfer benutzt? Eisen wäre doch viel billiger. Die Antwort auf diese Frage ergibt sich aus dem Versuch in Aufgabe 6. Das Messgerät zeigt für Kupfer einen viel höheren Wert an als für Eisen. Dies bedeutet, dass Kupfer den elektrischen Strom sehr viel besser leitet als Eisen, seine **elektrische Leitfähigkeit** ist größer.

Leiter unterscheiden sich also in ihrer Leitfähigkeit. Sie gibt an, ob ein Stoff den elektrischen Strom gut oder weniger gut leitet. Stoffe mit guter Leitfähigkeit sind neben Kupfer auch Silber, Gold und Aluminium. Andere Stoffe, wie Eisen und Grafit haben eine geringere Leitfähigkeit. Kupfer leitet den elektrischen Strom etwa sechsmal besser als Eisen und sogar siebenhundertmal besser als Grafit.

Andere Stoffe, wie Kunststoffe, Glas, Porzellan oder Gummi, leiten den elektrischen Strom nicht, ihre elektrische Leitfähigkeit ist null. Es sind Nichtleiter.
Wichtige Halbleitermaterialien sind Silicium und Germanium.

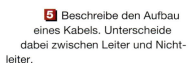

5 Beschreibe den Aufbau eines Kabels. Unterscheide dabei zwischen Leiter und Nichtleiter.

6 Baue einen wie in Abbildung 1 gezeigten Stromkreis auf. Wähle für die Prüfstrecke den Abstand 1 m.
Spanne Drähte aus Kupfer, Eisen und Konstantan mit einem Durchmesser von 0,2 mm in die Prüfstrecke ein. Schließe kurzzeitig den Stromkreis und beobachte das Messgerät. Notiere die angezeigten Zahlenwerte.

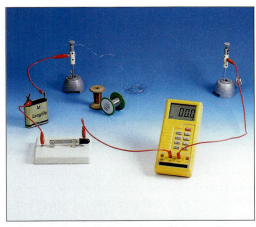

2 Stromkreis mit Prüfstrecke und Messgerät

1 Begründe, warum elektrische Leitungen mit Kunststoff überzogen sind.
2 Welche Eigenschaft eines Stoffes ist mit Leitfähigkeit gemeint?
3 Die Drähte in Kabeln bestehen aus Kupfer oder Aluminium. Erläutere, warum nicht Eisen oder Gold verwendet wird.
4 Nenne eine Möglichkeit mit der du prüfen kannst, ob ein fester Stoff ein Leiter oder ein Isolator ist.

1 Elektrische Leitung.
① *Kabel;* ② *Ader;* ③ *Litze*

7 Zeichne den Schaltplan zu Aufgabe 6.
8 Die in Aufgabe 6 angezeigten Zahlenwerte sind ein Maß für die Leitfähigkeit. Je größer die Zahl, desto höher ist die elektrische Leitfähigkeit des jeweiligen Stoffes.
Ordne die Stoffe nach ihrer elektrischen Leitfähigkeit. Beginne mit dem Stoff, der die höchste Leitfähigkeit besitzt.
9 Wiederhole Aufgabe 6 mit Gegenständen aus Nichtmetallen. Passe dabei die Länge der Prüfstrecke dem Gegenstand an. Begründe jeweils die Anzeige des Messgerätes.

Geräte und Maschinen im Alltag

1 Elektrogeräte im Bad sind lebensgefährlich

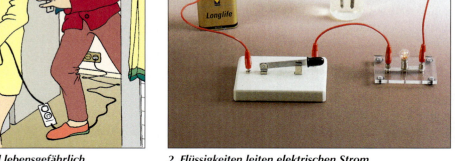

2 Flüssigkeiten leiten elektrischen Strom

3.3 Leitfähigkeit flüssiger Stoffe

Maren freut sich auf ein richtig schönes, heißes Bad. Dabei möchte sie gerne die Musik ihrer Lieblingsgruppe hören. Da ihr MP3-Player gerade kaputt ist, nimmt sie sich einen CD-Spieler mit in das Bad. Diesen schließt sie mit einem Verlängerungskabel an die Steckdose im Flur an. Gerade als sie mit dem Gerät in das Bad gehen will, ruft ihre Mutter sie zurück.
Maren versteht überhaupt nicht, was ihre Mutter gegen den CD-Spieler im Badezimmer einzuwenden hat.

Aber die Mutter hat Recht. Marens Verhalten ist tatsächlich lebensgefährlich. Das Elektrogerät könnte ins Badewasser fallen – mit gefährlichen Folgen.
Wenn der CD-Spieler in das Wasser fällt, ist der Stromkreis über das Wasser geschlossen. Maren würde einen elektrischen Schlag erhalten, denn das Badewasser leitet den elektrischen Strom.

Das kannst du mit dem Versuch 4 nachstellen. Er zeigt, dass manche Flüssigkeiten den elektrischen Strom leiten können. Gute Leiter sind Salzwasser und Essig. Eine geringere elektrische Leitfähigkeit besitzt Leitungswasser. Öl und destilliertes Wasser sind Nichtleiter.

Woran liegt es nun, ob ein Stoff Leiter oder Nichtleiter ist? Wie du bereits weißt, entsteht ein elektrischer Strom dadurch, dass Elektronen fließen. In einem Leiter befinden sich viele frei bewegliche Elektronen oder andere elektrisch geladene Teilchen. In einem Nichtleiter ist dies nicht der Fall. Je mehr freie Elektronen in einem Leiter vorhanden sind, umso besser ist die Leitfähigkeit.

1 Erläutere, warum Marens Verhalten lebensgefährlich ist und erkläre warum die Mutter Maren aus dem Bad zieht.

2 Marens Badewasser wird Badesalz zugefügt. Begründe, wie sich dadurch die Leitfähigkeit verändert.

3 Baue den Versuch nach Abbildung 2 auf.
Achte darauf, dass sich die Nägel nicht berühren.
Ihr Abstand sollte etwa 1 cm betragen.
Fülle das Becherglas mit Leitungswasser.
Schließe den Stromkreis und beobachte die Lampe.
Wiederhole den Versuch mit Essig und mit Öl.
Notiere, ob die Lampe leuchtet.

4 Führe den Versuch aus Aufgabe 4 noch einmal mit Leitungswasser durch. Schließe den Stromkreis und füge jetzt einen Teelöffel Kochsalz hinzu. Rühre um und beobachte dabei die Lampe. Was bewirkt das Salz?

5 Erläutere, auf welche Weise sich die elektrische Leitfähigkeit verändert, wenn du dem Leitungswasser Kochsalz hinzufügst.

6 Zeichne den Schaltplan zum Versuch in Aufgabe 4.

7 Baue den Versuch erneut auf. Ersetze die Glühlampe durch ein empfindliches Messgerät und die Batterie durch ein Stromversorgungsgerät. Stelle es auf 10 V ein. Benutze als Flüssigkeit nacheinander destilliertes Wasser, Leitungswasser und Salzwasser. Schließe den Stromkreis und beobachte jeweils das Messgerät. Was stellst du fest? Welche Wasserart hat die beste Leitfähigkeit? Finde eine Erklärung für deine Beobachtungen.

Geräte und Maschinen im Alltag

Bau eines Feuchtigkeitsanzeigers

Übung

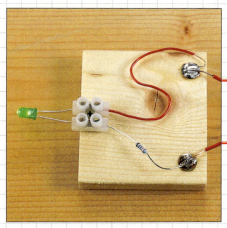

Der fertige Feuchtigkeitsanzeiger

Haben die Blumen auf der Fensterbank noch genug Wasser? Auch wenn die Oberfläche schon trocken erscheint, könnte es im Wurzelbereich ja noch feucht genug sein. Das lässt sich mit einem **Feuchtigkeitsanzeiger** überprüfen. Ein solches Gerät kannst du dir selbst bauen. Es besteht aus einem *Anzeigeteil,* einem *Fühler* und einer *Batterie* als Stromversorgung.

V1 Bau des Anzeigeteils

Materialliste:
– 1 Holzbrettchen
  (5 cm × 7 cm × 1 cm)
– 1 Leuchtdiode
– 1 Widerstand (120 Ω)
– 2 zusammenhängende
  Lüsterklemmen
– 1 Holzschraube
– Klingeldraht
– 2 Reißnägel

Bauanleitung:
Schraube die Lüsterklemmen auf das Holzbrett. Schließe die Leuchtdiode an je eine Lüsterklemme an. Befestige den Widerstand an der Lüsterklemme, an der das kürzere Beinchen der Leuchtdiode steckt. Schließe an die zweite Lüsterklemme ein Stück Klingeldraht an. Löte das freie Ende des Widerstandes und des Klingeldrahtes auf je einen Reißnagel. Löte auf jeden Reißnagel ein Stück Klingeldraht als Zuleitung.

V2 Bau des Fühlers

Materialliste:
– 2 dünne Stahlstricknadeln
– 2 einzelne Lüsterklemmen
– 1 Korken
– Klingeldraht

Bauanleitung:
Halbiere den Korken in der Längsrichtung. Durchbohre eine Hälfte des Korkens mit einem dünnen Bohrer oder mit einer glühenden Nadel an zwei Stellen. Stecke anschließend die beiden Stricknadeln durch die Löcher des Korkens. Schraube an die oberen Enden der Stricknadeln je eine Lüsterklemme.
Baue aus dem Anzeigeteil, dem Fühler und der Batterie das Gerät zusammen, wie du es auf dieser Seite siehst. Beachte, dass du den Zuleitungsdraht mit dem Widerstand an die lange Metallzunge der Batterie, den ⊖-Pol, anschließen musst.

Aufgabe:
Fülle ein Gefäß mit Erde und feuchte diese an. Überprüfe, ob dein Feuchtigkeitsanzeiger funktioniert.

Der Fühler im Einsatz

Geräte und Maschinen im Alltag

1 Gefahr beim Spiel mit Drachen

Unfall beim Drachensteigen

(Windburg) Gestern ließen einige Jugendliche auf den Feldern Drachen steigen. Dabei kam es zu einem folgenschweren Unfall. Ein Junge musste mit schweren Verbrennungen ins Krankenhaus eingeliefert werden. Sein Drachen hatte sich in einer Hochspannungsleitung verfangen. So bekam der Junge einen lebensgefährlichen Stromschlag.

3.4 Leitfähigkeit des Menschen

Wie kann es zu einem Unfall beim Drachensteigen kommen? In der feuchten Herbstluft wird auch die Drachenschnur feucht. Wenn der Drachen eine Stromleitung berührt, befindet sich der Mensch mit der Stromleitung, der Drachenschnur und der feuchten Erde in einem geschlossenen Stromkreis.

Solche Unfälle zeigen, dass der menschliche Körper den elektrischen Strom leitet. Die Leitfähigkeit des Menschen lässt sich aber auch in einem ungefährlichen Versuch (Abbildung 2) zeigen.

Der unvorsichtige Umgang mit elektrischem Strom kann also lebensgefährlich sein. Die Gefahr nimmt sogar noch zu, wenn Wasser im Spiel ist. Bei schweren Unfällen mit Strom gibt es nicht nur Verbrennungen, zusätzlich kann sich das Herz verkrampfen. Das kann dann den Herzschlag beeinflussen und zum Tode führen.

2 Der Mensch leitet

1 Erläutere mit Hilfe der Abbildung 1 die Gefährdung der Kinder.
2 Begründe wo du in deiner Umgebung keine Drachen steigen lassen darfst.
3 Schwalben, Amseln, Stare und andere Vögel können offenbar ungefährdet auf Hochspannungsleitungen sitzen. Erkläre diese Beobachtung.

4 Lehrerversuch: Die Lehrerin oder der Lehrer befindet sich mit einer Batterie und einem Messgerät zum Anzeigen des elektrischen Stromes in einem geschlossenen Stromkreis (Abbildung 2).
Beachte die Anzeige des Messgerätes, wenn die Versuchsperson
a) die beiden Metallstäbe fest in beide Hände nimmt.
b) die Hände auch noch befeuchtet. Vergleiche die Werte.
5 Was schließt du aus den Ergebnissen dieses Versuches? Begründe die Unterschiede zwischen 4 a und 4 b).

> **!** Beim Umgang mit elektrischen Geräten musst du zu deiner Sicherheit Folgendes beachten:
> – Bei Experimenten darfst du nur Batterien oder Stromversorgungsgeräte bis 24 V benutzen!
> – Elektrisches Spielzeug darfst du höchstens mit 24 V betreiben!
> – Elektrogeräte darfst du nie mit nassen Händen, barfuß oder auf feuchtem Boden stehend betreiben!
> – Geräte mit Isolationsschäden an der Zuleitung darfst du nicht mehr in Betrieb setzen. Sie müssen sofort zur Reparatur!

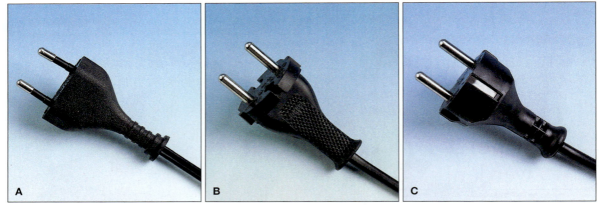

1 Verschiedene Stecker. A Flach-Stecker (Euro-Stecker); B Kragen-Stecker; C Schuko-Stecker

3.5 Wie werden Elektrogeräte versorgt?

Viele Elektrogeräte werden mit einem Stecker an eine Steckdose angeschlossen. Dadurch werden sie mit dem Stromversorgungsnetz verbunden und du kannst sie benutzen. Meistens ist auch noch ein zusätzlicher Schalter eingebaut.

Wenn du dir die Stecker genauer ansiehst, stellst du fest, dass es unterschiedliche Arten gibt. Einige Geräte besitzen einen **Flach-Stecker** (Abbildung 1 A) oder einen **Kragen-Stecker** (Abbildung 1 B). Andere Geräte besitzen einen vollen, runden Stecker mit seitlichen Metallstreifen, den **Schuko-Stecker** (Abbildung 1 C).

Wodurch unterscheiden sich diese Stecker? Den äußerlichen Unterschied erkennst du in Abbildung 1. Wie diese Stecker innen aussehen, zeigen dir die Schnittbilder 2 A bis C. Alle Stecker besitzen zwei Anschlussstifte, die mit je einer Leitung verbunden sind, damit sich beim Anschluss des Elektrogerätes ein geschlossener Stromkreis ergibt.

Der Schuko-Stecker stellt einen Sonderfall dar. Eine Leitung ist mit blauem Kunststoff isoliert, die zweite mit braunem. Zusätzlich findest du eine dritte Leitung, die mit gelb-grünem Kunststoff isoliert ist. Sie heißt **Schutzleiter** und ist an den beiden Metallstreifen, den Schutzkontakten, angeschlossen. Damit kannst du dir jetzt auch die Bezeichnung Schuko als Abkürzung für **Schu**tz**ko**ntakt erklären.

Solche Schutzkontakte befinden sich auch in allen Steckdosen. Es handelt sich um die Metallklammern, die genau zu den Metallstreifen der Stecker passen.

Auch die Flach-Stecker und Kragen-Stecker kannst du an jede Schuko-Steckdose anschließen. Dabei haben sie keine Verbindung zu den Schutzkontakten. Trotzdem sind die angeschlossenen Geräte geschützt. Denn diese Stecker dürfen nur bei Elektrogeräten verwendet werden, die in einem *Kunststoffgehäuse* eingeschlossen sind. Diese Geräte sind dadurch **schutzisoliert**. Sie tragen das rechts abgebildete Zeichen.

3 Gerät ist schutzisoliert

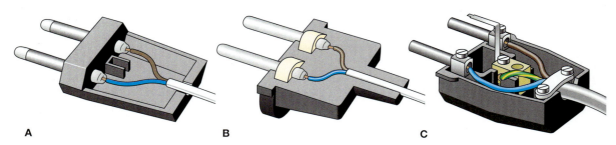

2 Schnittbilder der Stecker. A Flach-Stecker; B Kragen-Stecker; C Schuko-Stecker

Geräte und Maschinen im Alltag

Jeder Stadtteil und jedes Dorf werden über eine eigene „Trafostation" mit Elektrizität versorgt. Die Trafostation bekommt ihrerseits Elektrizität über das Umspannwerk und die Überlandleitungen vom Elektrizitätswerk.
Sie ist durch zwei Zuleitungen über den Hausanschluss mit der Steckdose im Haus verbunden. Wenn du zum Beispiel einen Wasserkocher anschließt, ergibt sich ein geschlossener Stromkreis mit folgenden Stationen und Wegen: Trafostation – 1. Zuleitung – Hausanschluss – braune Leitung – Steckdose – Stecker – braune Leitung – Wasserkocher – blaue Leitung – Stecker – Steckdose – blaue Leitung – 2. Zuleitung – Trafostation.

Du weißt bereits, dass Erde leitet. Das nutzt man aus, um die 2. Zuleitung einzusparen. In der Trafostation wird eine Leitung mit einem langen Metallstab, dem **Erder,** verbunden. Dieser reicht bis in das Grundwasser. Einen gleichen Erder gibt es an jedem Haus. An diesem ist die blaue Leitung angeschlossen. So ist der Stromkreis immer über die Erde geschlossen.

Der Schutzleiter ist die gelb-grüne Leitung, die überall im Haus mit den beiden anderen Leitungen mitläuft. Er ist zusammen mit der blauen Leitung an den Erder angeschlossen. Wie du weißt, ist der Schutzleiter auch die dritte Leitung im Anschlusskabel eines Schuko-Steckers. Diese sind für Elektrogeräte vorgeschrieben, die ein *Metallgehäuse* haben. Der Schutzleiter ist im Gerät mit dem Metallgehäuse verbunden. Wovor und wie schützt er dich?

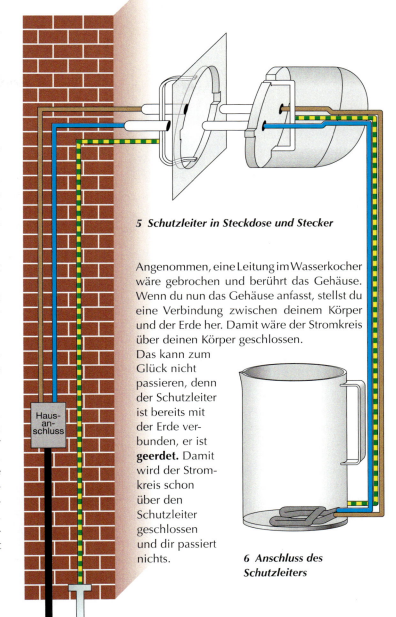

5 *Schutzleiter in Steckdose und Stecker*

Angenommen, eine Leitung im Wasserkocher wäre gebrochen und berührt das Gehäuse. Wenn du nun das Gehäuse anfasst, stellst du eine Verbindung zwischen deinem Körper und der Erde her. Damit wäre der Stromkreis über deinen Körper geschlossen. Das kann zum Glück nicht passieren, denn der Schutzleiter ist bereits mit der Erde verbunden, er ist **geerdet.** Damit wird der Stromkreis schon über den Schutzleiter geschlossen und dir passiert nichts.

6 *Anschluss des Schutzleiters*

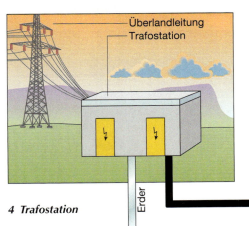

4 *Trafostation*

1 Zähle auf, welche Elektrogeräte mit Flach- oder Kragen-Stecker und welche mit Schuko-Stecker angeschlossen werden.
2 Begründe, warum die einzelnen Leitungen farblich unterschiedlich gekennzeichnet sind.
3 Erder reichen bis ins Grundwasser. Erkläre die Anordnung.
4 Informiere dich über die Funktionsweise eines Blitzableiters. Stelle Zusammenhänge mit den Informationen auf dieser Lehrbuchseite her.

Geräte und Maschinen im Alltag

1 Bastian hat sich die Finger verbrannt

4 Wirkungen des elektrischen Stromes

4.1 Heizdrähte

Aua – Bastian hat sich die Finger verbrannt und dabei hat er doch nur die Weißbrotscheibe aus der Toasteröffnung befreien wollen. Die hatte sich nämlich verkantet und wollte nicht herausspringen. Und jetzt schimpft seine Mutter auch noch mit ihm: „Ist doch klar, dass die Drähte heiß sind. Dir hätte sogar noch was viel Schlimmeres passieren können. Du weißt ja, wie gefährlich elektrischer Strom sein kann!"

Natürlich hat Bastian gewusst, dass Strom aus der Steckdose gefährlich sein kann. Er hat auch gewusst, dass der Toaster an der Steckdose angeschlossen ist – aber wieso die Drähte glühen, darüber hat er sich eigentlich nie Gedanken gemacht.

Weißt du denn, was das Glühen der Drähte mit dem elektrischen Strom zu tun hat? Wenn du den Versuch in Aufgabe 4 durchführst, siehst du, dass der Konstantandraht heiß wird. Er beginnt sogar zu glühen. Aus Konstantandraht ließe sich also ein **Heizdraht** herstellen.

Im weiteren Versuchsverlauf liegen Kupferdraht und Konstantandraht in demselben Stromkreis, dennoch erwärmt sich der Kupferdraht kaum, der Konstantandraht wird aber wieder genauso heiß wie zuvor.

Kupferdraht ist zur Herstellung von Heizdrähten offensichtlich ungeeignet. Als Material für die **Zuleitungen** zu elektrischen Geräten eignet sich Kupfer aber sehr gut, denn die Zuleitungen sollen ja nicht heiß werden. Heizdrähte müssen hohe Temperaturen viele Stunden lang aushalten ohne zu schmelzen oder zu verbrennen. Besonders gut eignen sich Chrom-Nickel-Drähte. Sie werden so heiß wie Konstantandraht, halten aber wesentlich länger.

1 Was für einen Draht würdest du als Heizdraht verwenden, wenn du einen Toaster bauen wolltest? Begründe deine Antwort.

2 Elektrische Leitungen werden heute meistens aus Kupfer hergestellt. Erkläre diese Feststellung.

3 Nenne elektrische Geräte, die zur Erzeugung von Wärme dienen. Bei welchen dieser Geräte sind die Heizdrähte zu sehen?

4 a) Schließe ein 20 cm langes Stück Konstantandraht mit einem Durchmesser von 0,2 mm an ein Netzgerät an (Abbildung 2). Stelle das Netzgerät auf 10 V ein und beobachte den Draht.
b) Verlängere die Leitung aus Konstantandraht mit einem Kupferdraht (0,2 mm dick, 20 cm lang) und wiederhole den Versuch. Beobachte beide Drähte. Ziehe Schlussfolgerungen aus den Versuchen.

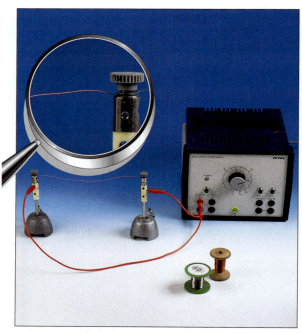

2 Konstantandraht im Stromkreis

WÄRME – UNERWÜNSCHT ODER ERWÜNSCHT

Pinnwand

In jedem Leitungsstück eines geschlossenen Stromkreises entsteht Wärme. Diese Wärme ist oft nicht erwünscht. Viele Geräte können dadurch sogar zerstört werden. Deshalb müssen sie durch Kühlgebläse geschützt werden.

1 Nenne elektrische Geräte, die durch ein Kühlgebläse geschützt werden.

Auf Haushaltsgeräten kannst du oft den Aufdruck KB5 oder KB10 finden. Das bedeutet, dass das betreffende Gerät nur für eine Kurzzeit-Belastung von 5 Minuten oder 10 Minuten geeignet ist.

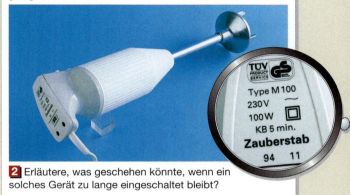

2 Erläutere, was geschehen könnte, wenn ein solches Gerät zu lange eingeschaltet bleibt?

Ein Tauchsieder – selbst gebaut

Ein Tauchsieder ist ein Gerät, mit dem du Wasser erwärmen kannst.

Materialliste:
– ein Flaschenkorken
– zwei stabile Drähte, je 15 cm lang
– Klebeband
– Konstantandraht (0,2 mm dick, 20 cm lang)

Bauanleitung:
Biege von jedem der Drahtstücke ein 5 cm langes Stück um.

Befestige die Drähte mit dem Klebeband am Korken.

Wickle den Konstantandraht schraubenförmig auf einen Bleistift oder ein etwa gleich dickes Glasrohr. Ziehe ihn vorsichtig ab. Ein so gewickeltes Drahtstück heißt „Wendel".

Drehe die Enden der Wendel um die Drahtstücke.

Einsatz:
Halte den Tauchsieder in ein kleines Becherglas mit Wasser. Schließe ihn dann an ein Netzgerät an, stelle es auf 8 V ein und warte.

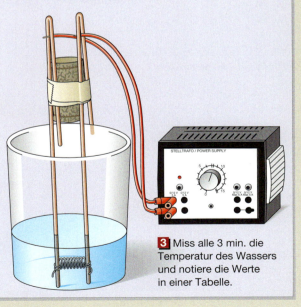

3 Miss alle 3 min. die Temperatur des Wassers und notiere die Werte in einer Tabelle.

Geräte und Maschinen im Alltag

4.2 Heizdrähte werden zu Glühdrähten

Wenn du Licht brauchst – kein Problem: Du schaltest einfach eine elektrische Lampe an. Das Licht bekommst du wohl meistens von einer Glühlampe.
Du weißt auch, wieso Glühlampen leuchten, schließlich heißen sie ja „Glüh"lampen, außerdem hast du dir vielleicht schon einmal an einer solchen Lampe die Finger verbrannt.

Drähte in einem Stromkreis können heiß werden, das weißt du von den Heizdrähten. In Glühlampen werden sie sogar so heiß, dass sie hell leuchten.
Wenn der Kolben einer Glühlampe aus klarem Glas besteht, kannst du den Glühdraht deutlich erkennen. Aber hast du dir so einen Glühdraht schon einmal genau angesehen? Der Draht ist schraubenförmig aufgewickelt, er ist *gewendelt*. Ein solcher Draht in einer Glühlampe heißt **Glühwendel.**

Warum der Draht gewendelt wird, zeigt dir der Versuch in Aufgabe 3. Der gerade Teil und der gewendelte Teil eines Drahtes liegen im selben Stromkreis.
Die Wendel wird heißer als der gerade Teil des Drahtes. Dort liegen die einzelnen Windungen dicht nebeneinander und wärmen sich gegenseitig. Je heißer ein Glühdraht wird, desto heller leuchtet er.

1 Begründe, warum die Kolben von Glühlampen aus Glas und nicht aus Kunststoff hergestellt werden, obwohl Glas doch leicht zerbrechlich ist.
2 Betrachte den Glühdraht einer Glühlampe mit klarem Glaskolben durch eine Lupe. Die Glühlampe darf nicht eingeschaltet sein.
Beschreibe, wie der Glühdraht geformt ist.
3 Wickele ein 20 cm langes Stück Konstantandraht mit einem Durchmesser von 0,2 mm zur Hälfte auf einen Nagel oder eine Stricknadel auf. Schließe den Konstantandraht an ein Netzgerät an und stelle es auf 8 V ein.
Beobachte den aufgewendelten und den geraden Teil des Drahtes. Schreibe deine Beobachtungen auf.
4 Begründe, warum es sinnvoll ist, den Glühfaden einer Lampe zu wendeln. Beziehe bei deiner Antwort das Ergebnis aus Aufgabe 4 mit ein.
5 Erkläre, warum die Wendel bei manchen Glühlampen noch einmal gewendelt ist.

1 Scheinwerfer in einem Theater

2 Die Wendel im Stromkreis

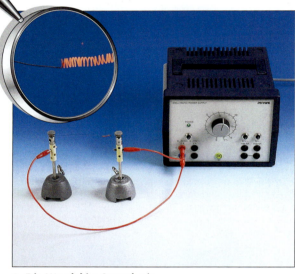

3 A Die Glühlampe; B die Glühwendel

Geräte und Maschinen im Alltag

Die Glühlampe

Streifzug durch die Geschichte

Die ersten brauchbaren Glühlampen hat Heinrich GOEBEL gebaut. Er wurde 1818 in Springe in der Nähe von Hannover geboren.

GOEBEL wanderte 1848 nach Amerika aus. In New York gelang es ihm nach vielen Versuchen Glühlampen zu bauen, bei denen der Glühfaden bis zu 400 Stunden lang leuchtete. GOEBEL hatte kein Metall zur Verfügung, das heiß genug werden konnte, ohne zu schmelzen. Als Glühfaden wählte er eine Bambusfaser, die er zuvor verkohlen ließ, damit sie elektrisch leitend wurde. Die Glaskolben stellte er aus Glasrohren oder leeren Parfümflaschen her. GOEBEL hat mit seinen Lampen allerdings kein Geld verdient. Sie sind dann in Vergessenheit geraten.

A *GOEBELs Lampe (um 1860)*

Thomas Alva EDISON dagegen war ein erfolgreicher Erfinder. Als er 1878 mit der Arbeit an einer elektrischen Glühlampe begann, hatte er schon eine Reihe anderer wichtiger Erfindungen gemacht. EDISON arbeitete mit vielen tüchtigen Mitarbeitern in einem gut eingerichteten Labor. Er hatte genug Geld, um seine Erfindungen immer so weit zu entwickeln, bis sie wirklich zu gebrauchen waren.

Als EDISON im Jahr 1879 seine Glühlampe zum Patent anmeldete, hatte er schon daran gedacht, dass Lampen manchmal ersetzt werden müssen. Sie bekamen deshalb einen Schraubsockel, wie er heute noch verwendet wird. Als Glühfaden diente auch ihm eine Faser aus verkohlter Baumwolle. 1892 nahm EDISON in New York das erste öffentliche Elektrizitätswerk der Welt in Betrieb. Erst jetzt konnte sich die Glühlampe im alltäglichen Gebrauch durchsetzen.

Die Größe des Sockels und der Schraubfassung für Glühlampen wird noch heute als E 14 oder E 27 angegeben. Die Zahl gibt den Durchmesser des Lampensockels in Millimetern an, das E erinnert an EDISON.

Etwa um die Jahrhundertwende wurde der Kohlefaden einer Glühlampe durch einen Metallfaden ersetzt. Es musste ein Metall sein, das sehr heiß werden konnte, ohne dabei zerstört zu werden. Denn je heißer ein glühender Draht wird, desto heller leuchtet er. Ein solches Metall ist Wolfram.

Der Glaskolben einer Glühlampe darf keine Luft enthalten, der glühende Draht würde sonst sofort verbrennen. Die ersten Glühlampen wurden deshalb luftleer gepumpt. Heute sind die Glaskolben mit dem Gas Argon gefüllt.

B *EDISONs Lampe (1885)*

Glühlampen werden zu vielen verschiedenen Zwecken eingesetzt. Sie sehen entsprechend unterschiedlich aus. Es gibt sogar Lampen, die nicht leuchten, sondern wärmen sollen. Es sind Infrarotlampen, die unter anderem bei der Aufzucht von Küken oder Ferkeln verwendet werden.

Weil in Glühlampen der allergrößte Teil der Elektrizität nicht in Licht, sondern in Wärme umgewandelt wird, ersetzt man sie heute zunehmend durch Energiesparlampen.

C *Moderne Lampe*

1 Entwicklung der Glühlampe

- Glaskolben
- Glühwendel
- Stützdrähte
- Halterung aus Glas
- Gewindesockel
- Isolation
- Fußkontakt
- Fassung

2 Schnittbild einer Glühlampe

Pinnwand

DIE FAHRRADBELEUCHTUNG

Für Fahrräder gibt es umfangreiche Sicherheitsvorschriften. Neben den Bremsen, sind vor allem die Beleuchtungseinrichtungen des Fahrrades genau vorgeschrieben. Danach gibt es Bestimmungen für die aktive Beleuchtung des Fahrrades – das sind Bauteile, die selbst Licht erzeugen – und für die passive Sicherheit durch Bauteile, die auftreffendes Licht zurückwerfen. Letzteres ist vor allem dann erforderlich, wenn die Eigenbeleuchtung durch Scheinwerfer oder Rücklicht ausfällt.

Wenn es keine aktive Beleuchtung gibt, muss mit passiven Bauteilen dafür gesorgt werden, dass Rad und Fahrer gesehen werden können. Dafür hat man allerlei verschiedenfarbige Rückstrahler entwickelt: rot für die Strahlung nach hinten, weiß oder gelb nach vorn bzw. zur Seite. Diese vielfältigen Reflektoren machen ein Fahrrad auch bei Dunkelheit aus allen Richtungen erkennbar. Radfahrer, die ihr Rad nicht so ausrüsten, riskieren nicht nur Geldstrafen, sondern leben sehr gefährlich!

- Weißer Reflektor (nur nach vorn abstrahlend), falls kein in den Frontscheinwerfer integrierter Reflektor vorhanden ist
- Weißer Frontscheinwerfer mit Frontreflektor, fest montiert
- Lichtmaschine („Dynamo") durch Doppelleitungen mit den Lampen verbunden
- Ein mit dem Buchstaben „Z" gekennzeichneter roter Großflächenrückstrahler, höchstens 60 cm über der Straße
- Je Rad ein kreisförmiger zusammenhängender reflektierender weißer Streifen, entweder auf dem Reifen aufgeprägt oder zwischen die Speichen geflochten.
- Oder je Rad mindestens zwei gelbe Speichenrückstrahler (um 180° versetzt angebracht)
- Gelbe Pedalstrahler (nach vorn und hinten reflektierend)
- Rote Schlussleuchte mit Standlicht, fest montiert. Roter Rückstrahler (meist in der Rückleuchte integriert)

Batteriebeleuchtung mit Ladezustandsanzeige

Kein Dynamo erforderlich
Achtung: Batteriebeleuchtung ist nur für Rennräder bis 11 kg oder Geländeräder bis 13 kg erlaubt

Blink- oder Dauerleuchten mit Dioden

Das Blinken erregt Aufmerksamkeit; Leuchte darf nur am Körper getragen werden, nicht am Rad montiert sein

Dioden-Rücklicht mit Standlicht

Dank spezieller Speichertechnik Lichtabgabe auch im Stand; wegen der Diode (statt Glühlampe) geringerer Energieverbrauch

Halogenscheinwerfer mit Frontreflektor und Standlicht

Sehr helles Licht durch Halogenlampe, kein eigener Reflektor nötig

Geräte und Maschinen im Alltag

Bau von Stromkreisen I

Projekt

In diesem Projekt könnt ihr Geräte oder Anlagen bauen, für die unterschiedliche Schaltungen entwickelt werden müssen. Überlegt genau, wie die Schaltung aussehen soll, bevor ihr mit dem Bau beginnt. Zeichnet jeweils einen Schaltplan.
Wenn alle Gruppen fertig sind, werden die Schaltungen vorgestellt und erläutert.

Gruppe 1: Ein Geschicklichkeitsspiel

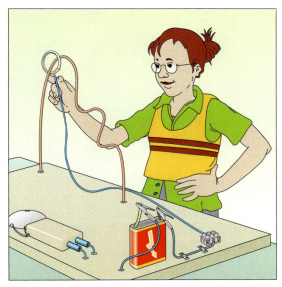

Der „heiße Draht"

Spielanleitung:
Der Schlüsselring soll vom Anfang bis zum Ende des gebogenen Drahtes geführt werden. Dabei darf er den Draht nicht berühren, sonst wird der Stromkreis geschlossen und die Klingel meldet einen Minuspunkt für die Spielerin oder den Spieler.
Das Spiel wird schwieriger,
– wenn der Draht viele Biegungen bekommt;
– wenn der Schlüsselring sehr eng ist;
– wenn ihr nach Zeit spielt.
Wenn ihr mehrere gleiche Geräte baut, könnt ihr gegeneinander spielen.
Ihr könnt aber auch mehrere Geräte parallel schalten und an eine Batterie anschließen, dann wird der „heiße Draht" zum Mannschaftsspiel. Es gewinnt die Mannschaft, bei der keine Mitspielerin oder kein Mitspieler den „heißen Draht" berührt hat.

Gruppe 2: Die Alarmanlage

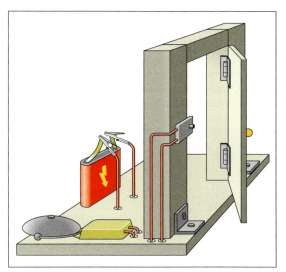

Beim Öffnen der Tür gibt es Alarm

Bei einer Alarmanlage wird an der Zimmertür ein Schalter angebracht, der den Stromkreis bei geschlossener Tür unterbricht. Er schließt ihn, sobald die Tür geöffnet wird. Mit einem solchen Schalter wird die Kühlschrankbeleuchtung ein- und ausgeschaltet. Der Stromkreis besteht neben dem Schalter aus einer Klingel oder einem Summer und einem Stromversorgungsgerät, zum Beispiel der 4,5 V-Batterie.

Baut euch ein Modell einer Tür. Dazu benötigt ihr folgende Materialien:
– 1 Grundplatte (30 cm × 20 cm)
– 2 Holzlatten (30 cm lang), 1 Holzlatte (15 cm lang) als Türrahmen
– 1 Holzplatte mit entsprechender Größe als Tür
– 2 Türscharniere
– 2 Winkeleisen
– Nägel, Holzschrauben, Holzleim
– Hammer, Schraubendreher
Baut nun an dieses Türmodell eure Alarmanlage an.

Überlegt auch, wie die Alarmanlage geschaltet sein müsste, wenn ein Zimmer mehrere Eingänge hat oder wenn auch die Fenster gesichert werden sollen. Der Alarm soll ausgelöst werden, wenn eine Tür oder ein Fenster geöffnet wird.

Geräte und Maschinen im Alltag

Projekt

Bau von Stromkreisen II

Gruppe 3: Die Fahrradbeleuchtung

Ihr sollt den Stromkreis der Fahrradbeleuchtung untersuchen und nachbauen.

1. Schaut euch den Stromkreis und seine Bauteile an einem Fahrrad an. Unterscheidet dabei den Stromkreis für Vorder- und Rücklicht. Bringt die Lampen mit einer 4,5 V-Batterie zum Leuchten.

2. Baut die Stromkreise der Fahrradbeleuchtung mit Scheinwerfer, Rücklicht und Fahrradlichtmaschine mit Stativmaterial nach. Achtet dabei auf die Kontakte.

Stromkreise mit nur einem Kabel

3. Besorgt euch ein Fahrrad, bei dem die Beleuchtung defekt ist und bringt sie wieder in Ordnung.

Mögliche Fehlerquellen:
– Bauteile nicht angeschlossen
– Kabel fehlt oder ist gebrochen
– Schutzblech locker
– Kontakte verschmutzt oder verrostet
– Lampen oder Fahrradlichtmaschine defekt

Dieses Fahrrad ist verkehrssicher

Gruppe 4: Ein elektrischer Würfel

Ein Würfel hat 6 Flächen mit 1 bis 6 Punkten. Ihr könnt hier einen ganz anderen „Würfel" bauen. Er ist elektrisch gesteuert und Glühlampen zeigen die „gewürfelte" Zahl an. Jede Lampe ist über einen Schleifkontakt mit der Batterie verbunden. Zum Würfeln müsst ihr das Holzrad in Schwung setzen.

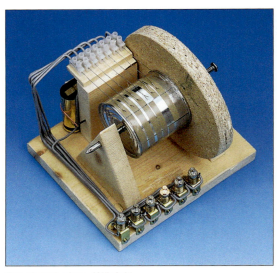

Ein elektrischer „Würfel"

Materialliste:
– Grundplatte aus Holz
– Holzleisten als Ständer
– Holzscheibe als Schwungrad
– leere und gereinigte Milchdose
– großer Nagel als Achse
– 7 Chrom-Nickel-Drähte als Schleifer (0,4 mm)
– 6 Lampenfassungen mit Lampen (3,5 V)
– 7 Lüsterklemmen
– Klingeldraht als Zuleitung
– 4,5 V-Batterie
– Schrauben, Nägel, Klebestreifen, Holzleim

Damit immer nur eine Lampe leuchtet, werden zur Isolierung sechs Klebestreifen um die Dose geklebt. Jeder Streifen hat als Kontaktstelle eine gleich große Lücke. Diese Lücken liegen gleichmäßig versetzt auf der Dose. Sie wird dann mittig auf die Schwungscheibe geklebt und auf der Achse befestigt.

Geräte und Maschinen im Alltag

Gruppe 5: Puppenhaus-Beleuchtung

Aus Schuhkartons lassen sich schöne Puppenzimmer bauen.

Ihr benötigt
- dicken, aber noch gut biegbaren Draht
- Lampen und eine Flachbatterie
- mindestens 3 Schuhkartons
- eine Rundzange, einen Seitenscheider

Mehrere solcher Zimmer können zu einem ganzen Puppenhaus zusammengestellt werden. Ihr könnt in eurer Gruppe solch ein Haus gemeinsam bauen: Jede/r übernimmt ein Zimmer. Eine oder einer von euch baut das Treppenhaus. Als erstes wird die Beleuchtung entworfen.

1. Jeder entwirft für sein Zimmer bzw. für das Treppenhaus eine Schaltskizze für den Einbau mehrerer Lampen. Sie sollen in den Zimmern alle zusammen von einem Schalter an der Tür an- und ausgeschaltet werden können.
Im Treppenhaus soll das Licht von unten und von oben beliebig an- und ausgeschaltet werden können.

2. Fügt die Schaltskizzen zu einer gemeinsamen Skizze für das ganze Haus zusammen. Es soll nur eine elektrische Quelle (Flachbatterie) verwendet werden.

3. Jeder führt die Verlegung der Leitungen, der Lampen und des (der) Schalter(s) für sein Zimmer nach nebenstehender Konstruktionsanweisung aus. Jeder prüft noch nach, ob die Lampen in seinem Zimmer auch leuchten.

4. Zum Schluss werden alle Zimmer zusammen gebaut und an die Batterie angeschlossen.

5. Fertigt einen Abschlussbericht über den Bau des Puppenhauses an mit Aussagen über die Schaltungsarten und mit einer vollständigen Schaltskizze der elektrischen Anlage.

6. Selbstverständlich könnt ihr die Wände eures Hauses tapezieren und es mit Möbeln ausstatten.

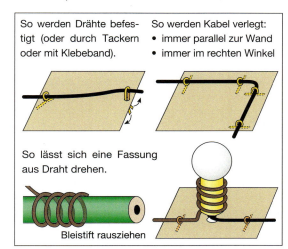

So werden Drähte befestigt (oder durch Tackern oder mit Klebeband).

So werden Kabel verlegt:
- immer parallel zur Wand
- immer im rechten Winkel

So lässt sich eine Fassung aus Draht drehen.

Bleistift rausziehen

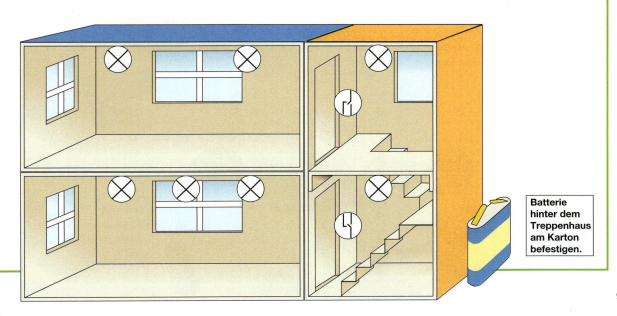

Batterie hinter dem Treppenhaus am Karton befestigen.

Geräte und Maschinen im Alltag

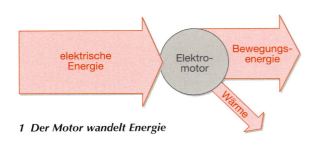

1 Der Motor wandelt Energie

4.3 Aus Elektrizität wird Bewegung

Das Elektroauto in Abbildung 2 A fährt nur, wenn du vorher Batterien eingesetzt hast. Die Batterien als Stromquelle geben elektrische Energie ab, die in dem Elektromotor (Abbildung 2 B) in Bewegungsenergie umgewandelt wird. Ein Teil der Energie wird dabei in Wärme umgesetzt.

Bei allen elektrisch angetriebenen Fahrzeugen findet durch den Elektromotor als Wandler eine Umwandlung von elektrischer Energie in Bewegungsenergie statt (Abbildung 1). Auch andere elektrisch getriebene Maschinen wie der Mixer in der Küche, die Waschmaschine, die Bohrmaschine, der elektrische Hobel, der Ventilator und das Elektroauto (Abbildung 2 C) arbeiten auf die gleiche Weise.

Der Renner in Abbildung 2 A bezieht seine elektrische Energie aus mehreren Batterien oder wiederaufladbaren Akkus. Andere Maschinen oder Elektrogeräte und das Elektroauto beziehen die von ihnen benötigte elektrische Energie über die Steckdose.

1 Zähle weitere Möglichkeiten auf, elektrische Energie in Bewegungsenergie umzuwandeln. Nenne dazu die entsprechenden Geräte oder Maschinen.
2 Erläutere, wie die vielen elektrischen Einrichtungen in einem Auto mit elektrischer Energie versorgt werden.

A

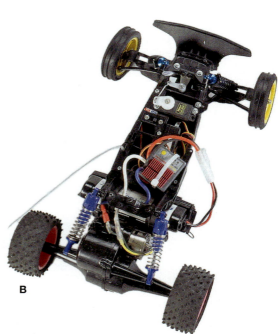

B

C

2 *Full speed.*
A elektrisches Spielzeugauto, *B* Blick unter die Haube, *C* Elektroautos an der Tankstelle

BEWEGUNG AUF VIER RÄDERN

Pinnwand

Die Lokomotive einer Modelleisenbahn fährt mit elektrischer Energie. Der Motor wandelt diese elektrische Energie in Bewegungsenergie um. Mit dem Trafo kannst du die Geschwindigkeit regeln.

1 Erläutere, wie die Modelleisenbahn mit elektrischer Energie versorgt wird.

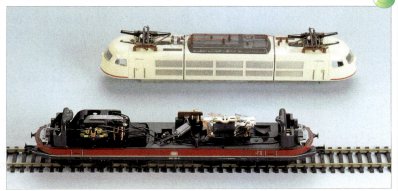

Auch die Fahrzeuge des Autoscooters werden mit elektrischer Energie angetrieben. Sie wird von einem starken Elektromotor in Bewegungsenergie umgewandelt.

2 Beschreibe den Stromkreis beim Autoscooter. Bedenke, dass die einzelnen Fahrzeuge auf einer Eisenplatte fahren.

Bau eines Luftschraubenfahrzeuges

Diesen flotten Renner kannst du dir leicht selbst bauen. Der Bausatz ist im Handel erhältlich. Ihm liegt eine ausführliche Bauanleitung bei. Die Versorgung mit elektrischer Energie erfolgt über eine 4,5 V-Flachbatterie. Der Elektromotor wandelt die elektrische Energie in Bewegungsenergie um, die an die Luftschraube weitergegeben wird.
Hinweis: Um Druckstellen beim Zusammenkleben des Renners zu vermeiden, lege stabile, glatte Holzreste oder Stücke von fester Pappe zwischen das Sperrholz und die Klemmzwingen.
Löte die elektrischen Verbindungen, nur so ist ein zuverlässiger Kontakt möglich.
Anschließend kannst du in einem Rennen feststellen, wer von euch der beste Baumeister ist.

Geräte und Maschinen im Alltag

5 Kommunikations- und Informationstechnik

5.1 Telefon und Mobiltelefon

Mit dem Handy telefonieren – das ist für dich nichts Besonderes. Wenn du den Bus verpasst hast, rufst du zuhause an, dass du etwas später kommst. Aber hast du schon einmal darüber nachgedacht, wie die Übertragung deiner Stimme von Ort zu Ort funktioniert? Schließlich befindet sich ja „nur Luft" zwischen deinem Handy und dem Telefon zuhause – oder doch nicht?

Um das allgemeine Prinzip sichtbar zu machen, das bei jeder Informationsübertragung im Hintergrund steht, kannst du dir mit ganz einfachen Mitteln ein Telefon selbst bauen.

Wie funktioniert ein solches Schnurtelefon? Derjenige von euch, der gerade spricht, stellt den **Sender** dar. Der Schall aus seinem Mund trifft auf den Boden des Joghurtbechers und versetzt diesen in Schwingungen. Die Schwingungen übertragen sich auf die Schnur, die den Schall weiterleitet. Die Schnur bildet den **Übertragungsweg** für die Information. Am zweiten Joghurtbecher werden die von der Schnur hervorgerufenen Schwingungen des Becherbodens wieder in Schallwellen umgewandelt, die das Ohr des Hörers erreichen. Er stellt den **Empfänger** der Information dar.

Das Prinzip *Sender-Übertragungsweg-Empfänger* spielt bei jeder Informationsübertragung eine Rolle. Wenn du mit deinem Handy eine Nummer wählst, stellt es eine Funkverbindung zur nächsten Basisstation her. Solche Stationen kannst du als Mobilfunkantennen auf manchen Gebäuden sehen. Die Basisstation versorgt ein Gebiet von bis zu fünf Kilometern und leitet das Gespräch per *Funk* oder über *Glasfaserleitungen* zu einer Vermittlungsstelle. Schließlich gelangt das Gespräch an den Apparat der Eltern.

Bei diesem Vorgang bist du mit deinem Handy der Sender, deine Eltern mit ihrem Telefon sind der Empfänger. Der Übertragungsweg ist allerdings komplizierter als beim Schnurtelefon: Funkwellen, Basisstation und Vermittlungsstelle gehören dazu. Während der Übertragung ist mehrfach eine **Umwandlung von Signalen** nötig. Ein Mikrofon im Handy nimmt, wie der Boden des Joghurtbechers, die Schallschwingungen auf und wandelt sie in Stromschwingungen um. Diese werden vom Handy per Funk weitergegeben und wieder als elektrisches Signal übertragen. Für Glasfaserleitungen ist die Umwandlung in Lichtimpulse nötig. Im Telefon des Empfängers wandelt ein Lautsprecher die Stromschwankungen wieder in Luftschwingungen um, die vom menschlichen Ohr aufgenommen werden und in Form von elektrischen Impulsen an das Gehirn übertragen werden.

Veranschauliche dir noch einmal die Gemeinsamkeiten bei der Informationsübertragung mit Schnurtelefon und Handy. Bei beiden gibt es einen *Sender* und einen *Empfänger*, in denen Signale umgewandelt werden. Der *Übertragungsweg* ist beim Handy wesentlich komplizierter als beim Schnurtelefon. Trotzdem werden die Vorgänge vom Modell „Sender – Übertragungsweg – Empfänger" beschrieben.

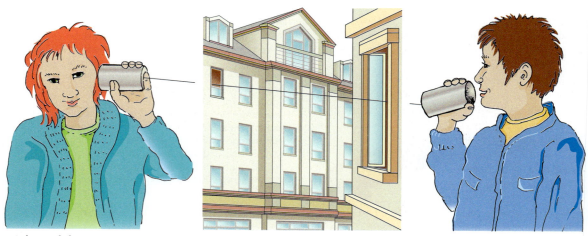

1 Schnurtelefon

Geräte und Maschinen im Alltag

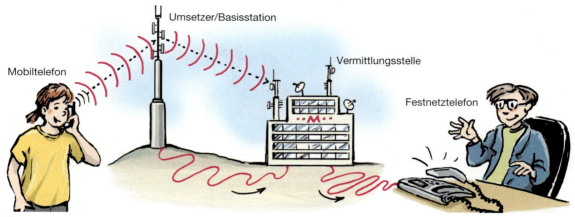

2 Übertragungswege von einem Mobiltelefon zu einem Festnetztelefon

1 Bau dir dein eigenes Schnurtelefon. Dazu brauchst du zwei größere Joghurtbecher, in deren Boden du ein kleines Loch bohrst. Fädele das Ende einer etwa 5 m langen Paketschnur durch das Loch im Joghurtbecher. Verknote die Schnur im Inneren des Bechers, sodass sie nicht durch das Loch hindurch rutschen kann. Das andere Ende der Schnur befestigst du in gleicher Weise am anderen Joghurtbecher.
Nun könnt ihr zu zweit telefonieren. Das Telefon funktioniert nur, wenn die Schnur gespannt ist. Einer von euch spricht, der andere hält sein Ohr an den Joghurtbecher. Probiert aus, wie leise ihr sprechen könnt, um noch verstanden zu werden. Könnt ihr auch mehrere Telefone verknüpfen?

2 Probiert aus, ob das Joghurtbecher-Telefon auch mit einer längeren Schnur noch genauso gut funktioniert. Erklärt eure Beobachtungen.
3 Beschreibe den Übertragungsweg von einem Handy zu einem Festnetztelefon.
4 Nenne die Signalumwandlungen, die für die Übertragung von einem Handy zu einem Festnetztelefon notwendig sind.
5 Beschreibe die Informationsübertragung beim Schnurtelefon im Modell „Sender – Übertragungsweg – Empfänger".

Die Erfindung des Telefons: Philipp REIS und Alexander BELL

Streifzug durch die Geschichte

Johann Philipp REIS (1834–1874): Der Physiklehrer bastelte an einem Ohr-Modell und entdeckte dabei das Telefon. Sein Apparat war in der Lage, Töne in elektrischen Strom zu wandeln und an einem anderen Ort als Schall wiederzugeben. Der erste dabei ins Telefon gesprochene Satz lautete „Das Pferd frisst keinen Gurkensalat." und wurde am anderen Ende der Leitung kaum verstanden. Die Konstruktion von REIS war noch sehr unausgereift und konnte sich nicht durchsetzen.

Alexander BELL (1847–1922): BELL entwickelte 1876 einen ähnlichen Apparat wie REIS. Es gelang BELL seine Idee durch ein Patent schützen zu lassen, sodass er nach einigen Verbesserungen die ersten Fernsprechverbindungen aufbauen konnte. Er gründete 1877 eine Telefon-

gesellschaft, aus der sich einer der weltgrößten Telefonkonzerne entwickelte.

Geräte und Maschinen im Alltag

1 Das EVA-Prinzip bei Mensch, Computer und Elektronik

5.2 Das EVA-Prinzip

Die Verarbeitung von Informationen kann man sowohl beim Menschen als auch bei einem technischen Gerät mit dem **EVA-Prinzip** beschreiben. Dabei steht **E** für Eingabe, **V** für Verarbeitung und **A** für Ausgabe. Wie funktioniert das beim Menschen?

Eingabe. Für die Eingabe von Informationen beim Menschen sind seine Sinnesorgane wie etwa die Augen zuständig. Reize aus der Umwelt werden wahrgenommen und so umgewandelt, dass sie über das Nervensystem weitergeleitet werden können.

Verarbeitung. Im Gehirn werden die eingehenden Informationen verarbeitet. Unwichtige Informationen werden verworfen, wichtige im Gedächtnis abgelegt. Erst im Gehirn wird aus einem roten runden Etwas ein Apfel, weil das Gehirn bereits früher gelernt hat, wie ein Apfel aussieht. Für die Verarbeitung von Informationen im Gehirn spielen Erfahrungen, logisches Denken, Gefühle und persönliche Wertvorstellungen eine große Rolle.

Ausgabe. Die verarbeiteten Informationen werden anschließend ausgegeben, zum Beispiel indem eine Hand nach dem Apfel greift. Dazu gibt das Gehirn Befehle an die entsprechenden Muskeln.

Auch technische Geräte funktionieren nach dem EVA-Prinzip. Beispiele sind dein Handy und dein Computer.

Eingabe. Beim Handy erfolgt die Eingabe der Rufnummer durch Tastendruck. Während des Telefonats kommt die Eingabe durch den Schall deiner Stimme zustande. Die Schallschwingungen treffen auf ein Mikrofon und werden von diesem in Stromschwingungen umgewandelt.

Verarbeitung. Wenn du schon einmal ein geöffnetes Handy gesehen hast, weißt du, dass sich in seinem Innern elektronische Schaltkreise befinden. Sogenannte Chips, übernehmen die Verarbeitung der vom Mikrofon kommenden Signale. Sie sind auf einen Träger für elektronische Bauteile, der sogenannten Platine, gelötet.

Ausgabe. Beim Handy spielen zwei Formen der Ausgabe eine Rolle. Die von den Chips ausgehenden elektrischen Signale werden in der eingebauten Antenne in Funkwellen umgewandelt und an die Basisstation gesendet. Wenn dein Gesprächspartner antwortet, wird seine Stimme von dem kleinen Lautsprecher ausgegeben, der im Handy eingebaut ist.
Lautsprecher funktionieren genau umgekehrt wie Mikrofone, sie wandeln elektrische Signale in Schallwellen um.

Geräte und Maschinen im Alltag

Eine besondere Rolle spielt das EVA-Prinzip beim Computer. Hier sind Ein- und Ausgabegeräte besonders auffällig.

Eingabe. Du kennst verschiedene Formen der Eingabe für den Computer: Mit der Tastatur kannst du Texte eingeben, mit der Maus bewegst du den Cursor auf dem Bildschirm. Oft ist auch ein Mikrofon vorhanden, zum Beispiel in einem Headset.

Verarbeitung. Der Computer hat eine zentrale Stelle zur Verarbeitung der eingegebenen Informationen: den Prozessor. Er führt einige Milliarden Verarbeitungsschritte in jeder Sekunde durch. Auf einem modernen Chip befinden sich etwa 500 Millionen Transistoren, die elementaren Bausteine der Informationsverarbeitung.
Neben der CPU spielt auch die Grafikkarte eine wichtige Rolle bei der Informationsverarbeitung im Computer. Hier wird alles für die Ausgabe auf dem Bildschirm vorbereitet.

Ausgabe. Hauptsächlich erfolgt die Ausgabe beim Computer über den Bildschirm. Aber auch die Ausgabe von Klängen und der Austausch von Informationen mit dem Internet sind bei modernen Computern wichtig.

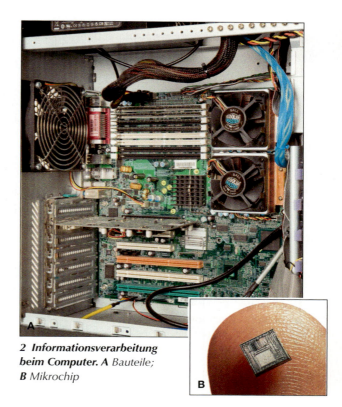

2 Informationsverarbeitung beim Computer. A Bauteile; B Mikrochip

Der erste Transistor

Der Transistor ist das elementare Bauelement zum Schalten und Verstärken von elektrischen Signalen. Er hat drei Anschlüsse. Wenn man ein Signal an einen davon legt, kann man den Stromfluss durch die anderen steuern.

Oft wird die Entwicklung des Transistors als die weitreichendste Erfindung des 20. Jahrhunderts bezeichnet. Computer und Internet sind nur die auffälligsten Beispiele für Entwicklungen, die auf dem Transistor beruhen und die unsere Gesellschaft in den letzten 30 Jahren entscheidend verändert haben. Heutzutage kommt fast kein Gerät mehr ohne elektronische Steuerung aus – von der Waschmaschine im Haushalt bis zur Ampelanlage im Verkehr.

Das Funktionsprinzip des Transistors wurde 1925 von dem deutschen Physiker Julius Edgar LILIENFELD zum Patent angemeldet. Das erste funktionsfähige Exemplar wurde 1947 William SHOCKLEY, John BARDEEN und Walter BRATTAIN gebaut, die dafür 1956 den Physik-Nobelpreis verliehen bekamen. BARDEEN

Streifzug durch die Geschichte

1 Transistoren

ist der einzige, der ihn ein zweites Mal bekam: 1972 für die Erklärung der Supraleitung, der Stromleitung ohne jeden Widerstand bei sehr tiefen Temperaturen.

Streifzug durch die Geschichte

Meilensteine der Elektrotechnik und Elektronik

1 Allesandro VOLTA

3 Jack KILBY

Bevor sie technisch nutzbar gemacht wurde, galt die Elektrizität nur als eine interessante Erscheinung, die zur Unterhaltung vorgeführt wurde. Um 1800 entwickelt Allesandro VOLTA die erste Batterie. Nach ihm ist die Einheit der elektrischen Spannung, das Volt, benannt. Mit VOLTAs Batterie stand zum ersten Mal eine zuverlässige Quelle von elektrischem Strom zur Verfügung. Doch erst die Erfindung des Dynamos durch Werner von SIEMENS erlaubte den Einsatz der Elektrizität im großen Maßstab.

Mit riesigen Dynamos konnte Elektrizität in Kraftwerken erzeugt werden. Nun war es möglich, öffentliche Gebäude und viele Haushalte mit elektrischer Beleuchtung auszustatten. Auch Elektroherde, elektrische Aufzüge und viele andere elektrische Geräte kamen auf. 1881 wird in Berlin-Lichterfelde die erste elektrische Straßenbahnlinie eröffnet. Nach und nach wurden die alten Dampfloks von elektrischen Eisenbahnen sowie von Dieselloks abgelöst. Es dauerte aber noch fast 100 Jahre, bis die letzten Dampfloks ausgemustert wurden.

Eine Anwendung der Elektrizität, die immer wichtiger wird, ist die Verarbeitung von Informationen. Nach der Erfindung des Transistors entwickelte Jack KILBY im Jahr 1958 den ersten Chip. Dafür erhielt er im Jahr 2000 den Physik-Nobelpreis. Er legte den Grundstein für die Entwicklung der Computerindustrie.

Anfangs waren Computer so groß und teuer, dass sie nur in Rechenzentren in Universitäten und großen Firmen zu finden waren. Um 1980 halten die ersten Computer Einzug in die Haushalte. Der abgebildete Computer hatte einen Hauptspeicher von 7167 Byte und ein Kassettenlaufwerk statt einer Festplatte. Heute sind Hauptspeichergrößen von 2 Milliarden Byte und mehr üblich.

Seit den 1980er Jahren setzt sich die mobile Unterhaltungselektronik immer mehr durch. Laptop, Handy und MP3-Player haben eine enorme Verbreitung gefunden. Technisch wurde dies durch die immer weiter getriebene Miniaturisierung der Elektronik und durch die fortlaufende Verbesserung der Akkus ermöglicht. Eine aktuelle Entwicklung ist die Internet-Anbindung mobiler Geräte, die viele neue Möglichkeiten eröffnet.

2 Elektrische Straßenbahn von 1881

4 Heimcomputer aus dem Jahr 1977

GROSSE ERFINDER Pinnwand

Werner v. SIEMENS (1816–1892)

1866 erfindet Werner von SIEMENS den Dynamo. Dadurch wird die Stromerzeugung in Kraftwerken im großen Maßstab möglich. Die Elektrizität kann ihren Siegeszug durch Industrie und Haushalte beginnen. Heute prägt sie unsere moderne Lebensweise.

Konrad ZUSE (1910–1995)

Konrad ZUSE entwickelte seit 1934 den ersten frei programmierbaren Computer. Sein Computermodell Z3 von 1941 gilt als der erste funktionierende Computer der Welt. Er arbeitete noch nicht elektronisch, sondern mit Hilfe von elektromagnetischen Schaltern.

Tim BERNERS-LEE (geb. 1955)

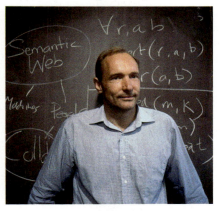

Tim BERNERS-LEE ist der Entwickler des WWW-Protokolls (World Wide Web) zum weltweiten Informationsaustausch im Internet. 1990 wurde im Physik-Forschungszentrum CERN der erste Webserver in Betrieb genommen. Die Idee hat sich weltweit durchgesetzt; heute gibt es viele Milliarden Webseiten.

Thomas Alva EDISON (1847–1931)

Kaum ein Mensch hat so viele Erfindungen gemacht wie Thomas EDISON. Er war nicht nur Miterfinder der Glühlampe, sondern auch der Erste, der Musik auf einem Tonträger festhalten konnte (Phonograph, 1877). EDISON trieb auch den Ausbau der Stromversorgung für Industrie und Haushalte energisch voran.

Zusammenfassung

Geräte und Maschinen im Alltag

Basiskonzept System

In einem System ist das Ganze mehr als die Summe seiner Teile. Am Beispiel des Stromkreises wird dies besonders deutlich.

Für den Aufbau eines einfachen Stromkreises braucht man eine Batterie, ein Lämpchen und zwei Drähte, mit denen das Lämpchen und die beiden Pole der Batterie verbunden werden. Wenn der Stromkreis geschlossen ist, fließen die Elektronen in dem einen Draht von der Batterie zum Lämpchen, im anderen Draht fließen sie wieder zurück.

Den Stromkreis kann man mit einem Schalter unterbrechen. Das Lämpchen erlischt dann. Mit dem Elektronenmodell kann verdeutlicht werden, was beim Öffnen des Schalters geschieht. Wenn sich der Schalter vor dem Lämpchen befindet, kommen die von der Batterie durch den Stromkreis gepumpten Elektronen gar nicht erst bis zum Lämpchen, sodass es nicht leuchtet.

Das Lämpchen erlischt jedoch auch, wenn der Schalter sich dahinter befindet. Anscheinend „wissen" die Elektronen von einem Schalter, der erst nach dem Lämpchen kommt.

Der Stromkreis ist ein **System,** in dem alle Teile dazu beitragen, dass das Ganze funktioniert. In einem solchen Stromkreis verhindert der Schalter hinter dem Lämpchen, dass die Elektronen zur Batterie zurückfließen. Im Draht entsteht ein „Elektronenstau", der bis vor das Lämpchen reicht, sodass auch hier keine Elektronen fließen können.

Fast alle technischen Geräte bestehen aus zusammen wirkenden Bauteilen unterschiedlicher Funktion. Man sagt, sie sind modular aufgebaut. Die zusammen wirkenden Bauteile bilden ein **System.**

Ein Handy ist ein sehr komplexes Gerät, das auf kleinem Raum viele Bauteile enthält, die alle zusammenarbeiten müssen, damit das Gerät funktioniert:

(1) Der Akku versorgt das Handy mit Strom. Wenn er erschöpft ist, muss er neu aufgeladen werden.

(2) Mikrofon und Lautsprecher dienen zur Ein- und Ausgabe.

(3) Die Verarbeitung der Information erfolgt durch die Chips auf der Platine. Wie ein Computer hat ein Handy einen Prozessor. Neue Geräte besitzen sogar schon mehrere Prozessoren, um die Ausgabe von Grafiken und Videos zu beschleunigen.

(4) Die Sendeelektronik, die die Sprachsignale in elektrische Impulse umwandelt.

(5) Eine Antenne, die die elektrischen Signale als Funkwellen abstrahlt und empfängt.

(6) Eine Tastatur zur Eingabe der Telefonnummern.

Einige Handymodelle verwenden hierzu einen berührungsempfindlichen Bildschirm, der eine bequeme Eingabe erlaubt und dazu noch Platz für das Abspielen von Videos bietet.

Wenn eines der Bauteile ausfällt, funktioniert das ganze System nicht mehr. Vor allem Feuchtigkeit kann die empfindliche Elektronik beschädigen. Wenn es nass wird, kann das Handy funktionsunfähig werden.

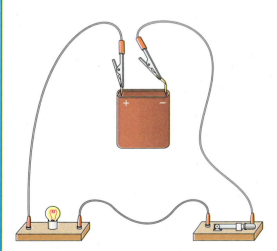 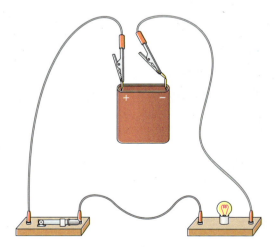

Einfache Stromkreise

Geräte und Maschinen im Alltag

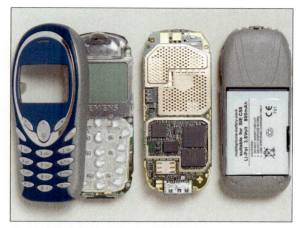

Das Handy: Ein System von Einzelteilen

Basiskonzept Energie

Elektrischer Strom wird auf vielfältige Weise verwendet. In einem Toaster oder einem Fön wird mit dem elektrischen Strom ein Heizdraht betrieben, der Wärme an die Umgebung abgibt. Auch für die Lichtwirkung in Glühbirnen wird elektrischer Strom verwendet. Eine weitere wichtige Wirkung des elektrischen Stroms ist seine Fähigkeit, Elektromotoren anzutreiben.

In allen elektrischen Geräten kommt es zu Energieumwandlungen. Eine Lampe beispielsweise wandelt elektrische Energie in Licht und Wärme um.

Basiskonzept Struktur – Eigenschaft – Funktion

Wenn technische Geräte auf ihre Umwelt reagieren sollen, brauchen sie **Sensoren** oder „Fühler". Ein Beispiel ist der Bewegungssensor an vielen Haustüren, der eine Lampe einschaltet, wenn sich jemand nähert. Sensoren müssen Umwelteinflüsse in elektrische Signale umwandeln.

In manchen Geräten werden Materialien aufgrund ihrer Eigenschaften als Leiter oder Nichtleiter als Sensoren verwendet.

In Wasserstands-Messgeräten für Hydrokultur-Pflanzen werden solche Materialien als Sensor verwendet. Wenn Wasser die beiden Drahtenden des Sensors berührt, können die Elektronen durch das Wasser von einem Draht zum anderen fließen und der Stromkreis ist geschlossen. Der Sensor zeigt dann an, dass noch genügend Wasser vorhanden ist.

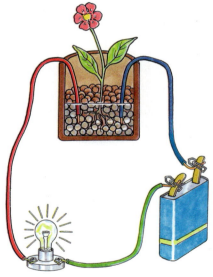

Feuchtigkeitsmessgerät als Sensor

In elektrischen Geräten wird Energie umgewandelt

Geräte und Maschinen im Alltag

Wissen vernetzt

Geräte und Maschinen im Alltag

A1 Die Glühlampe vor 1901

A2 Die Glühlampe verschwindet

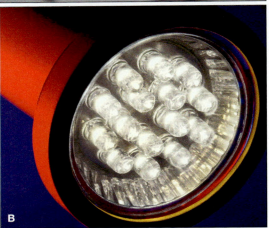

Die älteste noch funktionierende Glühlampe der Welt ist seit dem Jahr 1901 in Betrieb. Obwohl sie schon über 100 Jahre alt ist, sieht sie fast so aus wie heutige Glühlampen. Sie besteht aus einem mundgeblasenen Glaskolben und einem Glühfaden aus Kohle.

Die Glühlampe diente als Nachtlicht in einer Feuerwache in San Francisco. Sie überlebte unter anderem das große Erdbeben im Jahr 1906 und einen Umzug der Feuerwache 70 Jahre später, bei dem sie mit einer Polizeieskorte transportiert wurde.

Es gibt eine eigene Internet-Seite für diese Glühlampe, auf der man sie live mit einer Webcam beobachten kann.

Aufgaben: a) Recherchiere im Internet über die älteste Glühlampe der Welt. Präsentiere deine Ergebnisse in geeigneter Form.

b) Begründe, warum das Alter dieser Glühbirne überraschend ist. Beziehe die Materialien, die in der Glühbirne verwendet wurden, in deine Überlegungen mit ein.

Nach über 100 Jahren hat die von Göbel und Edison erfundene Glühlampe ausgedient. Der Grund: Sie wandelt zu wenig Energie in Licht um und gibt zu viel Wärme ab. Andere Lampenformen sind da effektiver: die sogenannten Energiesparlampen oder weiße Leuchtdioden (LEDs).

Aufgaben: a) Recherchiere nach den verschiedenen Lampen-Bauformen und bereite eine Präsentation deiner Ergebnisse vor.

b) In der Europäischen Union wird die Glühlampe schrittweise in den Jahren 2009 bis 2016 abgeschafft. Nach und nach dürfen verschiedene Glühlampenarten nicht mehr verkauft werden.

Informiere dich über die Hintergründe der EU-Regelungen und die Diskussion, die sie ausgelöst haben. Diskutiert eure Ergebnisse in der Klasse.

Geräte und Maschinen im Alltag

A3 Energiesparmöglichkeiten

Energiesparen schont den Geldbeutel
Koblenz. Fernseher, Stereoanlage, DVD-Player – viele Geräte in unserem Haushalt sind nie richtig ausgeschaltet und laufen immer betriebsbereit im Stand-by-Betrieb. Doch auch im Stand-by-Betrieb fließt weiterhin Strom durch die Geräte. Eine Studie des Verbraucherschutzbundes ergab, dass im privaten Haushalt jährlich zwischen 50 € und 120 € Stromkosten gespart werden könnten, wenn diese Geräte vollständig ausgeschaltet werden.

Aus Zeitungsberichten und aus dem Fernsehen weißt du bestimmt, dass Energie knapp und teuer ist.
Aufgaben: a) Der Zeitungsartikel zeigt eine Möglichkeit zum Energie sparen. Nimm dazu Stellung.
b) Mehrfachsteckdosen mit Schaltern können helfen, den Stromverbrauch zu Hause zu senken. Erläutere anhand eines Schaltplans, wie dies funktioniert.
c) Am meisten Energie wird von den deutschen Haushalten für Heizung (etwa 50 % der verbrauchten Energie) und Auto (ca. 32 %) aufgewendet. Hier liegen auch die größten Einsparmöglichkeiten, etwa bei überflüssigen Fahrten mit dem Auto.
Überlege dir Möglichkeiten, den Energieverbrauch bei euch zuhause zu verringern. Diskutiert darüber in der Klasse.

A4 Ein selbstgebauter Elektromagnet

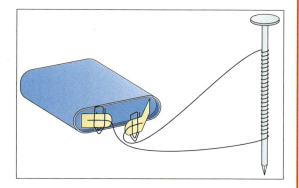

Aufgaben: a) Baue dir selbst einen Elektromagneten. Wickle dazu isolierten Draht in engen Windungen um einen dicken Nagel. Schließe die Drahtenden an eine Flachbatterie an. Probiere aus, wie viele Büroklammern dein selbstgebauter Magnet halten kann. Aber achte darauf, den Elektromagneten nicht zu lange an die Batterie anzuschließen. Die Batterie ist sonst sehr schnell leer.
b) Recherchiere Anwendungsmöglichkeiten eines Elektromagneten für ein Gerät im Alltag. Beschreibe die Funktionsweise und stelle deine Ergebnisse in geeigneter Form vor.

A5 Ein Telefongespräch

Aufgaben: a) Ein Telefonat wird geführt. Beschreibe den Weg der Signale von einem Mobiltelefon zu einem Festnetztelefon.
b) Nenne die Bauteile, die eine Umwandlung der Signale übernehmen.
c) Welche Energieumwandlungen finden statt.

Stoffe im Alltag

Stoffe unterscheiden

Nahrungsmittel und Getränke kann man in der Regel leicht unterscheiden, denn sie sehen unterschiedlich aus, riechen und schmecken jeweils anders. Doch auch andere Stoffe kannst du aufgrund bestimmter Eigenschaften unterscheiden.
Erstelle eine Liste von möglichst vielen Gegenständen, die du in deinem Zimmer findest. Notiere ebenfalls, durch welche besonderen Eigenschaften sich diese Gegenstände unterscheiden lassen. Denke dabei zum Beispiel an verschiedene Materialien, Härte, Farbe, Geruch und Verformbarkeit.

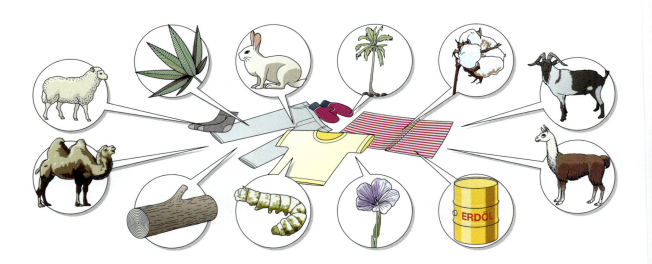

Woher kommt das Material für unsere Kleidung?

Aus welchem Material die Kleidung besteht, kann man auf den Etiketten nachlesen. Erstelle daraus eine Liste der verschiedenen Materialien. Betrachte die Abbildung und versuche herauszufinden, welche Rohstoffe für Textilien genutzt werden.
Informiere dich an einem Beispiel darüber, welche Verarbeitungsschritte vom Rohstoff bis zur fertigen Kleidung durchlaufen werden müssen.

Eisenbahnen und Flugzeuge bestehen aus unterschiedlichen Werkstoffen
Für den Bau von Eisenbahnen verwendete man von Anfang an Stahl. Bei Flugzeugen erwies es sich zunächst als schwierig, geeignete Materialien zu finden. Die ersten Maschinen bestanden meist noch aus einem Holzgerüst, das mit Stoff bespannt war. Erst seit etwa 1930 setzte sich nach und nach Aluminium als Werkstoff für Rumpf und Flügel durch.
Überlege, welche Eigenschaften Werkstoffe haben müssen, aus denen man Eisenbahnen oder Flugzeuge bauen kann. Informiere dich darüber, welche Vorteile Aluminium für den Flugzeugbau hat.
Versuche in Erfahrung zu bringen, ob man Aluminium auch für den Bau von Autos nutzt.

Überall Verpackungen!
Vergleiche die beiden Abbildungen miteinander und ziehe Schlussfolgerungen. Sammle die Verpackungen, die im Haushalt innerhalb einer Woche anfallen. Was geschieht damit? Erstelle zum Thema Müll eine Mindmap.

Eine Kerze brennt
Führe das Experiment wie abgebildet durch. Beschreibe die Ergebnisse. Stelle selbst Fragen und suche Erklärungen. Stelle einen Zusammenhang zwischen diesem Experiment und der Atmung her.

Stoffe im Alltag

1 Stoffe haben unterschiedliche Eigenschaften

1.1 Körper und Stoffe erkennen und unterscheiden

Du benutzt deine Sinnesorgane, um Gegenstände und Stoffe unserer Umwelt zu erkennen.
Stell dir vor, eine Klassenkameradin soll dir eine Süßigkeit beschreiben, die du nicht sehen kannst. Wie beschreibt sie ein Gummibärchen? Sicher beschreibt sie das Aussehen, also die Farbe und die Form, dann den Geruch und möglicherweise auch noch die Verformbarkeit, die sie ertastet hat. Augen, Nase und der Tastsinn wirken hier zusammen und geben dir eine Vorstellung der Süßigkeit.

Die **Augen** sind dein wichtigstes Sinnesorgan. Mit ihnen erkennst du nicht nur die Farbe und die Form, sondern auch, wie die Oberfläche eines Gegenstandes beschaffen ist. Außerdem erkennst du, ob ein Stoff fest oder flüssig ist und ob der Gegenstand undurchsichtig, durchscheinend wie Milchglas oder klar durchsichtig wie Glas ist.

Deine **Nase** lässt dich viele Gerüche wahrnehmen und warnt dich manchmal vor gefährlichen Gasen. Der beißende Rauch eines Feuers veranlasst dich, einen Ort mit frischer Luft zu suchen.

Im Zusammenwirken mit der **Zunge** werden besonders Nahrungsmittel erkannt und unterschieden. Deine Zunge unterscheidet dabei süß, sauer, bitter und salzig. Beim Erkennen und Genießen der Nahrung spielen aber auch noch die Tastsinneszellen der Lippen und im Mundbereich eine wichtige Rolle.

Im Labor und bei Versuchen darf der Geruch nur durch vorsichtiges Zufächeln festgestellt werden. Geschmacksproben dürfen **nicht** durchgeführt werden!

Mit den **Ohren** erkennst du viele Stoffe an einem besonderen Klang, den sie beim Anschlagen erzeugen. So kannst du den hellen Klang eines Trinkbechers aus Glas deutlich von dem dumpfen Klang eines Plastikbechers unterscheiden. Auch viele andere Vorgänge sind von charakteristischen Geräuschen begleitet.

Mit den druck- und wärmeempfindlichen Sinneszellen deiner **Haut** kannst du nicht nur die Oberfläche ertasten, sondern auch noch eine Aussage zur Masse eines Gegenstandes machen. Auch seine Verformbarkeit kann ertastet werden. Die wärmeempfindlichen Sinneszellen sagen dir etwas über die Temperatur eines Gegenstandes.

1 Farbe

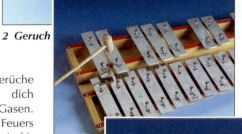
2 Geruch

3 Klang

4 Tasten

5 Verformbarkeit

1 Erläutere, auf welche Weise in den vorstehenden Beispielen Körper und Stoffe unterschieden werden.
2 Begründe, warum du dir bei einer Geruchsprobe den Duft vorsichtig zufächeln sollst.
3 Geschmacksproben im Labor sind verboten. Begründe diese Maßnahme.
4 Nenne Gründe, warum ein Sinnesorgan in der Regel nicht ausreicht, um einen Stoff oder Gegenstand zu erkennen.

1.2 Jeder Körper hat eine Masse

„Karin, hol mir schnell ein Kilogramm Tomaten!" Wie viel ist das? Für Karin ist das kein Problem, denn die elektronische Waage im Supermarkt zeigt das Gewicht an. Am Morgen hat sich Karin schon selbst auf eine Waage gestellt. Sie wollte ihr Gewicht überprüfen. Wenn du einen Brief richtig frankieren willst, musst du ihn auf eine Briefwaage legen. Dann kannst du sein Gewicht ablesen und die richtige Briefmarke aufkleben. Es gibt sogar Athleten, die große Gewichte in die Höhe stemmen. Sie heißen Gewichtheber.

Alle reden von Gewicht und doch meint jeder etwas anderes. Karin muss beim Einkauf wissen, wie viel sie nach Hause trägt. Am Morgen will sie ablesen, wie schwer sie ist. Der Gewichtheber prüft, wie stark er ist. In der Physik sind alle drei Messungen gleichberechtigt. Alles, was mit einer Waage bestimmt werden kann, heißt **Masse**. Dieses Wort ersetzt also den umgangssprachlichen Ausdruck Gewicht.

Um die Masse eines Körpers zu bestimmen, brauchst du eine Waage. Darauf legst du den Körper und wartest, bis die Anzeige ruhig steht. Jetzt kannst du die Masse m ablesen.
Das geht leicht, wenn die Waage den Wert gleich anzeigt, wie die elektronische Waage (Abbildung 1), die Personenwaage oder die Briefwaage.
Es gibt aber auch Waagen, die keinerlei Anzeige haben, wie die Balkenwaage (Abbildung 2).

Wenn du damit eine Masse bestimmen willst, brauchst du einen Vergleichskörper, von dem du schon weißt, welche Masse er hat. Ein solcher Körper liegt im internationalen Maßbüro bei Paris und heißt **Urkilogramm**. Davon sind alle gebräuchlichen Wägestücke abgeleitet.

Um einen Körper zu wägen, legst du ihn auf eine Waagschale der Balkenwaage. Auf die andere Schale legst du so viele Wägestücke, bis die Waage im Gleichgewicht ist. Dazu musst du so lange kleinere oder größere Wägestücke auflegen, bis der Zeiger der Waage in der Mitte der Skala zur Ruhe kommt. Die Werte der einzelnen Wägestücke brauchst du nun nur noch zu addieren. Die Summe gibt dann die Masse des Körpers an. Mit einer Balkenwaage vergleichst du also die masse des Körpers mit der Gesamtmasse aller Wägestücke.

Die Masse eines festen Körpers kannst du auch bestimmen, wenn du ihn an eine Paketwaage hängst. Er dehnt dabei eine Feder ein bestimmtes Stück aus. Am Ende der Feder befindet sich ein Zeiger, der auf einer Skala die Masse des Körpers anzeigt.

Stoffe im Alltag

1 Elektronische Waage mit Anzeige

2 Balkenwaage

1 a) Beschreibe, wie du auf einer elektronischen Waage die Masse von Tomaten bestimmst.
b) Wie gehst du vor, wenn du am Morgen dein Gewicht bestimmen willst?
2 a) Erkundige dich, welche Waagen ihr zu Hause habt.
b) Sieh nach, wie groß die Masse eines Körpers jeweils sein darf, damit du ihn noch mit der Waage bestimmen kannst.
3 Ein Wägesatz enthält folgende Wägestücke: ein 1 g-, zwei 2 g-, ein 5 g- und ein 10 g-Stück.
a) Welche Massen kannst du damit bestimmen?
b) Welche Wägestücke müsste der Wägesatz haben, damit du einen Körper mit einer Masse von 119 g wägen kannst?

Pinnwand

WÄGEN UND WAAGEN

Laufgewichtswaage

Bei dieser Waage musst du die Laufgewichte bei den entsprechenden Kerben einhängen und die Einzelwerte addieren.

Briefwaage

1 Erkundige dich, wie groß die Masse bei einem Standard- und Kompaktbrief höchstens sein darf.

Urkilogramm

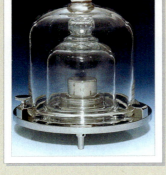

In diesem **Wägesatz** für Balkenwaagen findest du Wägestücke von 1 g bis 500 g. Für Zwischenwerte sind Gramm-, Zehngramm- und Hundertgramm-Stücke enthalten.

Paketwaage

Wie wird die Masse von Wasser bestimmt?

2 Besorge dir ein Glas und bestimme die Masse des Glases. Fülle nun das Wasser hinein und bestimme jetzt die Masse von Glas und Wasser. Subtrahiere dann die Masse des Glases von der Gesamtmasse. Auf diese Weise kannst du auch die Masse von anderen Flüssigkeiten bestimmen.

Masseeinheiten

1 Milligramm	1 mg	
1 Gramm	1 g	= 1000 mg
1 Kilogramm	1 kg	= 1000 g
1 Tonne	1 t	= 1000 kg

Bestimmen von Massen

3 Lege nacheinander verschiedene Körper wie Holzklötze, Steine oder Schrauben auf eine Briefwaage und bestimme jeweils die Masse. Halte die Werte in einer Tabelle fest.
4 Bestimme die Massen der Körper aus Aufgabe 3 auch mit einer Balkenwaage und einer Laufgewichtswaage. Halte die Werte in einer zweiten und dritten Tabellenspalte fest und vergleiche sie miteinander.
Welche Waage zeigt die Masse am genauesten an?
5 Bestimme die Masse von 200 ml Wasser.

Stoffe im Alltag

1 Max ist offenbar stärker als Moritz!

1.3 Ist Holz schwerer als Eisen?

Der kleine, schmächtige Max hebt die Kugel mühelos hoch, der große, kräftige Moritz kommt mit seiner Kugel nicht aus der Hocke. Woran kann das liegen? Beide Kugeln sind doch gleich groß.

Offenbar spielt hier eine Rolle, aus welchem Stoff die jeweilige Kugel ist. Max ist nämlich doch nicht stärker als Moritz. Er stemmt ganz locker eine Kugel aus Kunststoff, während Moritz sich mit einer Kugel aus Eisen abmüht.

Wenn du aus einer Stange Plastilin eine Kugel formst, dann eine aus zwei Stangen, ergibt die Volumenbestimmung, dass das Volumen der größeren Kugel doppelt so groß ist wie das der kleinen. Klar, du hast ja zwei Stangen Plastilin benutzt.

Ebenso kannst du feststellen, dass sich die Masse verdoppelt hat. Doch dieses Ergebnis erhältst du nur, wenn beide Kugeln aus demselben Stoff bestehen. Aus Abbildung 1 ersiehst du, dass gleiches Volumen nicht immer gleiche Masse bedeutet.

Um verschiedene Stoffe zu vergleichen, muss eine Größe eingeführt werden, die Masse und Volumen gleichermaßen berücksichtigt. Diese neue Größe heißt **Dichte** eines Stoffes. Sie ergibt sich, wenn der Wert der Masse durch den Wert des Volumens eines Körpers dividiert wird.

$$\text{Dichte} = \frac{\text{Masse}}{\text{Volumen}}; \quad \rho = \frac{m}{V} \quad (\rho - \text{gelesen: rho})$$

1 a) Forme aus einer Stange Plastilin eine Kugel und bestimme deren Masse und Volumen.
b) Forme nun aus zwei Stangen Plastilin eine Kugel und bestimme ebenfalls Masse und Volumen.
c) Nimm dann eine beliebige Menge Plastilin und bestimme erneut Masse und Volumen.
d) Dividiere für jede Kugel den Wert ihrer Masse durch den Wert ihres Volumens. Begründe deine Beobachtung.

2 Bestimme die Masse und das Volumen von verschiedenen festen Körpern, wie von deinem Haustürschlüssel, von einem Nagel, von einem Kieselstein oder von einem Stück Kupferrohr. Berechne mit diesen Werten jeweils die Dichte des Stoffes.

3 Bestimme die Masse eines Flaschenkorkens mit einer Briefwaage.
Miss sein Volumen mit dem Überlaufgefäß. Achte darauf, dass der Korken ganz untertaucht. Dazu musst du ihn mit einer dünnen Nadel ins Wasser drücken, damit das Volumen der Nadel gegenüber dem des Korkens nichts ausmacht. Bestimme die Dichte.

4 Bestimme die Dichte von Leitungswasser, Spiritus und Speiseöl. Beachte: 1 ml = 1 cm³.

Stoff	Dichte in $\frac{g}{cm^3}$	Stoff	Dichte in $\frac{g}{cm^3}$
Gold	19,3	Grafit	2,25
Blei	11,3	Kiesel	≈ 2,1
Kupfer	8,9	Holz	≈ 0,7
Eisen	7,9	Hartgummi	≈ 1,2
Aluminium	2,7	Kork	0,2
Zink	7,13	Styropor	≈ 0,04
Zinn	7,28	Wasser	1,0
Messing	≈ 8,5	Spiritus	0,8
Glas	2,5	Benzin	0,65
Beton	≈ 2,0	Salatöl	0,9

2 Dichte einiger Stoffe

*3 Korken. **A** Bestimmung der Masse; **B** Bestimmung des Volumens*

Stoffe im Alltag

Zur Berechnung der Dichte musst du den Zahlenwert der Masse durch den Wert des Volumens dividieren. Eine besonders einfache Rechnung ergibt sich, wenn im Nenner des Bruchs die Zahl 1 steht. Dies erreichst du, wenn du zur Dichtebestimmung einen Probekörper mit dem Volumen $V = 1\ cm^3$ wählst. Solche Probekörper kannst du dir selbst herstellen. Sie sind als Würfel in Abbildung 4 dargestellt. Der Zahlenwert für die Dichte stimmt mit dem Zahlenwert der Masse überein.

4 Würfel mit dem Volumen von $1\ cm^3$

5 Erläutere, welche Messungen du an einem Körper vornehmen musst, um die Dichte des Stoffes festzustellen, aus dem der Körper besteht.

6 Welcher der Körper, von denen du in den Aufgaben 1 bis 4 die Dichte bestimmt hast, schwimmt, welcher geht im Wasser unter? Vergleiche die Dichte der Stoffe dieser Körper mit der von Wasser. Was fällt dir auf?

7 Errechne die Dichte eines Steines, der eine Masse von 0,09 kg und ein Volumen von 0,045 dm³ hat.

8 Bestimme die Dichte der in Abbildung 4 abgebildeten Probekörper. Bestimme anschließend den Stoff mit Hilfe der Tabelle 3.

9 Ein 1 kg-Goldbarren kostet ungefähr 8000 €. Herr Meier konnte ihn für 6000 € kaufen.
Die Form seines Goldbarrens ähnelt einem Quader.
Seine Kantenlängen betragen Länge l = 12 cm, Breite b = 4,9 cm und Höhe h = 1,5 cm.
War das wirklich ein günstiges Geschäft?

5 Ein Goldbarren

Messbecher

6 Messbecher für Mehl und Zucker

Mit einem Messbecher, der in der Küche verwendet wird, kannst du die Masse zum Beispiel von Mehl und feinem Zucker in Gramm (g) abmessen. Warum sind für Zucker und Mehl zwei verschiedene Skalen notwendig? Du siehst, die eingefüllte Menge Zucker mit 750 g nimmt so viel Raum ein wie ungefähr 430 g Mehl. In das gleiche Volumen passt mehr Zucker als Mehl. Die Dichte von Zucker muss offensichtlich größer sein als die Dichte von Mehl.

Wenn du die Dichte von Zucker und Mehl bestimmst, erhältst du folgende Werte:

Zucker $\rho = 1{,}1\ \frac{g}{cm^3}$, Mehl $\rho = 0{,}6\ \frac{g}{cm^3}$.

Das bedeutet also, dass 1 cm³ Zucker die Masse 1,1 g enthält, 1 cm³ Mehl dagegen nur die Masse 0,6 g. Diese unterschiedlichen Dichten sind bereits bei der Einteilung der Skalen des Messbechers berücksichtigt.

Stoffe im Alltag

1.4 Stoffeigenschaften lassen sich untersuchen

In unserem Alltag begegnen uns immer wieder Stoffe, die sich sehr ähnlich sind. So kann es Probleme geben, wenn Stoffe gleich aussehen und die Gefäße nicht mehr richtig beschriftet sind.

Es gibt verschiedene Verfahren, mit denen die Eigenschaften von Stoffen genau untersucht werden können. So kannst du einen einfachen Steckbrief erweitern.

Härte

Durch Ritzen kannst du feststellen, wie *hart* die Stoffe sind.
Um Stoffe miteinander zu vergleichen, können sie wechselseitig geritzt werden. Dabei musst du immer mit gleicher Kraft arbeiten.

Du kannst aber auch mit einem Bleistift, einem Eisennagel oder einem Stahlnagel Ritzversuche durchführen. So hast du die Möglichkeit über die Ritztiefe die Härte von Stoffen zu vergleichen.

Dichte

Um die Dichte eines Stoffes zu bestimmen, musst du die Masse und das *Volumen* eines Körpers messen.

Die Masse bestimmst du mit Hilfe einer Waage. Sie wird in g angegeben.
Das Volumen wird mit der Überlaufmethode oder der Differenzmethode ermittelt. Es wird in cm^3 angegeben.

Magnetisierbarkeit

Mit Hilfe eines Magneten kannst du überprüfen, ob ein Stoff magnetisch oder *magnetisierbar* ist.

1 Bestimmung der Härte durch Ritzen

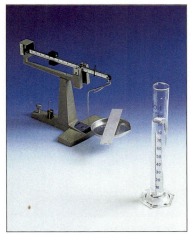
2 Bestimmung der Dichte aus Masse und Volumen

3 Bestimmung der Magnetisierbarkeit

1 Vergleiche ein Stück Aluminiumblech mit einem Zinkblech. Lege dazu für beide Stoffe einen einfachen Steckbrief an. Beschreibe dann die Eigenschaften der beiden Stoffe mit Hilfe deiner Sinnesorgane.
2 a) Ritze beide Bleche wechselseitig. Beschreibe deine Beobachtungen und ziehe Schlussfolgerungen.
b) Ritze das Aluminiumblech und das Zinkblech mit einem Bleistift, einem Eisennagel und einem Stahlnagel. Vergleiche die Ergebnisse.
3 a) Bestimme mit einer Waage die Masse des Aluminiumblechs und die Masse von Zinkblech. Notiere die Ergebnisse in Gramm.
b) Miss das Volumen von beiden Blechen mit einem Messzylinder. Achte darauf, dass der ganze Körper in das Wasser taucht. Notiere die Ergebnisse in cm^3.
Beachte: 1 ml = 1 cm^3
c) Berechne die Dichte von Aluminium und von Zink nach der Formel:
Dichte = $\frac{Masse}{Volumen}$
d) Vergleiche die Ergebnisse. Was stellst du fest?
4 Prüfe mit einem Magneten die Magnetisierbarkeit des Aluminiumbleches und des Zinkbleches.
5 Erweitere mit den Ergebnissen aus den Aufgaben 2 bis 4 die einfachen Steckbriefe aus Aufgabe 1.

4 Erweiterter Steckbrief

Stoffe im Alltag

Elektrische Leitfähigkeit

Mit einer Prüfstrecke kannst du herausfinden, ob ein Stoff den elektrischen Strom leitet.

Schmelz- und Siedetemperatur

Im Schullabor gelingt die Bestimmung dieser Temperaturen nur bei Stoffen mit relativ niedrigen Schmelz- und Siedetemperaturen, zum Beispiel bei Wasser oder Spiritus. Viele Stoffe haben aber so hohe Schmelz- und Siedetemperaturen, dass diese Werte nur aus Tabellen entnommen werden können. So schmilzt das Metall Titan bei 1700 °C und siedet erst bei 3260 °C.

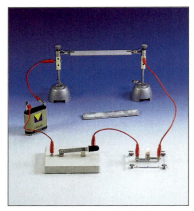

5 Bestimmung der elektrischen Leitfähigkeit

Löslichkeit

Mit der Löslichkeit ist in der Regel die Löslichkeit in Wasser gemeint. Aber auch die Löslichkeit in anderen Flüssigkeiten, zum Beispiel in Alkohol oder Benzin, ist eine kennzeichnende Eigenschaft für Stoffe.
Und nicht nur Feststoffe lösen sich in Flüssigkeiten, sondern auch andere Flüssigkeiten. So löst sich zum Beispiel die Flüssigkeit Alkohol in jedem beliebigen Verhältnis in Wasser. Auch Gase, zum Beispiel Sauerstoff oder Stickstoff, lösen sich in Wasser.

6 Teste mit Hilfe einer Prüfstrecke die elektrische Leitfähigkeit von Körpern aus Aluminium und Zink. Fertige zum Aufbau und zu den Ergebnissen ein ausführliches Versuchsprotokoll an.

7 a) Erhitze zuerst ein Stück Aluminium und dann ein Stück Zink mit Hilfe einer Tiegelzange in der nicht leuchtenden Brennerflamme. *Vorsicht:* Benutze eine feuerfeste Unterlage.
Beobachte und beschreibe.

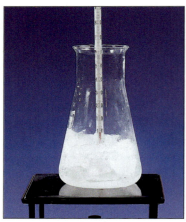

6 Bestimmung der Schmelztemperatur

7 Bestimmung der Löslichkeit

b) Vergleiche das Verhalten der beiden Stoffe und notiere deine Beobachtungen.

8 Suche aus Büchern oder im Internet die Siede- und Schmelztemperaturen von Aluminium und Zink heraus. Vergleiche sie. Was stellst du fest?

9 Vervollständige die erweiterten Steckbriefe aus Aufgabe 5.

10 Fülle einen hohen Erlenmeyerkolben mit zerstoßenem Eis. Erhitze ihn wie in Abbildung 6. Miss die Temperatur alle 30 s, bis das Eis geschmolzen ist. Fertige eine Tabelle an, in der du die Zeit und die dazugehörige Temperatur einträgst.

11 Fülle 100 ml Wasser in einen Erlenmeyerkolben (250 ml) und füge zwei Siedesteinchen hinzu. Erhitze vorsichtig bis zum Sieden. Miss alle 30 s die Temperatur und beobachte die Veränderungen. Bestimme die Siedetemperatur. Ergänze die Tabelle aus Versuch 10.

12 Beschreibe, wie du die Dichte und die elektrische Leitfähigkeit von Flüssigkeiten bestimmen kannst.

13 Untersuche weitere Stoffe auf ihre Eigenschaften und erstelle dazu Steckbriefe.

Steckbrief

Aussehen: silbergrau
Aggregatzustand:
Härte:
Dichte:
Magnetisierbarkeit:
elektrische Leitfähigkeit:
leitet den elektrischen Strom
Siedetemperatur:
Schmelztemperatur:
Löslichkeit:

Stoff: Zink

8 Unvollständiger Steckbrief

Stoffe im Alltag

Projekt

Steckbriefe von Stoffen

1 Steckbrief

Ein *Steckbrief* ist ein Plakat, mit dem Personen gesucht werden. Darauf sind die Personen nach ihrem Aussehen und ihren Eigenschaften beschrieben. In diesem Projekt sollt ihr **Steckbriefe von Stoffen** erstellen. Diese Steckbriefe sind Beschreibungen, an denen jeder den Stoff wieder erkennen kann. Einen ersten Eindruck über den Stoff, den ihr bestimmen sollt, erhaltet ihr über eure **Sinne**. Bei der Beschreibung wählt ihr am besten einen Vergleichsstoff, zum Beispiel *klebrig wie Honig, farblos wie Wasser, härter als Glas.*

Neben den eigenen Sinnen werden in der Chemie **physikalische und chemische Methoden** gewählt, um einen Stoff zu untersuchen und zu beschreiben. Einige Untersuchungsmöglichkeiten habt ihr schon beim Arbeiten mit diesem Buch kennen gelernt. Dazu gehören das Bestimmen der Schmelz- und Siedetemperatur, der elektrischen Leitfähigkeit, der Löslichkeit, der Dichte und der Magnetisierbarkeit. Von festen Stoffen lässt sich zusätzlich noch die Härte bestimmen. Falls ihr Stoffe untersuchen wollt, die mit einem Gefahrensymbol gekennzeichnet sind, müsst ihr dessen Bedeutung unbedingt beachten.

Teilt die Klasse in drei Gruppen ein. Jede Gruppe erstellt zu jedem untersuchten Stoff einen Steckbrief und stellt ihn dann vor.

Gruppe 1: Steckbriefe von Flüssigkeiten

Aussehen
Zur Beschreibung können Farbe und Durchsichtigkeit dienen.

Geruch
Haltet unbekannte Flüssigkeiten nicht direkt unter die Nase, sondern fächelt euch den Geruch vorsichtig mit der Hand zu. Zur Beschreibung könnten folgende Angaben dienen: stechend, süßlich, wie Parfüm, wie Gülle.

Siedetemperatur
Gebt in Flüssigkeiten, die ihr erhitzt, einen Siedestein hinein und beachtet die Regeln für den Umgang mit dem Gasbrenner. Erhitzt brennbare Flüssigkeiten nur in kleinen Mengen im Wasserbad.

Leitfähigkeit
Nutzt zur Bestimmung der Leitfähigkeit euren Feuchtigkeitsanzeiger. Zur Anzeige könnt ihr auch eine Glühlampe oder ein Messgerät benutzen.

2 Flüssigkeiten

Dichte
Zur Dichtebestimmung müsst ihr Masse und Volumen des Körpers messen.
Die Masse wird auf einer Waage bestimmt und in g angegeben. Das Volumen wird mit einem Messzylinder bestimmt. Es wird in cm³ angegeben.

Steckbrief
Aussehen: farblos, durchsichtig
Geruch: riecht nach nichts
Siedetemperatur: 98 °C bis 100 °C
Leitfähigkeit: sehr gering
Dichte: 1 $\frac{g}{cm^3}$
Stoff: Leitungswasser

Stoffe im Alltag

Projekt

Steckbriefe von Stoffen

giftig

gesundheits-
schädlich

ätzend

entzündlich

brandfördernd

umwelt-
gefährdend

3 Gefahrstoffsymbole

Gruppe 2: Steckbriefe von Metallen

Aussehen
Zur Beschreibung können Wörter wie glatt, rau, eben, uneben, matt, glänzend, mit Riefen durchzogen dienen.

Magnetisierbarkeit
Nähert dem Körper einen Magneten und überprüft, ob er magnetisch ist.

Dichte
Zur Dichtebestimmung müsst ihr Masse und Volumen des Körpers messen.
Die Masse wird auf einer Waage bestimmt und in g angegeben. Das Volumen kann bei quaderförmigen Körpern errechnet werden, wenn ihr Länge, Breite und Höhe gemessen habt.
Bei unregelmäßig geformten Körpern wird es mit der Differenz- oder Überlaufmethode bestimmt. Es wird in cm^3 angegeben.

Schmelztemperatur
Die Bestimmung der Schmelztemperatur wird nur für wenige gewählte Stoffe gelingen, weil euer Thermometer vermutlich nicht weit über 100 °C hinausreicht. Sucht für Stoffe mit einer höheren Schmelztemperatur den entsprechenden Wert aus Tabellen heraus.

4 Metalle

Härte
Durch Ritzen lässt sich feststellen, welcher von zwei Körpern der härtere ist. Der härtere Gegenstand ritzt dabei immer den weicheren. Es bleibt ein Kratzer auf der Oberfläche zurück. Versucht durch wechselseitiges Ritzen der Körper herauszufinden, welcher der jeweils härtere ist. Erstellt eine Liste, beginnt mit dem weichsten Körper. Bei Gegenständen aus Gold und Silber solltet ihr auf die Härteprüfung verzichten.

Leitfähigkeit
Spannt die Körper als Probekörper zwischen Krokodilklemmen. Achtet darauf, dass die Prüfstrecke nicht zu lang ist. Benutzt als Anzeigegerät eine Glühlampe oder eine Diode und als Stromversorgungsgerät eine 4,5 V-Batterie.

Steckbrief

Aussehen: grau-silbrig
Schmelztemperatur: 1537 °C
Härte: weicher als Stahl, härter als Kupfer
Magnetisierbarkeit: magnetisierbar
Leitfähigkeit: leitet den elektrischen Strom
Dichte: 7,5 $\frac{g}{cm^3}$

Stoff: Eisen

Stoffe im Alltag

Gruppe 3: Steckbriefe von Nichtmetallen

Aussehen
Zur Beschreibung können Wörter wie glatt, rau, eben, uneben, matt, glänzend, wachsartig, durchsichtig, Kristalle, Pulver dienen.

Schmelztemperatur
Die Bestimmung der Schmelztemperatur wird nur für einige gewählte Stoffe gelingen, weil euer Thermometer vermutlich nicht weit über 100 °C hinausreicht.
Sucht für Stoffe mit einer höheren Schmelztemperatur den entsprechenden Wert aus Tabellen heraus. Für Gemische kann keine feste Schmelztemperatur angegeben werden.

Geruch
Zur Beschreibung könnten folgende Angaben dienen: süßlich, stechend, fruchtig, wie Parfüm, säuerlich.

Härte
Durch Ritzen lässt sich feststellen, welcher von zwei Körpern der härtere ist. Der härtere Gegenstand ritzt dabei immer den weicheren. Es bleibt ein Kratzer auf der Oberfläche zurück. Versucht durch wechselseitiges Ritzen der Körper herauszufinden, welcher jeweils der härtere ist. Erstellt eine Liste, beginnt mit dem weichsten Körper. Bei einem Pulver lässt sich die Härte natürlich nicht untersuchen.

Leitfähigkeit
Spannt die Körper als Probekörper zwischen Krokodilklemmen. Achtet darauf, dass die Prüfstrecke nicht zu lang ist. Benutzt als Anzeigegerät eine Glühlampe oder eine Leuchtdiode und als Stromversorgungsgerät eine 4,5V-Batterie.

5 Nichtmetalle

Verformbarkeit
Versucht vorsichtig die Körper zu verbiegen oder zusammenzudrücken. Achtet auf das Verhalten der Körper, wenn ihr sie wieder loslasst.
Wenn der Körper seine ursprüngliche Form wieder einnimmt, ist er elastisch. Behält er aber die neue Form, ist er plastisch.
Ein Pulver lässt sich nicht auf Verformbarkeit untersuchen.

Dichte
Zur Dichtebestimmung müsst ihr Masse und Volumen des Körpers messen.
Die Masse wird auf einer Waage bestimmt und in g angegeben. Bei quaderförmigen Körpern kann das Volumen errechnet werden, wenn ihr Länge, Breite und Höhe gemessen habt. Bei unregelmäßig geformten Körpern wird es mit der Differenz- oder Überlaufmethode bestimmt. Es wird in cm^3 angegeben. Das Volumen von einem Pulver lässt sich annähernd genau mit einem Messzylinder bestimmen.

Löslichkeit
Verwendet als Lösungsmittel Wasser.
Die Löslichkeit vieler Stoffe hängt auch von der Temperatur des Lösungsmittels ab. Deshalb sollte das Wasser erwärmt werden, wenn sich ein Stoff kaum oder gar nicht löst. Gebt also bei der Löslichkeit auch die Temperatur des Wassers an.

Steckbrief

Aussehen: gelb, glatt
Schmelztemperatur: 65 °C
Geruch: süßlich
Härte: mit Fingernagel ritzbar
Leitfähigkeit: leitet den elektrischen Strom nicht
Verformbarkeit: plastisch
Dichte: 0,95
Löslichkeit: nicht löslich
Stoff: Bienenwachs

Stoffe im Alltag

2 Stoffe werden genutzt

2.1 Geräte aus alter Zeit

Die ersten Materialien, die den Menschen schon sehr früh zur Verfügung standen, waren Holz, Stein, Knochen und Ton. Sie stellten daraus Gefäße, Werkzeuge und Waffen her.

Die Bearbeitung dieser Materialien war schwierig und dauerte lange. Aus einem Stück Feuerstein eine Steinaxt herzustellen erforderte viel Zeit und Geschick. Das Loch für den Stiel wurde mit einem Knochen, Wasser und Sand in den Stein gebohrt.

Töpfe und Gefäße wurden aus Ton angefertigt. Sie dienten als Schüsseln für Lebensmittel und wurden zur Aufbewahrung von Vorräten und Saatgut für das nächste Jahr benutzt.
Aber erst nach dem Brennen waren die Tongefäße so haltbar, dass Vorräte über einen längeren Zeitraum in ihnen gelagert werden konnten.

Auch Geräte für die Jagd und den Fischfang wurden aus den Materialien hergestellt, die die Menschen in der Natur vorfanden. Knochen und Fischgräten konnten als Angelhaken benutzt werden. Für die Jagd wurden Speer- und Pfeilspitzen aus Feuerstein angefertigt. Pfeile und Speere mit Steinspitzen wurden außer zur Jagd auch bei kriegerischen Auseinandersetzungen benutzt.

Holz spielte zu jeder Zeit als Bau- und Heizmaterial eine große Rolle.

1 Nenne Beispiele, wo auch heute noch Holz als Baumaterial verwendet wird.

2 a) Fertige aus einem Klumpen Ton drei kleine Gefäße an. Sie

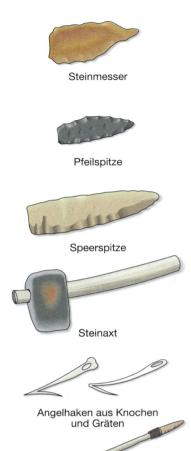

1 Verschiedene Gegenstände aus der Steinzeit

2 Schmuck aus Speckstein

sollen möglichst dünnwandig sein. Stelle sie zum Trocknen in einen nicht zu warmen Raum.
b) Überprüfe nach drei Wochen an einem Gefäß, ob es sich mit den Händen zerbrechen lässt. Beschreibe seine Festigkeit.

3 a) Lass dir die beiden anderen Gefäße aus Aufgabe 2 brennen.
b) Ziehe Handschuhe an und setze eine Schutzbrille auf. Wiederhole mit einem Gefäß Aufgabe 2b).
c) Fülle das zweite gebrannte Gefäß mit Wasser. Was kannst du nach einiger Zeit an dem Tongefäß beobachten?

4 Überlege, für welche Zwecke gebrannte Schüsseln verwendet werden können. Was kann in ihnen nicht aufbewahrt werden?

5 Stelle durch gegenseitiges Ritzen die Härte von Kalkstein, Feuerstein und Speckstein fest. Dabei ritzt immer der härtere den weicheren Stein. Begründe, aus welcher Gesteinsart du die Klinge für ein Messer herstellen würdest.

6 a) Bohre mit einem runden Holzstab ein Loch durch ein dünnes Stück Speckstein. Drehe dabei den Holzstab zwischen deinen Handflächen.
b) Wiederhole a), benutze einen Bogen mit einer Sehne. Wickle die Sehne einmal um den Holzstab und bewege den Bogen wie eine Säge hin und her. Stülpe eine alte Tasse auf den Holzstab und halte ihn damit fest.
c) Wiederhole b), streue auf die Bohrstelle und später in das Bohrloch etwas feinen Sand.
d) Vergleiche den Zeitaufwand bei den Verfahren in a) bis c).

7 Fertige aus einem dünnen Stück Speckstein eine runde Scheibe an. Bearbeite sie so, dass sie zum Rand hin dünner wird. Verziere sie strahlenförmig und bohre in die Mitte ein Loch. An einem Lederriemen kannst du sie jetzt um den Hals tragen.

2.2 Stein – ein Material aus der Natur

Ebenso wie Holz ist Stein ein Material, das die Natur in vielfältiger Form dem Menschen zur Verfügung stellt.

Gestein wird in Steinbrüchen abgebaut. Dabei bestimmt der Verwendungszweck, wie das Gestein abgebaut wird. Es kann aus dem Berg herausgesprengt werden oder es wird in Blöcken aus dem Berg gesägt.
Danach wird das Gestein je nach Bedarf in eine bestimmte Form gebracht, wobei die Bearbeitung von Naturgestein schwierig und aufwändig ist.

Die in der Natur vorkommenden Gesteinsarten sind unterschiedlich hart. Daraus ergeben sich die verschiedenen Verwendungsmöglichkeiten.
Eine Gesteinsart, der *Basalt,* ist besonders hart. Aus ihm werden Pflastersteine für den Straßenbau hergestellt. Außerdem wird er noch für Ufer- und Küstenbefestigungen verwendet.
Eine andere Gesteinsart, der *Tuffstein,* ist dagegen weich und lässt sich gut bearbeiten. Er wird hauptsächlich für den Hausbau eingesetzt.

Marmor – ein edler Baustoff

Marmor ist eine besondere Form von Kalkstein. Er ist ein edles Baumaterial. Marmor ist hart und lässt sich gut schleifen und polieren.
Auch die schönen Farben und die Maserungen machen ihn zu einem beliebten Baustoff. So wird er für Fensterbänke, Bodenbeläge, Wandvertäfelungen und Treppenstufen verwendet.

2 Marmorabbau in Carrara, Italien

1 Informiere dich über weitere natürliche Gesteinsarten, die als Baustoffe Verwendung finden. Bereite dazu einen kurzen Vortrag vor.
2 Nenne Baustoffe, die nicht in der Natur vorkommen, aber wie natürliche Steine benutzt werden.
3 Informiere dich darüber, wie Gestein weiterverarbeitet wird, das aus dem Berg gesprengt wurde.
4 Setze eine Schutzbrille auf und ziehe Arbeitshandschuhe an!
a) Schlage mit einem Hammer ein kleines Stück von einem Kieselstein ab und betrachte das Bruchstück. Vergleiche die Bruchkanten mit der Klinge eines Steinzeitmessers.
b) Ritze mit dem Steinstück aus a) verschiedene Materialien. Beschädige bei den Versuchen keine wertvollen Gegenstände. Fasse die Ergebnisse in einer Tabelle zusammen.

Material	von Kieselstein	
	ritzbar	nicht ritzbar
Holz	X	
Asphalt		
Eisen		
Aluminium		
Glas		
Marmor		

5 Welche Materialien aus der Tabelle sind härter, welche weicher als Kieselstein? Ordne sie in einer Liste der Härte nach.
6 Schlage mit einem Hammer ein Stück von einem Kalksandstein ab. Betrachte auch hier die Bruchkanten. Vergleiche sie mit den Bruchkanten des Kieselsteins. Was stellst du fest?
7 Gieße ein paar Tropfen verdünnte Salzsäure auf ein Bruchstück von glatt poliertem Marmor. Lass die Säure eine halbe Stunde auf den Marmor einwirken. Spüle das Marmorstück mit Wasser ab und beschreibe den Zustand der Marmorfläche.
8 Wiederhole den Versuch aus Aufgabe 7 mit einem Stück poliertem Granit.
Beschreibe auch hier den Zustand der Granitfläche nach dem Versuch.
9 Der Baustoff Ytong® lässt sich mit Hammer und Meißel bearbeiten. Er lässt sich auch sägen, bohren, schaben und schleifen. Vorsicht: Bearbeite Ytong® nur im Freien, da dieses Material sehr stark staubt. Stelle aus diesem Baustoff eine Figur oder eine Maske her.
10 Schleife ein Stück Ytong® zuerst mit grobem, dann mit feinem Schleifpapier. Vergleiche die geschliffene Fläche mit poliertem Marmor.

Stoffe im Alltag

2.3 Stoffe lassen sich zu unterschiedlichen Zwecken nutzen

In der Schule, am Arbeitsplatz, im Haushalt und in der Freizeit nutzt der Mensch viele verschiedene Gegenstände, die aus unterschiedlichen Materialien bestehen. Die Stoffe, aus denen diese Gegenstände hergestellt werden, nennt man **Werkstoffe**.

Zu den ältesten Werkstoffen, die der Mensch verwendet, gehört außer Knochen und Steinen das **Holz**. Dabei handelt es sich um einen *nachwachsenden Rohstoff*: Durch Wiederaufforstung von geschlagenen Bäumen im Wald kann Holz in Abständen von einigen Jahrzehnten oder Jahrhunderten immer wieder an derselben Stelle „geerntet" werden. Jede Baumart liefert Holz mit bestimmten Eigenschaften. Härte, Farbe und Maserung des Holzes bestimmen die Verwendung, zum Beispiel als Bauholz, Möbelholz oder für Fußböden. Aus Rohholz wird in Sägebetrieben aus den Baumstämmen zunächst Schnittholz hergestellt, das dann weiter verarbeitet werden kann. Presst man Holzspäne mit einem Kleber zu großen Platten zusammen, erhält man *Spanplatten*. *Sperrholz* entsteht durch kreuzweise übereinander geklebte sehr dünne Holzplatten, die man *Furniere* nennt. Holz ist auch der Rohstoff, aus dem Papier und Pappe hergestellt werden.

Ebenfalls schon seit Jahrtausenden verwendet der Mensch **Metalle** als Werkstoffe. Dazu gehören beispielsweise Eisen, Kupfer, Zinn, Zink, Blei und Gold. Die meisten Metalle müssen aus *Erzen* gewonnen werden. Darunter versteht man bestimmte Gesteine, in denen die Metalle chemisch gebunden vorliegen. Aus Metallen werden heute meist feste und dauerhafte Werkzeuge und Maschinenteile hergestellt. Gold und andere *Edelmetalle* sind unter anderem Rohstoffe zur Fertigung von Schmuck. Weil diese Metalle selten sind, gelten sie als wertvoll. Noch heute legen viele Menschen ihr Geld in Gold oder Gegenständen aus Gold an.

Zu den wichtigsten Werkstoffen, die in der Industrie verarbeitet werden, gehören die **Kunststoffe**. Aus Rohstoffen wie Erdöl, Kohle und Zellulose stellt die chemische Industrie eine Vielzahl verschiedener Kunststoffe her. Sie lassen sich gut verarbeiten und die Endprodukte sind leicht, Wasser abweisend und beständig gegen Chemikalien. Neben Pappe und Papier dienen Kunststoffe vielfach als *Verpackungsmaterial*. Die Flut von Verpackungsmüll aus Kunststoff verursacht große Umweltprobleme.

Einige Stoffe werden nicht als Werkstoffe verwendet, sondern verbrannt, um auf diesem Wege Energie freizusetzen. Zu diesen **Brennstoffen** gehören in erster Linie Erdöl, Erdgas, Stein- und Braunkohle sowie in einigen Ländern auch noch Holz. Brennstoffe liefern Wärmeenergie für Heizungen oder sie treiben Motoren an. Ohne den Brennstoff Benzin, der aus Erdöl hergestellt wird, hätte sich der moderne Verkehr nicht entwickeln können. Auch zur Erzeugung von elektrischem Strom in Kraftwerken setzt man vielfach noch Brennstoffe ein. Im Gegensatz zu den nachwachsenden Rohstoffen erneuern sich Kohle, Erdöl und Erdgas nicht wieder. Es ist bereits absehbar, dass die Vorräte an diesen *fossilen* Brennstoffen bald erschöpft sein werden. Die Umstellung der Energiegewinnung von solchen Brennstoffen auf andere Energiequellen gehört zu den wichtigsten technischen Herausforderungen der Gegenwart.

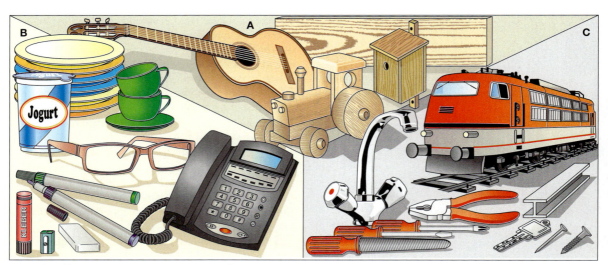

1 Werkstoffe. *A Holz; B Kunststoffe; C Metalle*

Einige besondere Eigenschaften mancher Stoffe hast du in diesem Buch bereits kennen gelernt: Stoffe, die elektrischen Strom leiten, werden als **Leiter** bezeichnet. Dazu gehört beispielsweise das Metall Kupfer. Zu den **Nichtleitern** oder **Isolatoren** zählen Glas, Keramik, Gummi und bestimmte Kunststoffe.

Viele Stoffe können als Kleber eingesetzt werden. Natürliche **Klebstoffe** kann man aus Stärke und anderen pflanzlichen Stoffen herstellen. Dazu gehören Kleister und Naturharze. Meist werden Klebstoffe jedoch auf chemischem Wege erzeugt. Man spricht von *synthetischen* Klebstoffen. Zu ihnen gehören die Alleskleber sowie Kontaktklebstoffe, beispielsweise für Klebeetiketten.

Eine ganze Industrie beschäftigt sich mit der Herstellung und Verwendung von **Aromastoffen** und **Duftstoffen.** Aromastoffe sind wohlschmeckende und wohlriechende natürliche oder synthetisch hergestellte Stoffgemische. Natürliche Aromastoffe stammen hauptsächlich von Pflanzen, etwa Zimt, Vanille, Safran und Ingwer. Allein im Kaffeearoma konnte man über 600 verschiedene Einzelstoffe nachweisen. Industriell erzeugte Nahrungsmittel enthalten oft künstliche *Geschmacksverstärker,* die ebenfalls zu den Aromastoffen gehören. Von den Aromastoffen zu unterscheiden sind die Duftstoffe, die auch Geruchsstoffe heißen. Sie verdampfen bei Zimmertemperatur rasch und verteilen sich dabei in der Luft. In der Nahrung kommen meist sowohl Aroma- als auch Duftstoffe vor.

Jeder kennt die Duftstoffe, die von pflanzlichen Blüten ausgehen. Diese Blütendüfte locken Bienen oder andere Insekten an, die für die Bestäubung der jeweiligen Blüten sorgen. Auch viele Tiere erzeugen Duftstoffe, um Reviere zu markieren oder Geschlechtspartner anzulocken. Manche der natürlichen Duftstoffe werden auch vom Menschen genutzt. Parfüm besteht zu 30 Prozent aus Duftstoffen, die in Alkohol gelöst sind. Natürliche oder synthetische Duftstoffe sind den meisten Körperpflegemitteln beigemischt. Seife, Duschgel und Schampon werden oft aufgrund ihrer Duftnote ausgewählt.

1 Stelle in einer Tabelle Gegenstände aus dem Haushalt zusammen und notiere die Werkstoffe, aus denen sie vorwiegend bestehen.

2 In Abbildung 2 findest du den Steckbrief des Metalls Kupfer. Informiere dich über andere Metalle und erstelle entsprechende Steckbriefe.

3 Nenne Lebensmittel und Gebrauchsgegenstände, die meistens in einer Kunststoffverpackung verkauft werden.

4 Untersuche alle Gegenstände in deinem Zimmer daraufhin, ob sie Kunststoffe enthalten oder ganz aus Kunststoff gefertigt sind. Stelle dir vor, du müsstest diese Gegenstände abgeben. Auf was müsstest du alles verzichten?

5 Auf der Verpackung von Lebensmitteln findest du Angaben über die Inhaltsstoffe. Untersuche verschiedene Lebensmittel darauf, ob sie Geschmacksverstärker enthalten. Probiere einige dieser Lebensmittel und entscheide, ob du diese Zusatzstoffe herausschmeckst.

6 Erstellt eine „Hitliste", welche Duftstoffe in Hygieneartikeln in eurer Klasse am beliebtesten sind.

7 Arbeitet in Kleingruppen: Informiert euch über die Gewinnung und Verwendung von Edelmetallen, Aroma- und Duftstoffen. Präsentiert die Ergebnisse.

2 Steckbrief Kupfer

3 Brennstoffe

Pinnwand

WERKSTOFFE IM GEBRAUCH

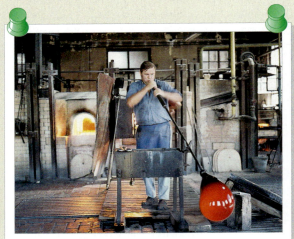

Glas, ein zerbrechlicher Werkstoff
Zur Herstellung von Glas ist eine Temperatur von bis zu 1600 °C erforderlich, bei der die Ausgangsstoffe Kalk, Sand und Soda geschmolzen werden. Besonders kunstvolle Gläser werden auch heute noch im Mundblasverfahren herstellt. Ein Glasbläser entnimmt mit seiner Glasbläserpfeife einen großen Glastropfen aus dem Ofen. Dieser wird zu einem Glasballon aufgeblasen und in einer Metallform ausgeformt oder von Hand frei geformt.

Gold, ein ungewöhnliches Metall
Gold zeichnet sich durch seine Seltenheit und Schönheit aus. Es ist unglaublich verformbar. So lassen sich zum Beispiel 10 g Gold zu einem hauchdünnen Blatt von 3,5 m^2 oder zu einem extrem dünnen Draht von etwa 25000 m Länge verarbeiten. In der Natur ist das Gold meistens in Gestein sehr fein verteilt. Seltener findet sich Gold in Form von Goldsand und Goldklümpchen (Nuggets). Nach dieser Art Gold schürften früher mit ihren primitiven Waschpfannen die Goldsucher. Heute wird Gold mit modernsten Bergwerkstechniken gewonnen. Um 10 g Gold zu gewinnen, müssen mehr als 1000 kg Gestein gefördert und weiterverarbeitet werden.

Kunststoff, ein leichter Werkstoff
Ein Auto besteht im Durchschnitt aus 5000 Teilen. Fast 1500 Teile sind aus Kunststoff. Durch den vermehrten Einsatz dieses leichten Werkstoffes wiegen kleinere Autos statt früher 1000 kg heute zwischen 760 kg und 800 kg.

1 Nenne Vor- und Nachteile von Getränkeflaschen aus Glas beziehungsweise aus Kunststoff.
2 Nenne Vorteile der Gewichtsersparnis durch den Einsatz von Kunststoffen im Auto.
3 Gold eignet sich in besonderem Maße zur Schmuckherstellung. Begründe.

Stoffe im Alltag

Eigenschaften von Textilien

Übung

V1 Wie verhalten sich textile Materialien beim Verbrennen?

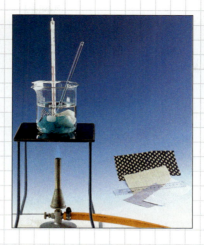

Material: Garnstücke aus unterschiedlichen Rohstoffen (zum Beispiel Baumwolle, Leinen, Wolle, Seide, Polyester), Vergleichsmaterialien (Papier, Haare, Folie), Pinzette, Teelicht, Streichhölzer, Porzellanschale

Durchführung: Schneide von den Garnen sechs bis acht Zentimeter lange Stücke ab. Zünde das Teelicht an. Halte nun ein Garnstück mit der Pinzette im Abstand von ein bis zwei Zentimetern an die Flamme. Beobachte das Verhalten des Garnstücks. Halte dann das Garnstück in die Flamme und beobachte es weiter. Anschließend nimmst du das Garnstück wieder aus der Flamme und siehst es dir genau an. Die Verbrennungsrückstände und die Reste der Garne legst du in die Porzellanschale. Wiederhole den Versuch mit den anderen Garnproben und Materialien.

Aufgaben: a) Lege eine Tabelle an, in der du von jeder Probe den Verbrennungsverlauf, das Aussehen des Rückstandes und den Geruch notierst.
b) Notiere, welche Faserart ein ähnliches Brennverhalten wie die Vergleichsmaterialien zeigen.

V2 Wie verhalten sich textile Materialien beim Waschen?

Material: Stoffproben aus unterschiedlichen Rohstoffen (zum Beispiel Baumwolle, Wolle, Polyester), Becherglas (250 ml), Gasbrenner, Streichhölzer, Dreifuß mit Keramikdrahtnetz, Glasstab, Thermometer (bis 100 °C), heißes Wasser, Waschmittel, Lineal

Durchführung: Miss die Größen der Stoffproben und notiere sie. Gib heißes Wasser und Waschmittel in das Becherglas. Lege dann die Stoffproben hinein. Zünde den Gasbrenner an, stelle ihn unter den Dreifuß und stelle das Becherglas darauf. Koche nun die Stoffproben mindestens sieben Minuten lang. Kontrolliere die Temperatur mit dem Thermometer. Sie sollte nicht weniger als 98 °C betragen. Rühre mit Hilfe des Glasstabes ab und zu um. Hole dann die Stoffproben aus dem Becherglas, lege sie auf den Tisch und miss erneut ihre Größen.

Aufgaben: a) Stelle die Größen der Stoffproben vor und nach dem Kochen in einer Tabelle zusammen.
b) Entscheide, welche Stoffprobe „kochfest" ist und welche nicht.

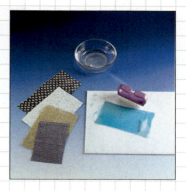

V3 Wie scheuerfest sind textile Materialien?

Material: Stoffproben aus unterschiedlichen Rohstoffen (zum Beispiel Baumwolle, Wolle, Polyester), kleine Bürste, Gefäß mit Wasser, Tuch zum Trockenreiben

Durchführung: Tauche die Bürste in das Gefäß mit Wasser und lass das überschüssige Wasser wieder abtropfen. Scheuere nun mit der feuchten Bürste auf jeder Stoffprobe hin und her. Ist eine Stoffprobe nicht scheuerfest, wird das Stoffstück aufgeraut oder es lösen sich Fasern aus der Probe.

Aufgabe: Vergleiche die Scheuerfestigkeit der einzelnen Stoffproben und notiere sie in einer Tabelle.

A4 Textilien sind verschieden

Jetzt hast du einen Überblick über verschiedene Eigenschaften von textilen Materialien bekommen.
a) Betrachte die Etiketten in deiner Kleidung. Begründe die Auswahl der textilen Rohstoffe.
b) Du möchtest ein Schlampermäppchen nähen. Wähle einen geeigneten Stoff und begründe deine Auswahl.

Stoffe im Alltag

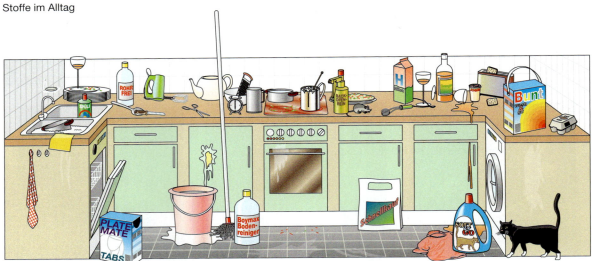

1 Helfer im Haushalt

2.4 Manche Stoffe bergen Gefahren

Auf Seite 332 dieses Buches hast du bereits einige Gefahrstoffsymbole kennen gelernt. Sie weisen darauf hin, dass beim Experimentieren mit bestimmten Stoffen besondere Vorsichtsmaßregeln beachtet werden müssen. Hinweise auf mögliche Gefährdungen und vorsichtige Handhabung bei der Anwendung findest du auch auf vielen „Helfern im Haushalt", beispielsweise Reinigungsmitteln. Diese enthalten meist *Laugen* oder *Säuren*. Auf Haut oder Schleimhäute wirken solche Stoffe *ätzend*, atmet man die Dämpfe ein, kann es zur *Reizung* der Atemwege oder anderen Gesundheitsgefährdungen kommen. Wie stark ätzend oder die Haut reizend ein Stoff ist, hängt von der Konzentration der darin enthaltenen Säuren oder Laugen ab. So werden etwa Zitronensäure und Essigsäure bei der Zubereitung von Salaten und anderen Speisen verwendet, ohne dass davon eine Gesundheitsgefährdung ausgeht.

Zu den verheerendsten Unglücken gehören Brände. Oft werden sie durch unachtsamen Umgang mit leicht *entzündlichen* oder *brandfördernden* Stoffen verursacht. Zu den leicht brennbaren Stoffen gehören manche Gase wie Methan und Butan sowie flüssige Brennstoffe wie Alkohole, Benzin und Kerosin.

Gifte sind Stoffe, die bestimmte Vorgänge im Körper von Lebewesen stören. Manche dieser Gifte sind so stark, dass sie tödlich wirken. Solche Gifte erzeugen manche Tiere, zum Beispiel Giftschlangen, um ihre Beute zu töten. Viele Pflanzen, etwa Hahnenfuß und Goldregen, enthalten Gifte als Schutz vor Pflanzenfressern. In der Industrie fallen ebenfalls viele Giftstoffe an. Sie müssen als *Sondermüll* behandelt und sorgfältig entsorgt werden, damit sie nicht in die Umwelt gelangen.

Solche Gifte in Abfällen gehören zu den vielen **Schadstoffen,** die der Mensch erzeugt und die als *umweltgefährdend* gelten. Gasförmige Schadstoffe entstehen bei allen Verbrennungen, beispielsweise in Automotoren oder in Kraftwerken. Man versucht heute mit großem technischem Aufwand möglichst viele dieser Schadstoffe aus den Abgasen zu filtern und in unschädliche Stoffe umzuwandeln. Dennoch gibt es immer wieder Meldungen über Umweltbelastungen durch Schadstoffe.

An vielen Orten, insbesondere an stark befahrenen Straßen, gibt es Messstationen, die die Luftqualität ständig kontrollieren. Wenn Grenzwerte überschritten werden, beispielsweise bei Ozon oder bei Feinstaub, wird Alarm ausgelöst.

1 Nenne Beispiele von Stoffen, auf die die Gefahrstoffsymbole auf Seite 332 zutreffen.
2 Stellt in der Klasse eine Liste mit Verhaltensmaßregeln zusammen, auf welche Weise beim Hantieren und Experimentieren mit gefährlichen Stoffen Unfälle vermieden werden können. Unterscheidet dabei nach den verschiedenen Gefahrensymbolen auf Seite 332.
3 Untersuche die Etiketten von Haushaltsreinigern auf gefährliche Inhaltsstoffe.
4 Nenne Maßnahmen, mit denen man die Gefährdung der Umwelt durch Schadstoffe vermindern kann.
5 Recherchiert in der Zeitung oder im Internet nach Fällen von Umweltbelastungen durch Schadstoffe. Bereitet dazu ein Informationsplakat vor.
6 Erläutere mit Hilfe der Informationen auf Seite 341, warum die Einordnung eines Stoffes als Schadstoff nicht immer eindeutig ist.

Ist Kohlenstoffdioxid ein Schadstoff?

Für das Wachstum von Pflanzen ist das Gas Kohlenstoffdioxid, das Menschen und Tiere täglich ausatmen, von größter Bedeutung. Pflanzen nehmen das Kohlenstoffdioxid aus der Luft mit Hilfe ihrer Blätter auf. Ohne dieses Gas könnten die Pflanzen nicht leben.

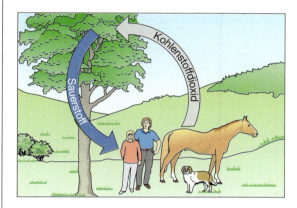

Kohlenstoffdioxid ist aber auch für das gesamte Leben auf der Erde von großer Bedeutung, denn es sorgt zusammen mit gasförmigem Wasserdampf für den **natürlichen Treibhauseffekt,** durch den die Durchschnittstemperatur auf der Erde +15 °C statt lebensfeindlicher −18 °C beträgt.

Die Treibhausgase befinden sich in der Lufthülle, die die Erde umgibt. Sie lassen die Sonnenstrahlung ungehindert zum Erdboden, der die Strahlung aufnimmt und sich dadurch erwärmt. Der Erdboden strahlt einen großen Teil der aufgenommenen Wärme wieder ab. Die Treibhausgase sorgen dafür, dass diese Wärmestrahlung nicht ungehindert in den Weltraum entschwindet, sondern zum Teil zur Erde zurückgeworfen wird. Die Luft und der Boden erwärmen sich. Nur durch diesen Effekt, der zur Erwärmung der Erde führt, ist ein Leben auf der Erde möglich.

  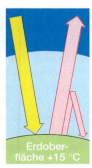

Den Treibhauseffekt nutzen auch Gärtner, wenn sie in Glashäusern (Treibhäusern) Pflanzen ziehen. Das Glasdach erfüllt die Funktion der Treibhausgase: Es lässt die Sonnenstrahlung in das Glashaus hinein, sodass sich der Boden, die Pflanzen und die Luft erwärmen. Das Glasdach verhindert aber, dass die entstandene Wärme das Treibhaus verlassen kann.

Vor einer **Verstärkung des Treibhauseffektes** wird seit einigen Jahren durch Wissenschaftler gewarnt. Diese meinen damit einen *zusätzlichen* Treibhauseffekt, der durch menschliches Handeln verursacht wird. Durch Verbrennungsvorgänge in der Industrie, in Haushalten und im Verkehr entstehen Kohlenstoffdioxid, Wasserdampf und andere Treibhausgase in riesigen Mengen. Diese reichern sich in der Lufthülle an und nehmen mehr von der Wärmestrahlung auf, die eigentlich in den Weltraum entweichen würde. Dadurch steigt die Temperatur der Erdatmosphäre und folglich auch die Durchschnittstemperatur der Erde an, was katastrophale Folgen haben wird:

- Abschmelzen des Eises der Polkappen und der Gletscher. *Folge:* Ansteigen des Meeresspiegels und dadurch Überflutung von bislang bewohnten Küstengebieten.
- Verschieben der heutigen Klimazonen. *Folgen:* Ganze Landstriche werden zu Trockengebieten oder Wüsten; die nutzbare Ackerfläche wird verkleinert, was Hungersnöte zur Folge haben wird.

Damit diese alarmierenden Vorhersagen nicht Wirklichkeit werden, gibt es seit Ende des 20. Jahrhunderts Klimakonferenzen, auf denen die Staaten der Welt Maßnahmen diskutieren, um den weiteren Ausstoß von Treibhausgasen zu verringern und damit den zusätzlichen Treibhauseffekt abzuschwächen.

Stoffe im Alltag

Methode — **Auswerten von Tabellen und Grafiken**

Um die richtigen Schlüsse aus Messergebnissen ziehen zu können, musst du selbst angefertigte Tabellen und Grafiken oder solche, die du bei deiner Suche nach Informationen z. B. im Internet gefunden hast, deuten.

① **Was stellt die Tabelle bzw. die Grafik dar?**

| Jährlicher Schadstoffausstoß in Deutschland | Entwicklung des Schadstoffausstoßes 1966–2001 |

② **Welche Größen sind dargestellt?**

Verursacher	Schadstoff
167 000 kt	
13 000 kt	
106 kt	
17 kt	

③ **In welcher Einheit sind die Zahlenwerte angegeben?**
Die Einheiten sind in der Regel so groß gewählt, dass die Zahlenwerte möglichst klein sind. Das Lesen der Tabelle/Grafik wird erleichtert, wenn hier z. B. die Einheit kt (Kilotonne; 1 kt = 1000 t) statt t (Tonne) gewählt wird.

④ **Was lässt sich aus der Tabelle bzw. aus der Grafik ablesen?**
Anhand der Überschrift lassen sich Fragen formulieren, auf die du durch das Lesen der Tabelle bzw. das Betrachten der Grafik eine Antwort erhältst.

Z. B.: *Wie viele Kilotonnen Kohlenstoffdioxid wurden von den jeweiligen Energienutzern ausgestoßen?*

Z. B.: *Wie hat sich der Ausstoß von Schadstoffen seit 1966 entwickelt?*

Verursacher	Schadstoff Kohlenstoffdioxid
Industrie	161 000 kt
Kraft- und Fernheizwerke	343 000 kt
Haushalte und Kleinverbraucher	187 000 kt
Straßenverkehr	167 000 kt
Übriger Verkehr	13 000 kt

- Alle Werte, die sich in der *Spalte* des interessierenden Schadstoffs (z. B. Kohlenstoffdioxid) befinden, miteinander vergleichen und den größten und den kleinsten Wert ermitteln.
- Eine Antwort auf deine Fragen formulieren.

- Anhand der Punkte entlang der Rechts-Achse die Veränderungen in Richtung der Hoch-Achse betrachten.
- Anhand des Verlaufs einer „Linie" eine Antwort auf die Frage formulieren. Hier z. B.: Der Kohlenstoffdioxid-Ausstoß in Deutschland hat von 1966 bis 1978 zugenommen und danach abgenommen. In den Jahren 1999 und 2000 sind die niedrigsten Werte erreicht worden.
- Die Entwicklungen der anderen Schadstoffwerte ablesen. Hier: Auch der Schadstoffausstoß von Schwefeldioxid und Stickstoffoxiden hat in den letzten 15 Jahren stark abgenommen.

Weitere wichtige Frage aus der Überschrift ableiten, z. B.: *Welcher Verursacher hat welchen Schadstoff am meisten bzw. am wenigsten produziert?*
- Die Werte in der Zeile des betreffenden Verursachers (z. B. Haushalte) miteinander vergleichen.

⑤ **Wie werden genaue Zahlenwerte aus einer Grafik ermittelt?**
Durch Anlegen eines Geodreiecks eine unsichtbare, nur „gedachte" Linie zu beiden Achsen ziehen, dort Zahlenwerte ablesen. (*Hinweis:* Die Aufteilung der Achsen kann bei großen Zahlenwerten ein Abschätzen des gesuchten Zahlenwertes erfordern, da ein millimetergenaues Ablesen nicht möglich ist.)

Stoffe im Alltag

Präsentieren von Ergebnissen

Methode

Eine Schülergruppe aus der 6c hat die Aufgabe, die Auswirkungen von Mopedabgasen auf Kresse zu untersuchen und die Ergebnisse anschließend zu präsentieren.

Die rechts aufgeführten Möglichkeiten der Präsentation können auch kombiniert und erweitert oder eingeschränkt werden.

Zu Beginn der Planung der Ergebnispräsentation sollte zunächst überlegt werden,
① welches das wichtigste Ergebnis ist,
② wie kann es in den Mittelpunkt gerückt werden.

Die Schüler entscheiden sich dafür, die Auswirkungen mit einer Videokamera zu dokumentieren. Zusätzlich wollen sie auf einem Plakat eine Erklärung für ihre Beobachtungen vorstellen.

Bei der Vorstellung ihrer Ergebnisse beachten die Schüler folgende Tipps.

Tipps für das mündliche Vortragen
- Sprich laut und deutlich
- Verwende eventuell einen Stichwortzettel als Gedächtnisstütze
- Lies den Vortrag nicht ab
- Suche Blickkontakt zu deinen Zuhörern
- Verwende keine unbekannten Fachbegriffe
- Halte zeitliche Vorgaben ein

Stoffe im Alltag

3 Stoffgemische

3.1 Reinstoffe und Stoffgemische

1 Geschmacksproben bei Lebensmitteln

1 Versuche mit verbundenen Augen verschiedene Lebensmittel wie Zucker, Salz, Essig, Orangensaft, Curry, Kaffee und Tee zu bestimmen. Wie gehst du vor?
Achtung: Verwende keine verunreinigten Lebensmittel und nur für Lebensmittel geeignete Gefäße!

„Hast du schon Essig in der Salatsoße?" fragte Mutter. Tina wusste es nicht genau, doch es war kein Problem für sie. Erst schnupperte sie, und als sie sich dann noch nicht ganz sicher war, schmeckte sie die Soße vorsichtig ab.

Viele Stoffe, vor allem aus Küche und Haushalt, lassen sich mit den Augen, der Nase und der Zunge leicht erkennen. Manche Stoffe, wie Salz und Zucker, lassen sich allerdings allein mit den Augen nur schlecht auseinander halten. Mit einer Geschmacksprobe wirst du diese beiden Stoffe jedoch leicht unterscheiden können.

Zucker gibt es in verschiedenen Formen, als feinen Puderzucker, groben Streuzucker, als Zuckerwürfel oder weißen Kandiszucker. Fein zermahlen schmeckt jede Zuckerart gleichmäßig süß. Zucker ist ein **Reinstoff**. Reinstoffe sind einheitlich aufgebaut und haben an allen Stellen die gleichen Eigenschaften.

2 Brausepulver und Zucker unter der Lupe

2 Notiere Lebensmittel, die du an ihrem typischen Geruch erkennen kannst.

Beim Brausepulver ist das anders. Im Unterschied zum Zucker schmeckt Brausepulver nicht an allen Stellen gleich. Es schmeckt teils süß, teils sauer, und es schäumt sogar auf der Zunge.
Betrachtest du Brausepulver mit einer Lupe, dann siehst du, dass es aus verschiedenen Bestandteilen zusammengesetzt ist, die auch unterschiedlich schmecken. Brausepulver ist also ein **Stoffgemisch.** Es besteht aus mehreren Reinstoffen: Zucker, Weinsäure oder Zitronensäure, Natron und Farbstoff.

Stoffgemische begegnen dir täglich, zum Beispiel als Kräutersalz, Waschmittel oder Backmischungen. Manche Stoffgemische lassen sich durch einfache Trennverfahren auch wieder in Reinstoffe zerlegen.

Rezept für Brausepulver (10 Personen):

5 Esslöffel Zucker
3 Esslöffel Zitronensäure
2 Esslöffel Natron
1 Päckchen Vanillinzucker
1–2 Tropfen Fruchtaroma (z. B. Himbeere)

Mische alle Zutaten in einer trockenen, sauberen Schüssel, die nur für Lebensmittel benutzt wird.
Wenn alles gleichmäßig verrührt ist, kannst du das Brausepulver an deine Mitschülerinnen und Mitschüler verteilen oder damit Brause herstellen.

3 Betrachte Streuzucker und Brausepulver mit einer Lupe. Was stellst du fest?
4 a) Ordne die folgenden Stoffe nach Reinstoffen und Stoffgemischen: Vogelfutter, Schwefel, Limonade, Müsli, Kupfer, Kochsalz, Tinte, Kandiszucker, Curry.
b) Begründe, warum du die einzelne Stoffe jeweils als Reinstoffe oder Stoffgemische eingeordnet hast.
5 Auch Luft ist ein Stoffgemisch. Finde eine Begründung für diese Feststellung.

TRENNVERFAHREN IM ALLTAG

Pinnwand

1 a) Zerlege Studentenfutter in seine einzelnen Bestandteile. Wie gehst du vor?
b) Finde einen Namen für dieses Trennverfahren.

4 Zum Trennen grober Suspensionen, zum Beispiel Nudeln vom Kochwasser, werden in der Küche Siebe und Sieblöffel benutzt. Nenne weitere Beispiele.

2 Betrachte Vollkornmehl mit einer Lupe. Gib es durch ein Sieb und betrachte es danach noch einmal. Wie wurden die Bestandteile getrennt?

5 Presse eine frische Zitrone aus. Du möchtest den Saft möglichst ohne das Fruchtfleisch verwenden, aber kein weiteres Küchengerät benutzen. Beschreibe, wie du dabei vorgehst.

3 a) Rühre drei Teelöffel kakaohaltiges Getränkepulver in ein Trinkglas mit Milch. Lass das Glas einige Zeit ruhig stehen und beschreibe, was dabei geschieht.
b) Trinke ohne umzurühren das Glas leer und betrachte danach den Boden des Glases.

6 In vielen Küchen sind über der Kochstelle Dunstabzugshauben eingebaut. Informiere dich darüber, wie diese Geräte arbeiten.

Stoffe im Alltag

1 Orangensaft – vor und nach dem Schütteln

3.2 Suspensionen und Trennverfahren

„Ihr hättet den Orangensaft schütteln sollen", sagte die Mutter. So war keiner recht zufrieden. Jan fand den Saft zu dünn, Silke meinte, es wäre viel zu viel Fruchtfleisch darin. Der Ärger mit dem Orangensaft kommt daher, dass er feste Teilchen enthält, die größtenteils zu Boden gesunken sind. Ein solches Gemisch aus Flüssigkeit und festen Teilchen heißt *Aufschwemmung* oder **Suspension.**

Suspensionen sind in unserer Umwelt überall zu finden. Auch Flüsse, Kanäle oder Teiche enthalten kein reines Wasser, sondern Suspensionen.
An einem Gemisch aus Wasser und Gartenerde kannst du zeigen, dass sich Suspensionen wieder in ihre Bestandteile zerlegen lassen. Wenn das Gemisch eine Zeit lang ruhig steht, steigen die leichteren Bestandteile, die *Schwimmstoffe,* an die Oberfläche. Sie lassen sich abschöpfen. Schwerere Bestandteile, die *Sinkstoffe,* sinken zu Boden. Sie **sedimentieren** und bilden den *Bodensatz,* das **Sediment.**
Von diesem Bodensatz lässt sich die darüber stehende Flüssigkeit abgießen, **dekantieren.** In der dekantierten Suspension sind noch sehr kleine Teilchen, die *Schwebstoffe*. Wenn du die Suspension von der Seite beleuchtest, werden die Schwebstoffe sichtbar. Nach längerer Zeit sinken auch diese Stoffe zu Boden.

1 Nenne Beispiele von Suspensionen die es auf einer Baustelle gibt.
2 Gib einen Esslöffel Gartenerde und einen Löffel Sand in ein hohes Becherglas mit Wasser. Rühre gut um und lass das Gemisch dann eine Zeit lang stehen. Beobachte und beschreibe, was du siehst.
3 Schöpfe alle Teile ab, die an der Oberfläche schwimmen und gib sie in eine Schale. Gieße dann die über dem Bodensatz stehende Flüssigkeit vorsichtig in ein zweites Becherglas ab. Achte darauf, dass dabei der Bodensatz nicht aufgerührt wird.
4 Beleuchte die dekantierte Flüssigkeit im abgedunkelten Raum von der Seite mit einer Taschenlampe (Abbildung 2 D). Was beobachtest du dabei?
5 Betrachte die Schwimmstoffe und den Bodensatz mit einer Lupe. Welche Stoffe kannst du unterscheiden?
6 Nenne andere Stoffgemische, die durch Sedimentieren und Dekantieren in ihre Bestandteile zerlegt werden können.
7 Du kennst bereits das Teilchenmodell. Wende es auf Suspensionen an.

*2 **A** Gartenerde in Wasser; **B** Sedimentieren; **C** Dekantieren; **D** Beleuchten*

3.3 Trennung von Stoffgemischen durch Filtrieren

Wer Tee nicht gerade aus Teebeuteln bereiten will, gibt die Teeblätter in ein Porzellangefäß und übergießt sie mit fast kochendem Wasser. Der fertige Tee wird dann durch ein *Teesieb* in die Teekanne gegossen. Das Sieb hält die Teeblätter zurück, die Farb- und Aromastoffe gehen hindurch.
Wolltest du auch Kaffee auf diese Weise zubereiten, wäre ein Sieb zu grob. Das feinere Kaffeepulver wird erst durch ein *Filterpapier* vollständig zurückgehalten. Für die gelösten Inhaltsstoffe des Kaffees ist das Filterpapier kein Hindernis.

Die festen Teilchen einer Suspension, wie Teeblätter oder Kaffeepulver, lassen sich also durch Siebe oder noch besser durch Filter von der Flüssigkeit trennen. Dieser Vorgang heißt **Filtrieren**. Die Teilchen, die im Filter zurückbleiben, bilden den **Rückstand**. Die Flüssigkeit, die durch das Filterpapier hindurchgelaufen ist, heißt **Filtrat**. Das Filterpapier hat Löcher, ebenso wie ein Sieb, nur sind diese sehr viel kleiner. Sie heißen **Filterporen**. Natürlich können die festen Teilchen nur dann zurückgehalten werden, wenn sie größer sind als die Löcher im Filter. Gelöste Stoffe laufen durch das Filterpapier hindurch.

Filter werden auch in vielen Bereichen der Technik eingesetzt, etwa zur Trinkwasseraufbereitung oder im Auto als Luft-, Kraftstoff- und Ölfilter.
In vielen Industriebetrieben sowie in Kohlekraftwerken entstehen große Mengen an Staub. Diese wurden früher durch Schornsteine in die Umwelt abgegeben und trugen in einem hohen Maß zur Luftverschmutzung bei. Durch den Einsatz von Filteranlagen konnte die Luftqualität in Deutschland in den letzten Jahrzehnten deutlich verbessert werden.

1 Erläutere die Bezeichnung Trennverfahren und nenne Beispiele.
2 Beschreibe den Aufbau und die Wirkungsweise eines Aquarienfilters.
3 Eine Atemmaske ist ein Luftfilter. Sie kann etwa beim Schleifen von Steinen oder Hartholz gesundheitsschädlichen Staub zurückhalten. Solche Staubteilchen sind unterschiedlich groß. Worauf musst du deshalb beim Kauf einer Atemmaske achten?

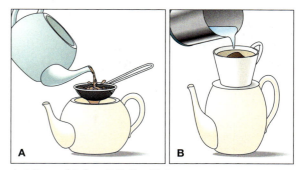

1 A Tee aufgießen; B Kaffee filtrieren

4 Falte eine Filtertüte aus einem Rundfilterpapier nach der Anweisung in Abbildung 2. Achte darauf, dass das Filterpapier beim Falten nicht beschädigt wird. Befeuchte die fertige Filtertüte mit etwas Wasser, damit sie im Trichter haften bleibt.

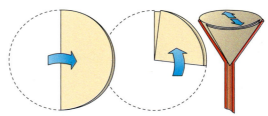

2 So wird ein Filter gefaltet

5 Trenne eine Suspension aus Gartenerde und Wasser. Gieße dazu jeweils einen gleich großen Teil davon
a) durch ein Teesieb, b) durch eine Kaffeefiltertüte,
c) durch das selbst gefaltete Filterpapier.
Vergleiche die Durchlaufgeschwindigkeiten und die Filtrate.
6 Zeichne die Abbildung 3 ab und ordne folgende Begriffe zu: Trichter, Filter, Filterporen, Rückstand, Filtrat.

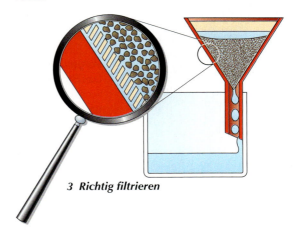

3 Richtig filtrieren

Pinnwand

TRENNVERFAHREN IN DEN NATURWISSENSCHAFTEN

Lösungen und Suspensionen sind Gemische. Sie bestehen aus gelösten und ungelösten Stoffen und dem Lösungsmittel. *Beispiel Meerwasser:* Es enthält gelöstes Salz, Sand und andere Feststoffe, Pflanzenreste und Kleinstlebewesen; das Lösungsmittel ist Wasser.
Durch geeignete Trennverfahren lassen sich Lösungen in ihre Bestandteile zerlegen. Je nach dem angewendeten Trennverfahren bekommt man das Lösungsmittel oder die gelösten oder ungelösten Stoffe.

Absetzen (Sedimentieren)

Eignung:
Lösungsmittel und ungelöster Stoff können getrennt werden.

Vorgehensweise:
Das Gemisch wird erschütterungsfrei stehen gelassen. Sobald sich der Feststoff abgesetzt hat, kann die Flüssigkeit vorsichtig abgegossen werden.

Eindampfen

Eignung:
Die gelösten Stoffe können vom Lösungsmittel getrennt werden.

Vorgehensweise:
Die Lösung wird so lange erhitzt, bis das Lösungsmittel verdampft ist. Die ursprünglich gelösten Stoffe bleiben als Feststoff zurück.

Filtrieren

Eignung:
Ungelöste Stoffe können vom Lösungsmittel getrennt werden.

Vorgehensweise:
Das Stoffgemisch wird nach und nach in einen Filter geschüttet. Das Lösungsmittel fließt hindurch, der Feststoff bleibt zurück.

Destillieren

Kühlung

Eignung:
Lösungsmittel und gelöste Stoffe können getrennt werden.

Vorgehensweise:
Das Stoffgemisch wird erhitzt. Das verdampfende Lösungsmittel wird abgekühlt und aufgefangen. Die vorher gelösten Stoffe bleiben als Feststoff zurück.

Stoffe im Alltag

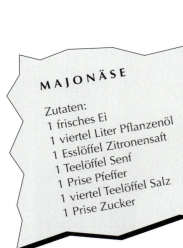

MAJONÄSE

Zutaten:
1 frisches Ei
1 viertel Liter Pflanzenöl
1 Esslöffel Zitronensaft
1 Teelöffel Senf
1 Prise Pfeffer
1 viertel Teelöffel Salz
1 Prise Zucker

Verrühre alle Zutaten bis auf das Öl mit einem Schneebesen zu einer glatten Masse. Gib unter ständigem, gleichmäßigem Rühren das Öl zuerst tropfenweise, dann esslöffelweise und zum Schluss in dünnem Strahl dazu.
Deine Majonäse kannst du für Kartoffel- und Nudelsalat ebenso verwenden wie für frische Gemüsesalate und natürlich auch für Pommes frites!

1 Rezept für Mayonäse

3.4 Emulsionen – Gemische, die es gar nicht geben dürfte

Wenn du versuchst, ein Gemisch aus Öl und Zitronensaft oder aus Öl und Wasser herzustellen, wirst du merken, dass sich diese Flüssigkeiten nicht mischen lassen. Bei der Herstellung von Majonäse wird dir das aber gelingen. Der Zusatz von Eigelb bewirkt, dass sich das Öl und der Zitronensaft dauerhaft mischen lassen. Ein solches Gemisch heißt **Emulsion.** Das Eigelb dient als Hilfsstoff, es ist der **Emulgator.**
Außer Eigelb gibt es auch viele chemisch hergestellte Emulgatoren. Einige werden in Geschirrspülmitteln und im Waschpulver verwendet.

Eine zweite Möglichkeit eine Emulsion herzustellen ist das *Homogenisieren*. Dabei werden die Flüssigkeiten durch winzige Düsen gedrückt, damit ganz kleine Tröpfchen entstehen. Auch auf diese Weise entsteht eine stabile Emulsion.

1 Nenne weitere Nahrungsmittel, die Emulsionen sind.
2 Suche auf Verpackungen von Nahrungsmitteln Hinweise auf Emulgatoren und notiere sie.
3 Fülle in ein Reagenzglas 1 cm hoch Zitronensaft und füge die gleiche Menge Speiseöl hinzu. Verschließe das Reagenzglas mit dem Daumen und schüttle es kräftig. Stelle es dann ab und lass es kurze Zeit stehen. Beobachte, was geschieht. Protokolliere für diesen und für die folgenden Versuche alle Ergebnisse.
4 Führe den gleichen Versuch mit Wasser und Öl durch. Notiere deine Beobachtungen.
5 Wiederhole Versuch 3 und füge dieses Mal etwas rohes Eigelb hinzu. Beobachte das Gemisch. Was bewirkt das Eigelb?
6 Wiederhole Versuch 4 und gib ein paar Tropfen Geschirrspülmittel hinzu. Vergleiche die Ergebnisse der letzten beiden Versuche und ziehe Schlussfolgerungen.

Auch **Milch** ist eine Emulsion. In Wasser sind Fett, Milchzucker, Eiweiß, Mineralstoffe und Vitamine verteilt.
Lässt man frisch gemolkene Milch stehen, sammelt sich das Milchfett, der **Rahm**, nach kurzer Zeit an der Oberfläche, die Emulsion trennt sich. Um diese Trennung zu verhindern, wird die Milch homogenisiert. Dabei wird das Milchfett in winzige Tröpfchen zerteilt.
Durch kurzzeitiges Erhitzen auf 75 Grad wird die Milch keimfrei gemacht, sie wird pasteurisiert. Sie ist jetzt mehrere Tage im Kühlschrank haltbar.
Wenn die Milch kurzzeitig auf 150 Grad erhitzt wird, ist sie sogar ungekühlt mehrere Monate haltbar. Diese ultrahocherhitzte Milch heißt H-Milch.

2 Milch

Stoffe im Alltag

Übung

Reinigungsmilch und Handcreme zum Selbermachen

Viele Körperpflegemittel sind Emulsionen. Einige kannst du nach einfachen Rezepten sogar selbst herstellen. In diesem Praktikum werden dir zwei Rezepte vorgestellt.

Die Zutaten für beide Rezepte und Hilfsmittel zum Abmessen bekommst du in Apotheken oder in Naturkostläden, die Kosmetik zum Selbermachen anbieten. Diese selbst hergestellten Körperpflegemittel kommen ohne schädliche Konservierungsstoffe aus. Ihre Haltbarkeit ist begrenzt. Du solltest sie nach 3 Monaten nicht mehr benutzen. Schreibe dir zur Sicherheit das Herstellungsdatum auf das Vorratsgefäß.

Handcreme

Öl:	6 g	Sesam- oder Sojaöl
	1,5 g	Bienenwachs
Wasser:	30 g	destilliertes Wasser
Emulgator:	2,5 g	Tegomuls 90 S
Duft- und		
Hilfsstoffe:	1 g	Cetylalkohol
	20	Tropfen Euxyl
	4	Tropfen Parfümöl

Gib Öl und Wachs zusammen mit dem Emulgator und dem Cetylalkohol in ein Becherglas und erwärme es in einem Wasserbad auf 70 Grad. Erhitze das destillierte Wasser in einem zweiten Becherglas auf die gleiche Temperatur. Gib dann unter ständigem Rühren das destillierte Wasser in das Fettgemisch, erst tropfenweise und dann in dünnem Strahl. Wenn alles gut verrührt und die Emulsion auf 30 bis 35 Grad abgekühlt ist, rühre die restlichen Duft- und Hilfsstoffe ein.
Gib die Handcreme in eine verschließbare Dose und notiere darauf das Herstellungsdatum.

Reinigungsmilch

Öl:	15 g	Sonnenblumenöl
Wasser:	80 g	destilliertes Wasser
Emulgator:	4 g	Tegomuls 90 S
Duft- und		
Hilfsstoffe:	1 g	Cetylalkohol,
	10	Tropfen Menthol

Gib das Öl, den Emulgator und den Cetylalkohol in ein Becherglas und erwärme das Gemisch in einem Wasserbad auf 65 bis 70 Grad. Erhitze das destillierte Wasser in einem zweiten Becherglas ebenfalls auf diese Temperatur.
Gib dann unter ständigem Rühren das destillierte Wasser in das Fettgemisch, erst tropfenweise und dann in dünnem Strahl. Lass das Gemisch auf etwa 30 Grad abkühlen und rühre dann das Menthol hinein. Fülle die Reinigungsmilch in ein verschließbares Gefäß und notiere darauf das Herstellungsdatum.

Stoffe im Alltag

3.5 Trinkwasser – Brauchwasser

Aus unserer Wasserleitung kommt **Trinkwasser.** Es enthält keine Krankheitserreger und keine anderen schädlichen Stoffe. Wir können es verwenden, ohne uns Sorgen um unsere Gesundheit machen zu müssen.

Die Versorgung der Haushalte mit Trinkwasser ist bei uns noch kein Problem. An vielen Orten wurden Brunnen in die Erde gebohrt. Von dort wird dann Grundwasser in die Leitungen gepumpt. Manche Orte im Gebirge werden mit Quellwasser versorgt, andere erhalten ihr Wasser aus Stauseen.
Die Bewohner von Hannover erhalten den größten Teil ihres Trinkwassers aus Brunnen, die bis zu 30 m tief sind. Ein kleinerer Teil des Wassers kommt aus den Stauseen im Harz. In der Rheinebene bei Ludwigshafen gibt es Trinkwasserbrunnen, die bis zu 200 m tief sind.

Oft muss Wasser noch aufbereitet werden, wenn es als Trinkwasser genutzt werden soll. Dabei werden unerwünschte Bestandteile, wie zum Beispiel Eisen, Mangan oder Kohlenstoffdioxid, daraus entfernt. Dies ist sehr aufwendig und teuer.

Zu unserer Versorgung ist sehr viel Trinkwasser erforderlich, denn jeder von uns verbraucht an einem Tag im Durchschnitt etwa 140 Liter. Davon werden nur 3 Liter zum Trinken und zur Nahrungszubereitung verwendet. Der Rest dient zum Wäschewaschen, zum Duschen, für die Toilettenspülung und andere Zwecke.

Es wird auch viel Wasser gebraucht, das nicht die gute Qualität von Trinkwasser haben muss. Es dient zum Kühlen und Reinigen in Fabriken sowie zum Bewässern in Gärtnereien und in der Landwirtschaft. Dieses Wasser heißt **Brauchwasser.**

1 So viel Wasser verbraucht jeder von uns im Durchschnitt an einem Tag.

Es wird aus Flüssen, Seen oder Hausbrunnen entnommen. So kann wertvolles Trinkwasser gespart werden. Außerdem erspart uns Brauchwasser auch einen Teil der Kosten, die wir für Trinkwasser bezahlen müssten.
Auch bei dir zu Hause könnt ihr Brauchwasser gewinnen, wenn ihr Regenwasser auffangt und in Behältern sammelt. Ihr könnt es zum Gießen und zum Reinigen verwenden.

1 Für welche Zwecke verwendest du Trinkwasser aus der Leitung? Erstelle eine Liste.
2 Nenne Möglichkeiten, um mit Trinkwasser sparsamer umzugehen.
3 Erkläre wie in Abbildung 2 Brauchwasser gewonnen wird.
4 Wo findest du an deiner Schule Möglichkeiten, Brauchwasser zu sammeln? Wozu könntet ihr es verwenden?
5 Wasser aus Flüssen und Seen ist sowohl eine Lösung als auch eine Suspension. Erläutere diese Aussage.

2 Hier wird Regenwasser als Brauchwasser gesammelt.

Stoffe im Alltag

3.6 Kläranlage – verschmutztes Wasser wird gereinigt

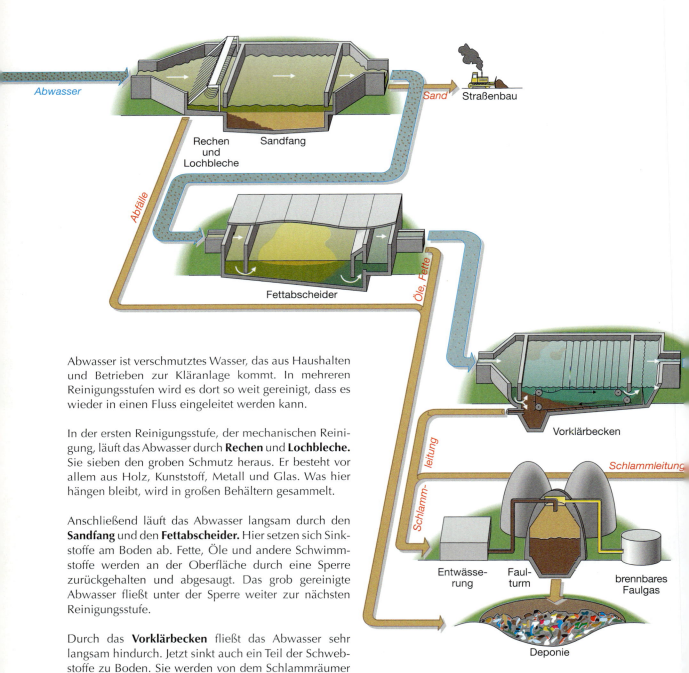

Abwasser ist verschmutztes Wasser, das aus Haushalten und Betrieben zur Kläranlage kommt. In mehreren Reinigungsstufen wird es dort so weit gereinigt, dass es wieder in einen Fluss eingeleitet werden kann.

In der ersten Reinigungsstufe, der mechanischen Reinigung, läuft das Abwasser durch **Rechen** und **Lochbleche.** Sie sieben den groben Schmutz heraus. Er besteht vor allem aus Holz, Kunststoff, Metall und Glas. Was hier hängen bleibt, wird in großen Behältern gesammelt.

Anschließend läuft das Abwasser langsam durch den **Sandfang** und den **Fettabscheider.** Hier setzen sich Sinkstoffe am Boden ab. Fette, Öle und andere Schwimmstoffe werden an der Oberfläche durch eine Sperre zurückgehalten und abgesaugt. Das grob gereinigte Abwasser fließt unter der Sperre weiter zur nächsten Reinigungsstufe.

Durch das **Vorklärbecken** fließt das Abwasser sehr langsam hindurch. Jetzt sinkt auch ein Teil der Schwebstoffe zu Boden. Sie werden von dem Schlammräumer zusammengeschoben und dann entfernt. Dieses Becken heißt auch *Absetzbecken*.

Abwässer aus Industriebetrieben müssen manchmal noch mit Chemikalien behandelt werden, wenn sie Stoffe enthalten, die sich anders nicht entfernen lassen.

Der Schlamm aus den Klärbecken verfault in **Faultürmen.** Dabei entsteht brennbares Gas. Ist der Schlamm ausgefault, wird er auf einer Deponie gelagert oder verbrannt. Falls er keine schädlichen Stoffe enthält, kann er zur Verbesserung des Ackerbodens eingepflügt werden.

Stoffe im Alltag

Das Abwasser wird im **Belebungsbecken** durch Kleinstlebewesen, zum Beispiel Bakterien, weiter gereinigt. Die im Abwasser immer noch reichlich vorhandenen Schwebstoffe und gelösten Stoffe dienen den Bakterien als Nahrung. Man spricht von der biologischen Reinigung.

Im Belebungsbecken bleibt das Abwasser viele Stunden lang stehen. Dabei wird es ständig von unten belüftet und bewegt. So erhalten die Kleinstlebewesen den lebensnotwendigen Sauerstoff. Bei diesen idealen Bedingungen vermehren sie sich ständig und bilden einen flockigen **Belebtschlamm.**

Aus dem Belebungsbecken wird ständig ein Teil des Belebtschlamms in ein **Nachklärbecken** gepumpt. Dort wird er nicht mehr belüftet und nicht mehr bewegt. Die Kleinstlebewesen sinken nach unten, viele sterben ab, denn es fehlen ihnen Sauerstoff und Nährstoffe. Am Boden des Beckens setzt sich der Schlamm ab. Er wird mit einem Schieber in die vertiefte Mitte des Beckens geschoben. Ein Teil davon wird in das Belebungsbecken zurückgepumpt, der andere Teil kommt in den Faulturm.

Das geklärte Abwasser läuft dann über den gezackten Rand des Nachklärbeckens in eine Rinne. Jetzt darf es in einen Fluss eingeleitet werden. Das aufnehmende Gewässer heißt **Vorfluter.**

Die von den Rechen und Lochblechen zurückgehaltenen Abfälle werden auf einer Deponie gelagert oder verbrannt.
Der Sand aus dem Sandfang kann im Straßenbau benutzt werden.

Öl, Fett und andere Schwimmstoffe aus dem Fettabscheider werden entweder in einen Faulturm gegeben oder auf einer Deponie gelagert.
Der Schlamm aus den Vor- und Nachklärbecken wird entwässert und in Faultürme gebracht.

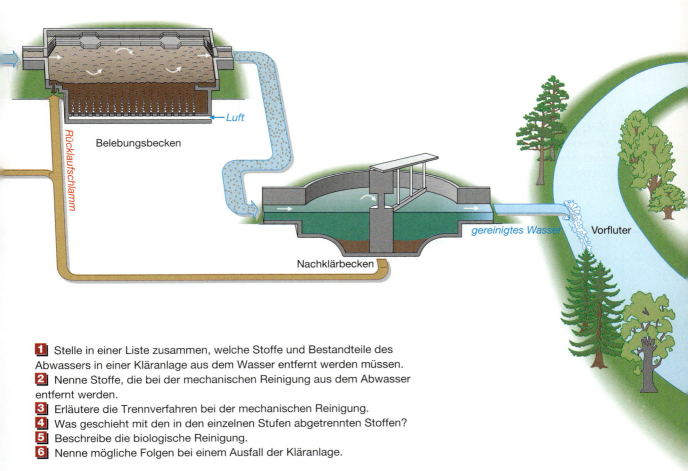

1 Stelle in einer Liste zusammen, welche Stoffe und Bestandteile des Abwassers in einer Kläranlage aus dem Wasser entfernt werden müssen.
2 Nenne Stoffe, die bei der mechanischen Reinigung aus dem Abwasser entfernt werden.
3 Erläutere die Trennverfahren bei der mechanischen Reinigung.
4 Was geschieht mit den in den einzelnen Stufen abgetrennten Stoffen?
5 Beschreibe die biologische Reinigung.
6 Nenne mögliche Folgen bei einem Ausfall der Kläranlage.

Stoffe im Alltag

Projekt

Trinkwassergewinnung

In Deutschland wird der größte Teil des Trinkwassers aus Quell- und Grundwasser gewonnen. Diese Vorräte reichen aber häufig nicht aus. Deshalb muss zusätzlich Wasser aus Flüssen entnommen werden.
Nun lässt sich aber das Wasser aus Flüssen oder Bächen nicht ohne weitere Aufbereitung trinken. Viele Gewässer sind zum Beispiel durch die Einleitung von Abwässern aus Haushalten und Fabriken verschmutzt. Das Wasser muss also gereinigt und aufbereitet werden, bevor es als Trinkwasser verwendet werden darf.
In diesem Projekt könnt ihr erfahren, wie der Zustand der Gewässer in eurer Umgebung ist und wie sich aus Flusswasser Trinkwasser gewinnen lässt.

Gruppe 1: Zustand der Gewässer

Stellt anhand von Landkarten aus eurer Umgebung fest, welche Arten von Gewässern bei euch zu finden sind. Informiert euch auch mit Hilfe von aktuellen Gewässergütekarten über den Zustand dieser Gewässer. Die Karten erhaltet ihr bei den Stadtwerken.

Ihr könnt den Zustand der Gewässer auch selbst überprüfen. Sammelt dazu *Zeigerorganismen*, bestimmt sie und bewertet mit ihrer Hilfe die Wasserqualität. Dazu benötigt ihr ein Bestimmungsbuch für Lebewesen im Wasser.

Erkundigt euch, unter welchen Voraussetzungen ein Gewässer zur Trinkwassergewinnung genutzt werden darf. Welche Anforderungen werden an ein Gebiet gestellt, in dem Trinkwasser gewonnen werden soll? Befragt dazu auch Fachleute aus Wasserversorgungsbetrieben, Mitglieder aus Umweltverbänden oder aus eurer Gemeindeverwaltung.
Welche Gebiete in eurer Umgebung werden zur Gewinnung von Trinkwasser genutzt?

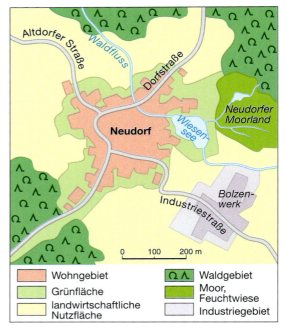

Landkarte

Stausee als Trinkwasserspeicher

Gruppe 2: Trinkwasser

Trinkwasser wird in Deutschland auf verschiedene Weise gewonnen und scheint unbegrenzt zur Verfügung zu stehen. Damit das Wasser nicht plötzlich knapp wird, werden gewaltige Mengen Wasser in Stauseen und unterirdischen Wasserbecken gespeichert. Erkundigt euch bei eurem Wasserwerk, woher ihr euer Trinkwasser bezieht, wie es gewonnen und aufbereitet wird.

Die Vorräte an Trinkwasser sind aber auch bei uns nicht unerschöpflich. Findet heraus, wie viel Wasser ihr täglich verbraucht. Nennt Möglichkeiten, wo und wie ihr sparsamer mit Trinkwasser umgehen könnt.

Gruppe 3: Uferfiltration

Um aus Flusswasser trinkbares Wasser zu gewinnen, muss das Wasser gereinigt werden. Dazu werden die verschiedenen Bodenschichten unterhalb des Flusses und an den Ufern ausgenutzt. Betrachtet die Abbildung links und erklärt daran die Uferfiltration in der Natur.

Schichtet anschließend wie in der Abbildung rechts vorgeschlagen verschiedene Materialien in einer durchsichtigen Tennisballröhre übereinander. Erklärt daran das Modell der Uferfiltration. Vorher müsst ihr mit einem Nagel viele kleine Löcher in den Boden der Röhre bohren. Schüttet dann von oben mit Lehm, Humus, Sägemehl und ein paar Tropfen Speiseöl vermischtes „Schmutzwasser" hinein.

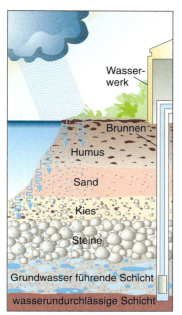
Uferfiltration in der Natur

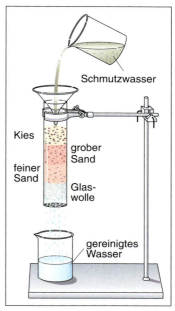
Uferfiltration im Labor

Gruppe 4: Wasserkreisläufe

Untersucht in eurer Gruppe den *natürlichen* und den vom Menschen geschaffenen *künstlichen* Wasserkreislauf. Beschreibt dazu den Weg des Wassers in beiden Kreisläufen und vergleicht die Wege miteinander. Nennt Gemeinsamkeiten und Unterschiede der Kreisläufe. Welche Vorgänge tragen zur Reinigung des Wassers bei?

Der natürliche Wasserkreislauf

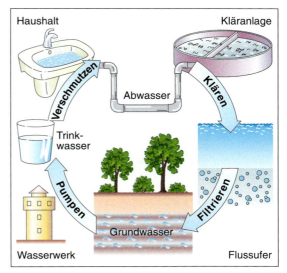
Der künstliche Wasserkreislauf

Stoffe im Alltag

4 Müll trennen und verwerten

4.1 Müll sortieren

Müll ist nicht gleich Müll. Wenn du dein Zimmer aufräumst, entscheidest du, in welchen Müllbehälter du deine leeren Tintenpatronen, das zerknüllte Papier, den farbigen Karton oder den kaputten Bleistiftanspitzer wirfst. Vieles wandert in die Wertstofftonne oder den gelben Sack. Du sortierst deinen Müll vor. Damit trennst du die Wertstoffe von anderen Abfällen.

1 Stelle eine Probepackung mit gereinigtem Müll zusammen. Sammele dazu alle Abfälle, die du auch in die Wertstofftonne oder den gelben Sack geben würdest. Deine Probepackung sollte verschiedene Papierabfälle, Kartons, unterschiedliche Kunststoffe und Metalle enthalten.

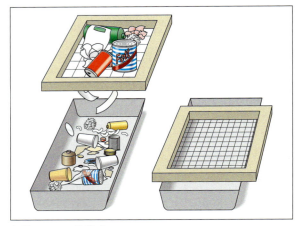

2 Trennen mit Sieben

1 Die Wertstofftonne

90 kg Wertstoff im Jahr pro Einwohner:
24,9 kg Kunststoffe und Leichtverpackungen
18,0 kg Pappe, Papier, Karton
32,8 kg Glas
9,0 kg Metalle
5,3 kg Sonstiges

2 Baue zwei Siebe aus Draht mit Maschenweiten von 10 cm und 15 cm wie in Abbildung 2. Nimm drei Auffangbehälter und siebe deinen Müll. Beginne dabei mit dem grobmaschigen Sieb.
Betrachte und beschreibe die Ergebnisse.

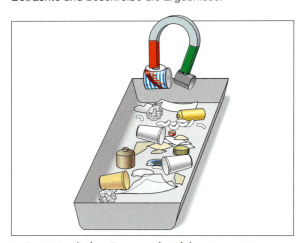

3 Trennen mit dem Dauer- oder Elektromagneten

Die Wertstoffe, die du sammelst, werden in **Müllsortieranlagen** gebracht. Dort werden die Wertstoffe in ihre Bestandteile getrennt. Aus diesen können dann wieder neue Dinge hergestellt werden. Deshalb ist es wichtig, dass du den wertvollen Müll vom Restmüll trennst. Das schont unsere Umwelt.
Wertstoffe sind unter anderem Papiere und Kartons, Folien, Plastikflaschen, Kunststoffbecher, Dosen, Deckel, Kunststofftaschen und Aluminiumschalen oder Aluminiumfolie.

3 Halte einen Dauermagneten an den Müll. Welche Stoffe werden vom Magneten angezogen?
4 Wiederhole Aufgabe 3 mit einem Elektromagneten. Berichte und erkläre den Unterschied zum Ergebnis des Versuches mit dem Dauermagneten.

Stoffe im Alltag

5 Baue einen Windsichter wie in Abbildung 4. Besorge dazu einen Föhn, dessen Luftstrom du regulieren kannst. Außerdem benötigst du eine Röhre aus Pappe oder Kunststoff. Der Föhn wird dabei so an der Röhre angebracht, dass die Luft durch die schräg nach oben gestellte Röhre gepustet wird.

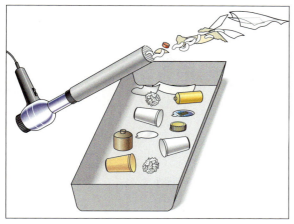

4 Trennen im Windsichter

6 Gib in die schräg gestellte Röhre deines Windsichters verschiedene Materialien deiner Probepackung Müll. Was stellst du fest?

7 Ändere in Aufgabe 6 die Einstellungen des Luftstroms. Was geschieht? Beschreibe deine Beobachtungen.

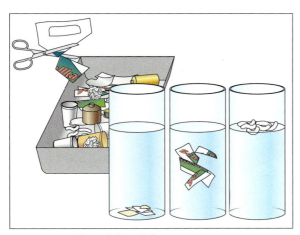

5 Trennen aufgrund der Dichte

8 Wähle verschiedene Kunststoffe aus deiner Müllsammlung aus. Zerkleinere sie mit einer Schere. Gib die etwa gleich großen Stücke nacheinander in Wasser wie in Abbildung 5. Notiere, welche Unterschiede du feststellen kannst.

Die Wertstoffe, die du in der Schule oder zu Hause sammelst, werden von Müllwagen eingesammelt. Diese fahren zu einer Müllsortieranlage. Dort kommt der Müll auf ein langes Förderband.

Zuerst werden Wertstoffe nach ihrer *Größe* getrennt. Durch ein **Sieb**, das ständig bewegt wird, fallen die kleinen Teile hindurch und werden so von den größeren Teilen getrennt. Größere Verpackungen aus Aluminium, Kunststoff und Verbundstoffen werden dann aussortiert. Dieses **Auslesen** geschieht meistens per Hand.

Danach wird mit **Windsichtern** nach der *Masse* sortiert. Windsichter sind starke Gebläse. Sie blasen die leichten Plastikverpackungen, Papier und Pappe vom Fließband weg.

Nun werden alle Teile aus den *Metallen* Eisen, Nickel und Cobalt mit **Elektromagneten** herausgeholt. Mit den abschaltbaren Elektromagneten lassen sich die Metallteile in die richtigen Behälter sortieren.

Der Wertstoffhaufen ist jetzt schon viel kleiner geworden und enthält fast nur noch Kunststoffe und Aluminium. Die Kunststoffreste werden in gleich große Teile zerkleinert und aufgrund der unterschiedlichen *Dichte* der Stoffe getrennt. Im **Wasser** oder in einer **Salzlösung** schwimmen die Stoffe oder sie sinken auf den Boden und können so zurückgewonnen werden.

Zum Schluss sind die verschiedenen Wertstoffe nach Sorten getrennt. Sie werden **Müllfraktionen** genannt. Es sind Kunststoffe, Metalle, Aluminium, Verbundstoffe, Papiere. Jede Fraktion wird zusammengepresst. Aus den Wertstoffen stellen Firmen wieder etwas Neues her. Diese Wiederverwertung wird **Recycling** genannt.
Die verschiedenen Metalle werden eingeschmolzen. Das Papier und die Pappe nutzt die Papierindustrie als Rohstoff. Die Kunststoffe werden nochmals in die einzelnen Sorten getrennt. Dann können sie von der Kunststoffindustrie weiterverarbeitet werden.

9 Stelle in einer Tabelle übersichtlich zusammen mit welchen Methoden Müll sortiert werden kann. Notiere auch, welche Stoffe und Gegenstände jeweils aussortiert werden.

10 Nenne Vorteile, die sich durch das Recycling von Wertstoffen aus dem Müll ergeben.

Stoffe im Alltag

4.2 Was bedeutet der grüne Punkt?

Auch du kennst den **grünen Punkt** aus dem Alltag. Betrachtest du verschiedene Produkte, wirst du feststellen, dass er fast überall aufgedruckt ist: auf Jogurtbechern, auf Shampooflaschen, auf Milch- und Plastiktüten sowie auf Getränke- und Konservendosen. Doch was bedeutet er genau?

Zunächst musst du wissen, dass nur die Produkte den grünen Punkt tragen dürfen, deren Verpackungsmaterial zur Wiederverwertung genutzt werden kann. Dazu zählen Papier, Glas, Metall, Kunststoff und Verbundmaterialien. Aber nicht jeder Artikel mit diesen Verpackungen darf den grünen Punkt tragen. Der grüne Punkt ist ein Zeichen, dass Firmen, zum Beispiel Verpackungshersteller, mit der Firma Duales System Deutschland AG einen Vertrag geschlossen haben. Mit diesem Vertrag versprechen diese Unternehmen Geld zu zahlen, damit die gebrauchten Verpackungen gesammelt, sortiert und wieder verwertet werden. Gleichzeitig verpflichtet sich das Duale System, den Müll mit dem grünen Punkt einzusammeln und zu verwerten.

Schon in den Kaufhäusern findest du Möglichkeiten, den Verpackungsmüll in Wertstofftonnen oder -säcken zu entsorgen. In den Haushalten wird ebenfalls eifrig gesammelt und sortiert. Die öffentliche Müllabfuhr oder private Entsorgungsunternehmen übernehmen den Abtransport der Wertstoffe.

Metalle, Verbundstoffe, Kunststoffe

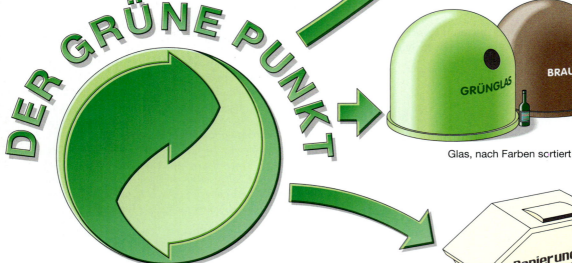

Glas, nach Farben sortiert

Papier, Pappe, Karton

1 Nenne die Funktionen von Verpackungen. Erläutere in welchen Fällen sie notwendig sind und wann man auf sie verzichten könnte.
2 Schau in den Küchenschrank und notiere verschiedene Produkte, die den grünen Punkt tragen.
3 Wie werden die Verpackungen der Produkte entsorgt?

1 Verpackungen im Kreislauf

Stoffe im Alltag

1 Müllfahrzeuge holen unseren Müll ab.

4.3 Der Restmüll – wohin damit?

Staubsaugerbeutel, Porzellan, stark verschmutztes Papier, Windeln, Asche, gebrauchte Papiertaschentücher oder Hygienepapiere und vieles mehr werfen wir täglich in die Restmülltonne. Jeder von uns produziert im Jahr ungefähr 200 kg Abfälle, die nicht wieder verwertet werden können. Viele Müllautos transportieren täglich diese großen Mengen Müll zu den **Mülldeponien.** Dort warten schwere Müllwalzen, um die neue Müllschicht zusammenzudrücken. Der Müll wird *verdichtet,* weil der *Deponieraum* in Deutschland knapp ist. Eine neue Deponie anzulegen ist teuer, denn das Grundwasser, der Boden und die Luft müssen geschützt werden. Das muss sorgfältig geplant werden und kostet sehr viel Geld.

Ein Viertel des Restmülls in Deutschland wird in **Müllverbrennungsanlagen** verbrannt. Hier muss darauf geachtet werden, dass beim Verbrennen die Luft nicht übermäßig verschmutzt wird. Daher werden mit Hilfe von aufwändigen Reinigungsanlagen die Schadstoffe weitgehend entfernt.

1 Erkundige dich, auf welche Weise der Restmüll in deinem Wohnort entsorgt wird.

2 Restmülltonne

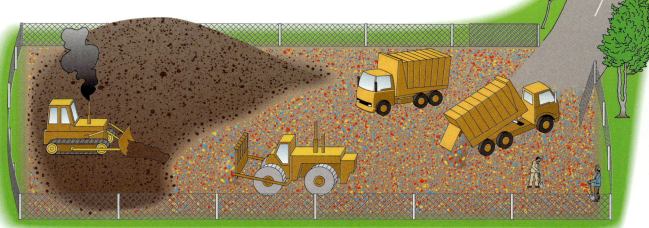

3 Müllfahrzeuge bringen unseren Müll zur Hausmülldeponie.

Stoffe im Alltag

4.4 Endlich getrennt – Müll als Rohstoff

Viele Abfälle und Reste sind wertvolle Rohstoffe und können mehrfach wieder verwendet werden. Dazu gehören Papier, Glas und der Inhalt der gelben Säcke oder Tonnen.

Durch besondere Sammlungen können gut erhaltene Bekleidung und Schuhe Bedürftigen zur Verfügung gestellt werden. Des Weiteren können Textilien auch zerkleinert werden und als wertvoller Rohstoff bei der Papierherstellung dienen.

Auch nach der Sperrmüllabfuhr werden noch verwendbare Dinge auf Recyclinghöfen aussortiert, bevor die Reste zur Mülldeponie gebracht werden.

Der Inhalt der Biotonnen wird kompostiert und später als Gartenerde verwendet. Nur der Restmüll wird deponiert.

Etwa ein Drittel des Restmülls besteht noch aus Papier, Kunststoffen und Metallen, weil nicht sorgfältig genug getrennt wurde. In besonderen Anlagen für die Restabfallbehandlung können auch diese wieder verwertbaren Stoffe zurückgewonnen werden.

Die Problemstoffe werden auf Sondermülldeponien gelagert.

Die Wiederverwertung von Abfällen und Resten aus den Haushalten spart teure Rohstoffe und verringert die Müllmenge, die auf Deponien gelagert werden muss.

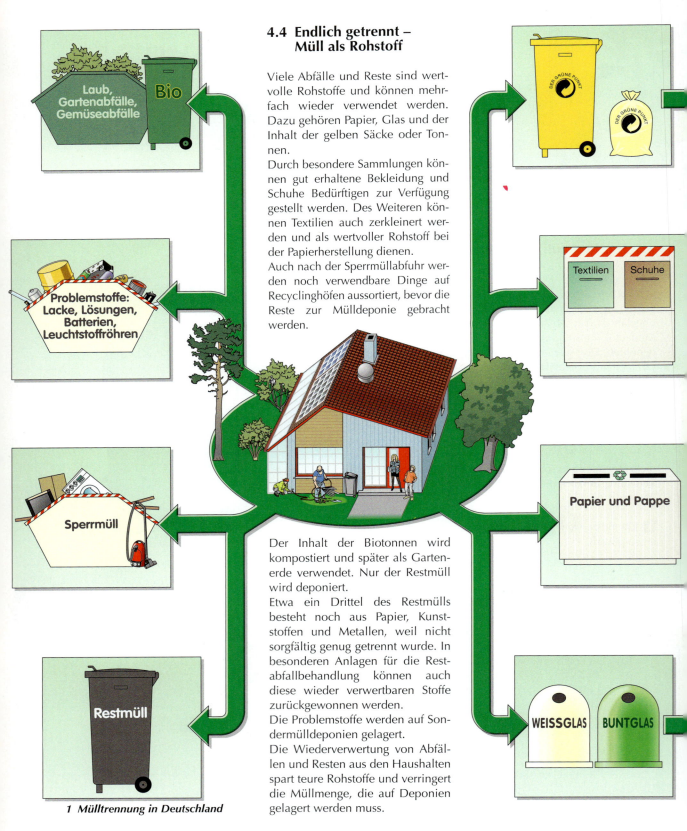

1 Mülltrennung in Deutschland

Stoffe im Alltag

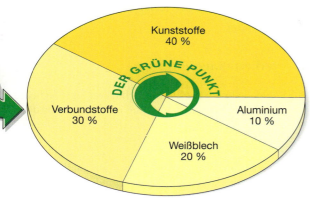

2 Inhalt der gelben Säcke oder Tonnen

Der Inhalt der gelben Säcke oder der gelben Tonnen besteht überwiegend aus **Kunststoffen** aller Art. Reine Kunststoffsorten können erneut zu Kunststoffgegenständen verarbeitet werden. Vermischte Kunststoffsorten können zum Beispiel als Erdölersatz in Hochöfen verbrannt werden.

Getränkekartons sind **Verbundverpackungen,** die aus Papier, Kunststoff und Aluminium bestehen. Das Papier wird abgetrennt und wieder verwertet. Der Rest wird bei der Zementherstellung verwendet.

Fast alle Konservendosen bestehen aus **Stahlblech.** Es kann zu neuem Stahl eingeschmolzen werden.

Auch das **Aluminium** der Getränkedosen und anderer Verpackungen wird wieder verwendet. Es wird geschmolzen und zu neuen Produkten verarbeitet.

3 Papierrecycling

Altpapier und Kartons werden zerkleinert. Danach werden Fremdstoffe wie Metalle abgeschieden. Der Papierbrei wird entfärbt und zu Recyclingpapier verarbeitet. Daraus werden Briefumschläge, Zeitungspapier, Toilettenpapier und Kartons hergestellt.

Das Altglas, das nach Farben getrennt gesammelt wurde, wird zerkleinert. Metalle und Papierreste werden automatisch aussortiert. Dann wird das Glas geschmolzen und dient als Zusatz zur Herstellung neuer Flaschen und Gläser.

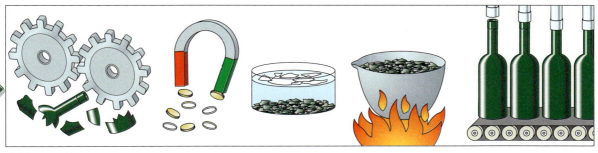

4 Glasrecycling

1 Erläutere, in welche Müllsorten unser Abfall bereits zu Hause getrennt werden kann.

2 Informiere dich darüber, wie das Sammeln von Biomüll, Altpapier, Altglas, Textilien und Sperrmüll in deiner Gemeinde organisiert ist.

3 Nenne Möglichkeiten, wie sich die großen Müllladungen verkleinern ließen.

Stoffe im Alltag

1 Petroleumleuchte und Stövchen

1 Betrachte die Petroleumleuchte und das Stövchen. Wo kann Luft einströmen und an die Flamme gelangen?

2 a) Stelle ein Teelicht auf eine feuerfeste Unterlage und entzünde es. Stülpe einen Glaszylinder über das Teelicht (Abbildung 2 A).
b) Verschließe den Glaszylinder mit einer Glasplatte (Abbildung 2 B).
c) Entzünde das Teelicht erneut, stülpe den Glaszylinder darüber und halte ein schwelendes Räucherstäbchen an den oberen Zylinderrand.
d) Stelle den Glaszylinder auf zwei Bleistifte (Abbildung 2 C). Halte das schwelende Räucherstäbchen sowohl an den oberen Rand als auch an den unteren Rand des Glaszylinders.
e) Verschließe den Glaszylinder mit der Glasplatte (Abbildung 2 D). Halte das schwelende Räucherstäbchen an den unteren Rand.
f) Beobachte jeweils die Flamme und den Rauch des Räucherstäbchens. Beschreibe und erkläre deine Beobachtungen aus den Versuchen a) bis e).

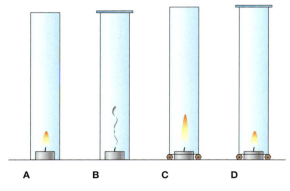

2 Luft zum Brennen

5 Stoffe können umgewandelt werden

5.1 Verbrennungsvorgänge

Die Flammen in der Petroleumleuchte und im Stövchen benötigen Luft. Die Luft kann durch Öffnungen an die Flammen gelangen. Aber nur ein ständiger Luftstrom unterstützt die Verbrennung besonders gut.

Wird bei einer Verbrennung die Luftzufuhr unterbunden, so wie bei der Kerzenflamme in Abbildung 2 B, dann erstickt die Flamme sehr schnell, obwohl im Zylinder noch Luft ist. Die Luft besteht nämlich aus verschiedenen Gasen. Der Anteil der Luft, der das Brennen unterstützt, heißt **Sauerstoff.** Der Anteil der Luft, der die Flamme erstickt, heißt **Stickstoff.**

Wenn Luft und damit Sauerstoff nur von oben an die Flamme kommen können, brennt sie nur schwach. Die warme Luft steigt im Zylinder nach oben, so kann nur wenig frische Luft nachströmen (Abbildung 2 A).

Wenn die Luftzufuhr von unten gesichert ist und die Verbrennungsgase zusammen mit dem Stickstoff leicht entweichen können, brennt das Feuer besonders gut. Dabei entsteht im Schornstein ein Luftzug von unten nach oben. Die Verbrennungsgase können nach oben entweichen und frische Luft kann von unten nachströmen (Abbildung 2 C). Dies wird als **Schornstein-Effekt** bezeichnet.
Sobald der Schornstein abgedeckt wird, können die Verbrennungsgase nur schlecht entweichen und die Flamme brennt nicht so groß und hell (Abbildung 2 D).

Luft besteht nur zum fünften Teil aus Sauerstoff. Dies reicht zum Atmen und Leben aus. In der Technik und in der Medizin wird jedoch häufig reiner Sauerstoff benötigt.
Er wird beim Schweißen benutzt, damit eine sehr heiße Flamme entsteht. Eine Rakete, die in den Weltraum startet, braucht ihn als Teil des Treibstoffes. Taucher nehmen ihn in Flaschen mit, um unter Wasser atmen zu können. Auch ein Bergsteiger, der auf sehr hohe Berge steigt, braucht zusätzlichen Sauerstoff aus einem Atemgerät. Feuerwehrleute benötigen Atemgeräte, wenn sie bei einem Brand Menschen aus verqualmten Räumen retten müssen. Krankenhäuser und Rettungswagen sind mit Sauerstoffgeräten zur künstlichen Beatmung ausgerüstet.

Sauerstoff ist überall dort notwendig, wo eine Verbrennung stattfinden soll. Tauchst du einen glimmenden Holzspan in ein Gefäß mit reinem Sauerstoff, fängt er

Stoffe im Alltag

3 Bergsteiger mit Maske

an zu brennen. Dieser Versuch wird **Glimmspanprobe** genannt. Er ist der Nachweis für Sauerstoff.

Verbrennungsvorgänge laufen umso besser ab, je mehr Sauerstoff vorhanden ist. Eine Kerze brennt in reinem Sauerstoff viel heller als in Luft. Sogar Metalle wie Eisen lassen sich in Sauerstoff verbrennen. Eisenwolle glüht in Luft nur schwach. In reinem Sauerstoff verbrennt sie dagegen heftig. Dabei sprühen sogar Funken. Es bleibt ein schwarzer, fester Stoff zurück. Aus der Eisenwolle ist durch die Verbrennung ein neuer Stoff entstanden. Er heißt **Eisenoxid**.
Eine solche Verbrennung wird in der Chemie als **Oxidation** bezeichnet. Die Stoffe, die dabei entstehen, heißen **Oxide**.

Oxidationen sind ein Beispiel für eine **chemische Reaktion.** Auch ein Stück Holzkohle verbrennt, wenn man es ausreichend erhitzt. Das Verbrennungsprodukt ist ein farbloses und geruchloses Gas, das Kohlenstoffdioxid. Dieses Gas entsteht auch bei der Oxidation von Traubenzucker in den Zellen von Lebewesen.

Bei allen Verbrennungen wird Wärme frei. Dies ist eine Form von **Energie.** Die im Brennstoff enthaltene chemische Energie wird bei der Verbrennung in eine andere Energieform **umgewandelt.**

3 Entzünde ein Teelicht und stülpe ein Becherglas darüber. Beobachte die Flamme.
4 Entzünde ein Teelicht und stelle es in ein mit Sauerstoff gefülltes Glasgefäß. Verschließe das Gefäß mit einem Deckel. Notiere deine Beobachtungen und vergleiche sie mit denen aus Aufgabe 3.
5 Halte etwas Eisenwolle mit einer Tiegelzange kurz in eine Brennerflamme und beobachte.
6 **Lehrerversuch:** Ein Stück Eisenwolle wird wie in Abbildung 4 entzündet und dann sofort in ein Gefäß mit Sauerstoff gehalten.
7 Vergleiche die Verbrennungsvorgänge in Aufgabe 5 und 6.
8 Entzünde einen Holzspan (Abbildung 4). Lass ihn kurz brennen. Puste ihn dann aus. Halte den noch glimmenden Holzspan in ein mit Sauerstoff gefülltes Gefäß. Was passiert?
9 Erkunde an verschiedenen Feuerstellen, wie jeweils eine gute Luftzufuhr erreicht wird.
10 Informiere dich, wie die Luftzufuhr beim Gasbrenner geregelt wird. Verwende dazu die Ausführungen im Kapitel „Vom ganz Kleinen und ganz Großen."

5 Raketenstart

11 In einem Gasbrenner wird Erdgas verbrannt. Erkläre, ob es sich hierbei um eine Oxidation handelt.
12 Erläutere, warum manche Bergsteiger Sauerstoffgeräte verwenden.
13 Stell dir vor, unsere Atmosphäre bestände nur aus reinem Sauerstoff. Was wären dabei die Vorteile, was die Nachteile?

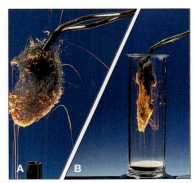
4 Eisen verbrennt

6 Glimmspanprobe

149

Stoffe im Alltag

5.2 Anwendung des Teilchenmodells auf eine brennende Kerze

Wir wissen heute, dass alle Stoffe aus kleinen Teilchen bestehen. Die können wir uns sehr vereinfacht als kleine Kügelchen vorstellen. Sie sind so winzig, dass wir sie auch durch das beste Mikroskop nicht sehen können.

Die Vorstellung vom Aufbau der Stoffe nennen wir „Teilchenmodell". Diese Modellvorstellung hilft uns, das Verhalten eines Stoffes im festen, flüssigen und gasförmigen Zustand zu erklären.

Als Beispiel zur Erklärung nehmen wir eine Stearinkerze. Sie hat längere Zeit gebrannt und wurde gerade ausgeblasen.

Im *festen* Stearin sind die Teilchen auf engem Raum regelmäßig angeordnet. Sie haben feste Plätze, von denen sie sich nicht fortbewegen können. Diese regelmäßige Ordnung im Inneren erkennst du übrigens auch äußerlich an den schönen, regelmäßigen Kristallen des festen Stearins.
Im *flüssigen* Stearin sind die Teilchen nicht mehr regelmäßig geordnet und werden nicht mehr so fest zusammengehalten. Es sind Lücken dazwischen. Die Teilchen können jetzt leicht gegeneinander verschoben werden und darum jeden beliebigen Platz in der Flüssigkeit einnehmen.

Im *gasförmigen* Stearin sind die Stearinteilchen noch sehr viel weiter voneinander entfernt. Sie haben jeden Zusammenhalt verloren.

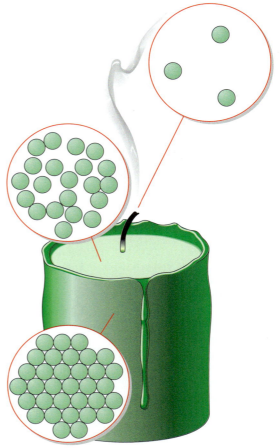

2 Die drei Zustandsformen von Stearin im Teilchenmodell

1 Erkläre mit dem Teilchenmodell, warum eine Flüssigkeit keine feste Form hat, sondern sich jedem beliebigen Gefäß anpasst.

2 Gasförmiges Stearin befindet sich nur dicht um den heißen Kerzendocht. Dieser Stearindampf ist unsichtbar. Welchen Aggregatzustand könnte das Stearin im weißen Rauch der ausgeblasenen Kerze haben? Begründe deine Entscheidung.

1 Die Aggregatzustände und die Zustandsänderungen bei Stearin

Stoffe im Alltag

Die Kerzenflamme

Übung

Sicher hast du schon oft eine Kerze angezündet und die Kerzenflamme beobachtet. Hast du dir aber schon einmal überlegt, was in der Flamme passiert?

Jede Kerze besitzt einen Docht. Wenn du die Kerze anzündest, hältst du das Streichholz natürlich an den Docht. Denn wenn du das Streichholz an den Kerzenrand hältst, schmilzt das Wachs zwar, aber es entzündet sich nicht.

Wenn du den Docht anbrennst, wird durch die Wärme das Wachs im Docht flüssig und verdampft. Dieser Wachsdampf lässt sich leicht entzünden und es entsteht eine Flamme. Die Kerzenflamme lässt weiteres Wachs auf der Oberfläche der Kerze schmelzen. Dadurch entsteht um den Docht herum ein See aus flüssigem Wachs. Der äußere Rand bleibt fest, weil dort das Wachs von der Luft gekühlt wird. Das flüssige Wachs steigt im Docht hoch, verdampft und verbrennt. So lange festes Wachs vorhanden ist, wiederholt sich dieser Vorgang ständig und die Kerze geht nicht aus.

Wenn du die Flamme vorsichtig ausbläst, siehst du, wie weißer Rauch vom Docht aufsteigt. Diesen Rauch kannst du kurz über dem Docht mit einem Streichholz entzünden und die Kerze beginnt wieder zu brennen. Der Rauch besteht aus ganz kleinen, schon wieder festen Wachsteilchen. Sie lassen sich im Unterschied zum festen Wachs des Kerzenstumpfes leicht anzünden.

Warum leuchten rote, grüne oder blaue Kerzen alle mit der gleichen gelben Flamme?

Betrachte einmal eine Kerzenflamme genau. Um den Docht herum siehst du einen dunklen Bereich. Hier befindet sich Wachsdampf, der aber noch nicht brennt, da dort kein Sauerstoff hineingelangt. Darüber befindet sich die sichtbare Flamme. Hier verbrennt der Dampf. Dabei entstehen gleichzeitig Rußteilchen, die wegen der großen Hitze gelb leuchten. Diese Rußteilchen gibt es bei allen brennenden Kerzen, gleichgültig welche Farbe sie haben. Deshalb leuchten alle Kerzen mit einer gelben Flamme. Du kannst die Rußteilchen nachweisen, wenn du eine Porzellanschale in die Kerzenflamme hältst.

Der in dem dunklen Bereich aufsteigende Wachsdampf lässt sich mit einem Glasröhrchen ableiten. Du kannst ihn an der Spitze des Röhrchens entzünden und erhältst eine „Tochterflamme".

V1 Die Kerzenflamme

Entzünde eine Kerze und beobachte Flamme, Docht und Kerzenwachs. Zeichne die Kerzenflamme. Blase die Flamme aus und notiere deine Beobachtungen.

V2 Der Docht

Fülle in eine Porzellanschale etwas Speiseöl. Halte einen dicken Baumwolldocht mit den Fingern in das Öl. Was stellst du nach einiger Zeit fest?
Halte den Docht jetzt mit der Tiegelzange fest und führe ein brennendes Streichholz an sein oberes Ende. Welche Aufgabe hat der Docht?

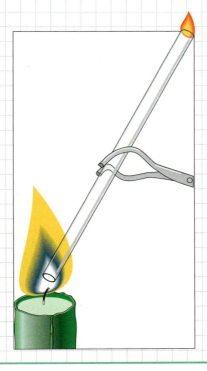

V3 Der Brennstoff

a) Entzünde die Kerze erneut. Lass sie einige Minuten brennen. Blase dann die Flamme aus und halte sofort ein brennendes Streichholz 2 cm über dem Docht in den Rauch. Was kannst du beobachten?
b) Halte mit einer Tiegelzange eine Porzellanschale schräg in die Flamme. Notiere deine Beobachtungen.
c) Halte mit einer Tiegelzange ein etwa 5 cm langes Glasrohr schräg in den dunklen Bereich der Kerzenflamme. Halte dann ein brennendes Streichholz an das andere Ende des Glasrohres. Nenne den Brennstoff der Kerze.

Kerze mit Tochterflamme

Pinnwand

112 Feuer • Unfall • Notruf

Ein Brand muss noch nicht gleich ein Unglück sein. Aber falsches Verhalten kann einen kleinen Brand zu einer großen Katastrophe werden lassen. Wenn es einmal brennt, musst du wissen, wie du ein Feuer meldest, und du musst über den richtigen Umgang mit Löschgeräten informiert sein. Es ist auch wichtig, die Bedeutung der Hinweisschilder zu kennen. Stets sind aber die Anweisungen der Feuerwehrleute zu befolgen.

LÖSCHEN – RETTEN

Fluchtweg
„Da geht's lang!" – Gibt den kürzesten und sichersten Weg aus einem Gebäude an.

Notausgang
„Hier geht's 'raus!" – Kennzeichnet den Ausgang in einen sicheren Bereich.

Feuerlöscher
Das wichtigste Gerät zur sofortigen Bekämpfung von Bränden.

Schnellste Meldung eines Feuers bei der Feuerwehr.

2 Nenne Vor- und Nachteile des Feuermelders.

Löschwasserschlauch
Der Schlauch ist schon angeschlossen und sofort einsatzbereit.

Verbot offener Flammen
Hier dürfen weder Streichhölzer entzündet noch Feuerzeuge benutzt werden.

Verbandskasten
Vom Pflaster bis zum Verband findest du hier alles Notwendige für die Erste Hilfe.

1 Erläutere die Anweisungen und Hinweise auf den sechs Schildern.

Brände, Unfälle im Haus, Betrieb oder Verkehr – jeder Notfall ist anders, aber das Ziel ändert sich nicht:
Menschenrettung – rund um die Uhr!
Die Feuerwehren zwischen Flensburg und Passau, zwischen Rhein und Oder rücken jedes Jahr zu über 2 800 000 Einsätzen aus. Alle 11 Sekunden sind die Frauen und Männer der Feuerwehr im Einsatz: bei Bränden und Explosionen, bei Naturkatastrophen und Unwettern und bei Unglücksfällen auf der Straße, der Schiene oder auf dem Wasser.
In Deutschland sind 1 400 000 Feuerwehrleute jederzeit bereit zu helfen. Die meisten davon tun dies freiwillig. Wenige Minuten nach dem Alarm sind entweder Helfer der freiwilligen Feuerwehr, einer Werksfeuerwehr oder der Berufsfeuerwehr am Einsatzort.

3 Übe die korrekte Meldung eines Brandes bei der Feuerwehr.

ALARMIERUNG DER FEUERWEHR

- 112 anrufen
- Folgende Angaben machen:
  - Wer meldet?
  - Wo brennt es?
  - Was brennt?
  - Wie sieht es jetzt aus?
- Warten, welche Anweisungen folgen

Von vorn nach hinten löschen!
Immer in Windrichtung löschen!

Mit diesen zwei Anweisungen ist sicher schon oft Hilfe möglich. Richtiges Helfen in allen Situationen kannst du bei der Feuerwehr lernen, als Mitglied der Jugendfeuerwehr. Dort kommt neben der Ausbildung und den Übungen auch der Spaß nicht zu kurz. In Zeltlagern und bei Wettkämpfen mit anderen Jugendfeuerwehren stehen spannende Spiele an erster Stelle.

Öl brennt in der Pfanne. Jetzt heißt es überlegt handeln! Schnell einen Topfdeckel auf die Pfanne und das Feuer ersticken. Dann musst du die Herdplatte ausstellen und warten, bis alles abgekühlt ist.
Auf keinen Fall darfst du hier Wasser benutzen. Es würde explosionsartig verdampfen. Schwere Verbrennungen am Körper und ein großer Brand im Haus könnten die Folgen sein.

Brennt die Kleidung an einem Menschen, müssen die Flammen schnellstens erstickt werden. Mit einer Löschdecke oder einer anderen Decke kannst du hier helfen.

4 Erläutere, wie Feuerlöscher, Löschwasserschlauch und Löschdecke zur Brandbekämpfung eingesetzt werden.

5 Nenne Aufgaben der Feuerwehr und ordne sie den Bereichen Löschen – Bergen – Retten – Schützen zu.

6 Suche einen Bericht über einen Feuerwehreinsatz, lies ihn und berichte deinen Mitschülern.

7 Welche Regeln gelten für den Feueralarm an deiner Schule?

8 Informiere dich, welche Vorsorgemaßnahmen oder Schutzeinrichtungen es in deiner Wohnung oder der näheren Umgebung gibt.

9 Begründe, warum du durch einen falschen Alarm andere Menschen in Gefahr bringen würdest.

Stoffe im Alltag

1 Erläutere den Begriff Korrosion.
2 Welche Stoffe sind nach deiner Erfahrung für die Korrosion verantwortlich?
3 Tauche je einen Bausch entfetteter Eisenwolle in klares Wasser, Salzwasser, Essig und Maschinenöl. Gib die abgetropfte Eisenwolle in je ein Reagenzglas. Drücke in ein fünftes Reagenzglas trockene Eisenwolle. Tauche die Reagenzgläser wie in Abbildung 2 etwa 1 cm tief in Wasser. Betrachte am Ende der Stunde die Veränderungen an der Eisenwolle und den Wasserstand. Vergleiche die unterschiedlichen Ergebnisse in den fünf Reagenzgläsern und erkläre sie.

1 „Rostlaube". **A** *Autowrack;* **B** *Rost unter der Lupe*

2 Korrosionsversuche mit Eisenwolle

5.3 Korrosion und Korrosionsschutz

Kaum zu glauben: Durch Korrosion und die dadurch verursachten Folgeschäden entstehen in Deutschland Kosten von über 50 Millionen Euro im Jahr.
Rosten ist eine **langsame Oxidation** von Eisen in feuchter Luft. Dieser Vorgang heißt allgemein **Korrosion.** Der Verbrauch an Sauerstoff kann mit einem Versuch deutlich gezeigt werden. Essig oder Salz verstärken das Rosten. Eisen korrodiert besonders stark, weil der Rost eine raue und lockere Oberfläche bildet, die ein Weiterrosten nicht verhindert.

Auch andere Metalle oxidieren. Denke zum Beispiel an den mattgrauen Überzug bei Aluminium. Gegenüber dem Eisen haben viele andere Metalle den Vorteil, dass ihre Oxide dauerhafte Schichten bilden. Sie schützen die Metalle vor weiterer Oxidation.

Natürlich ist Korrosion unerwünscht. Es gibt daher eine Reihe von Verfahren zum **Korrosionsschutz.** Dabei werden die Metalle mit einer Schutzschicht versehen. Sie soll verhindern, dass Sauerstoff und Wasser an die Metalle gelangen. Das wird durch Kunststoffüberzüge, Rostschutzfarben und Lacke (Abbildung 3), Einfetten, Einölen oder Einwachsen erreicht.

Ein besonderes Verfahren des Korrosionsschutzes besteht darin, zum Beispiel Eisen durch das Beschichten mit einem anderen Metall vor Rost zu bewahren. Dazu eignen sich die Metalle Kupfer, Nickel, Zink und Chrom. Manche Materialien schützt man vor Korrosion auch durch Versilbern oder Vergolden.

4 Stecke drei Eisennägel in feuchte Watte, von denen einer mit Rostschutzfarbe gestrichen ist, einer eingefettet und ein dritter unbehandelt ist.
Überprüfe nach einigen Tagen, wie stark sich die einzelnen Eisennägel verändert haben. Welche Folgerungen kannst du aus deinen Beobachtungen ziehen?

3 Korrosionsschutz durch Lackieren

5 Wie können Metallteile, Drähte und Drahtzäune aus Eisen vor Rost geschützt werden?
6 Nenne Anwendungen für die verschiedenen Korrosionsschutzverfahren.

Metallabfälle sind wertvolle Rohstoffe

Streifzug durch die Wirtschaft

Recycling von Metallen

Alle Rohstoffe der Erde sind nur in begrenzten Mengen vorhanden. Auch wenn sie voraussichtlich noch für Jahrzehnte ausreichen, werden sie irgendwann einmal zur Neige gehen. Kupfererz beispielsweise wird bei derzeitigem Verbrauch in einigen Jahrzehnten aufgebraucht sein. Daher ist die Wiederverwendung von Abfallstoffen, das **Recycling,** von großer Bedeutung.

Auch Maßnahmen zum Korrosionsschutz sind wichtig, denn die Korrosion verursacht hohe Materialverluste. Durch Korrosionsschutz und Recycling werden Rohstoffreserven und Umwelt geschont und große Geldbeträge eingespart.

1 Aluminiumverbrauch in Deutschland

Recycling von Aluminium

Bei Metallen ist die Wiederverwertung besonders sinnvoll. Es werden nicht nur wertvolle Rohstoffe gespart, sondern auch viel Energie. Diese wird nämlich reichlich gebraucht, um Metalle aus ihren Erzen zu gewinnen.

Das Recycling von Aluminium lohnt sich wegen des sehr hohen Energiebedarfs bei der Herstellung ganz besonders. Wird dieses Metall nach einer ersten Verwendung wieder eingeschmolzen, können gegenüber dem aus Bauxit neu gewonnenen Aluminium 95 % Energie eingespart werden. Auch im Haushalt kannst du einen Beitrag leisten und Aluminium über den gelben Sack oder die gelbe Tonne entsorgen.

2 Sammelstelle für Aluminium

Recycling von Eisenschrott

Ein altbewährtes Beispiel für das Recycling von Metallen liefert die Stahlherstellung, denn hier war Eisenschrott schon immer ein wertvoller Rohstoff.

Bei einem bestimmten Verfahren zur Stahlherstellung werden zum flüssigen Roheisen etwa 25 % Eisenschrott hinzugegeben. Bei den heftigen Oxidationsvorgängen durch Zufuhr von Sauerstoff wird so viel Wärme frei, dass die Temperatur der Schmelze bis auf 2000 °C ansteigt.
Durch die Zugabe von Eisenschrott wird die Schmelze etwas kühler, was erwünscht ist. Gleichzeitig wird Eisenschrott energie- und kostengünstig eingeschmolzen.

3 Eisenschrott – ein wertvoller Rohstoff

Zusammenfassung: Stoffe im Alltag

Stoffe mit unterschiedlichen Eigenschaften.
A Tragfläche eines Flugzeugs (Metall) und Wolken;
B Wasser, Eis und Gestein; **C** Baumaterialien aus Beton, Glas und Metall

Basiskonzept Stoff – Teilchen – Materie

Alle Gegenstände bestehen aus Stoffen, die durch bestimmte Eigenschaften gekennzeichnet sind. Stoffe können in den Aggregatzuständen fest, flüssig und gasförmig vorkommen. Am einfachsten lassen sich die Eigenschaften von Feststoffen untersuchen. Sie haben eine feste Form und ein bestimmtes Volumen. Zur Beschreibung von Stoffen können beispielsweise die Form, die Farbe, die Oberflächenbeschaffenheit, der Geruch und die Verformbarkeit dienen. Weitere wichtige Eigenschaften sind die Härte, die Siedetemperatur, die elektrische Leitfähigkeit, die Magnetisierbarkeit und die Löslichkeit.

Alle Stoffe bestehen aus Teilchen. Sind alle Teilchen gleich, spricht man von einem Reinstoff. Die meisten in der Natur vorkommenden Stoffe sind jedoch Stoffgemische. Zu den festen Stoffgemischen gehören beispielsweise Gesteine, während die Luft ein gasförmiges Stoffgemisch ist. Sind die Teilchen eines Feststoffes oder Gases gleichförmig in einer Flüssigkeit verteilt, spricht man von einer Lösung. Verteilen sich die Teilchen eines Feststoffes in einer Flüssigkeit nicht, sondern bleiben als gröbere Bestandteile zusammen, spricht man von einer Suspension. Steht eine solche Suspension längere Zeit in Ruhe, so setzt sich der Feststoff am Boden des Gefäßes ab – er sedimentiert. Eine Emulsion liegt vor, wenn sich verschiedene flüssige Bestandteile nicht gleichmäßig durchmischen lassen, wie etwa Öl in Wasser.

Zur Trennung von Stoffgemischen gibt es verschiedene Verfahren. Dazu gehören Aussieben, Sedimentieren, Filtrieren, Eindampfen und Destillieren. Die Trennung von Stoffgemischen kommt im Alltag häufig vor, beispielsweise in der Küche. Zu den technisch aufwändigen Trennverfahren gehört die Reinigung von verschmutztem Wasser in einer Kläranlage. Dort wird das Abwasser auf verschiedenen Wegen von Verunreinigungen getrennt und zu Trinkwasser aufbereitet.

Eine weitere Trennung von Stoffgemischen muss beim Müll erfolgen. Durch getrenntes Sammeln von verschiedenen Müllarten, zum Beispiel Glas, Papier und organischen Abfällen, kann die Mülltrennung bereits im Haushalt vorbereitet werden. Ziel der Mülltrennung ist es unter anderem, Stoffe zur Wiederverwertung zu gewinnen. Zu diesem Recycling eignen sich vor allem Glas, Metalle und Papier.

Stoffe im Alltag

Basiskonzept Struktur – Eigenschaft – Funktion

Stoffe können wegen ihrer unterschiedlichen Eigenschaften zu verschiedenen Zwecken genutzt werden. Werkstoffe verwendet man zur Fertigung von Gebrauchsgegenständen, Werkzeugen, Maschinen und Bauwerken. Zu den natürlich vorkommenden Werkstoffen gehören Holz und verschiedene Gesteinsarten. Aus Erzen gewinnt der Mensch eine Vielzahl von Metallen, darunter Eisen, Kupfer, Aluminium, Blei, Zinn und Zink. Metalle sind aus unserer modernen Technik nicht mehr wegzudenken, doch wurden manche von ihnen in den letzten Jahrzehnten teilweise durch Kunststoffe ersetzt. Grundlage für die Herstellung von Kunststoffen ist das Erdöl.
Neben Werkstoffen nutzt der Mensch in großem Umfang verschiedene Brennstoffe zur Energieversorgung.
Die chemische Industrie stellt eine große Vielzahl verschiedener Produkte mit besonderen Eigenschaften und zur gezielten Verwendung her, zum Beispiel als Kleb- oder Duftstoffe.
Aus bestimmten Eigenschaften mancher Stoffe ergeben sich Gefahren für die Gesundheit oder die Umwelt. Auf solche Risiken machen die Gefahrstoffsymbole aufmerksam. Je nach Art der Gefährdung müssen beim Umgang mit solchen Stoffen bestimmte Sicherheitsbestimmungen beachtet werden. Trotz derartiger Vorsichtsmaßnahmen gelangen heute noch viele Schadstoffe in die Umwelt.

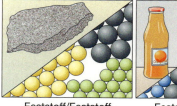
Feststoff/Feststoff
Granit: Gemenge

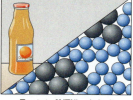
Feststoff/Flüssigkeit
Orangensaft: Suspension

Feststoff/Gas
Grillfeuer: Rauch

Feststoff/Flüssigkeit
Milch: Emulsion

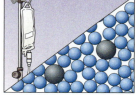
Feststoff/Flüssigkeit
Zuckerwasser: Lösung

Gas/Gas
Luft: Gasgemisch

Unterschiedliche Stoffgemische im Teilchenmodell

Basiskonzept chemische Reaktion

Bei chemischen Reaktionen werden Stoffe dauerhaft umgewandelt. An einer solchen Umwandlung sind mehrere Stoffe beteiligt, bei einer Verbrennung beispielsweise der Brennstoff und Sauerstoff aus der Luft. Man spricht dann von einer Oxidation. Manche Oxidationen laufen sehr langsam ab, wie das Verrosten von Eisen. Durch eine solche Korrosion verändern sich die Eigenschaften des Metalls – es verliert beispielsweise seine Festigkeit.

Feuerwerk – Ergebnis chemischer Reaktionen

Wissen vernetzt

Stoffe im Alltag

A1 Farben

A2 Müll sammeln und trennen in der Schule

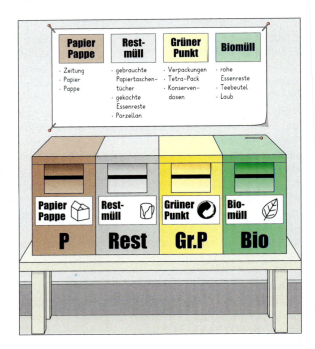

Wandfarben oder Holzschutzfarben werden als Flüssigkeiten verkauft, damit sie sofort streichfähig sind. In Malkästen, wie du sie für den Kunstunterricht verwendest, liegen die Farben in fester Form vor. Um die gebrauchsfertige Malfarbe zu erhalten, musst du sie mit Wasser anrühren.

Aufgaben: a) Auf den Vorratsgefäßen für Wand- und Holzschutzfarben steht immer der Hinweis „Vor Gebrauch gut umrühren!" Begründe diese Anweisung und entscheide, ob es sich bei diesen Farben um Lösungen oder Suspensionen handelt.
b) Stelle begründete Vermutungen darüber an, ob du beim Malen mit Deckfarben eine Lösung oder eine Suspension verwendest.
c) Schlage eine Untersuchungsmethode vor, mit deren Hilfe man die Frage „Lösung oder Suspension" entscheiden kann.
d) Mikroskopiere einen Tropfen verdünnter Tusche. Beschreibe deine Beobachtung und ziehe Schlussfolgerungen.

Müll trennen beginnt im Alltag und kann auch an deiner Schule durchgeführt werden.

Aufgaben: a) Sammelt in der Klasse den Müll mit dem grünen Punkt während einer Schulwoche. Benutzt geeignete Sammelbehälter, die ihr selbst basteln könnt.
b) Ordnet den Müll nach verschiedenen Materialien, zum Beispiel Glas, Papier, Pappe, Biomüll. Bestimmt Masse und Volumen der verschiedenen Müllsorten. Berechnet die gesamte Müllmenge der Schule im Jahr, stellt eure Ergebnisse anschaulich dar (zum Beispiel als Balkendiagramm) und präsentiert sie auf einem Plakat.
c) Führt in der Schule eine Befragung zum richtigen Sortieren von Müll durch. Befragt nicht nur Mitschüler, sondern auch das Reinigungspersonal, den Hausmeister sowie die Lehrkräfte. Die Ergebnisse der Befragung könnten die Notwendigkeit ergeben, eine Aufklärungsaktion zum Thema Müll oder eine Projektwoche in eurer Schule durchzuführen.
d) Organisiert für die ganze Schule eine Aktion zur Müllvermeidung. Erstellt dazu Plakate mit Informationen zur Müllvermeidung und zum richtigen Sammeln und Trennen von Müll.

Stoffe im Alltag

A3 Kupfer – ein begehrtes Metall

Kupfererz wird in riesigen Tagebaubetrieben abgebaut (A). Das aus dem Erz gewonnene reine Metall transportiert man in Form von Kupferplatten (B), um es dann weiterzuverarbeiten (C).

Aufgaben: a) Nenne Eigenschaften von Kupfer, die für seine Verwendung als Werkstoff von Bedeutung sind.
b) Begründe, warum auf den Eisenbahnwagen (Abbildung B) jeweils nur verhältnismäßig wenige Kupferplatten gestapelt sind.
c) Erstelle eine Liste von Gegenständen, Geräten und Maschinen, in denen Kupfer verarbeitet ist.
d) Beschreibe anhand von Abbildung A den Kupfererzabbau. Erläutere Auswirkungen des Bergbaus auf die Umwelt.
e) Kupfer gehört zu den Buntmetallen. Finde heraus, worauf sich diese Bezeichnung bezieht.

A4 Chemische Reaktionen

Aufgaben: a) Erläutere, was man unter einer chemischen Reaktion versteht.
b) Begründe, ob eine chemische Reaktion vorliegt:
– Kochsalz wird in Wasser gelöst;
– Brausepulver wird in Wasser gerührt;
– Wasser verdampft;
– eine Diamant verbrennt;
– Eisen wird mit Schwefel vermischt;
– Kupfer bildet mit Iod Kupferiodid;
– Pflanzen stellen durch die Fotosynthese Traubenzucker her;
– Eiweißstoffe werden bei der Verdauung in Aminosäuren aufgespalten.

A5 Kohlenstoffdioxid im Weinkeller

Wenn Traubensaft zu Wein vergärt, entsteht Kohlenstoffdioxid. Da früher keine Lüftungsanlagen in Weinkellern vorhanden waren, nutzten die Winzer Erfahrungen, um diese Keller gefahrlos betreten zu können:

In einem Meter Höhe sind kleine gemauerte Vorsprünge an den Wänden. Auf diese Vorsprünge stellten die Winzer langsam brennende Kerzen, wenn der Weinkeller über Nacht verschlossen wurde. Waren die Kerzen am nächsten Morgen erloschen, dann wussten sie, dass sich am Boden ein Gas angesammelt hatte, das die Atemluft verdrängt hatte.

Aufgaben: a) Erläutere die Funktion der Kerzen im Weinkeller.
b) Erkläre, warum die Kerzen durch den Einfluss von Kohlenstoffdioxid verlöschen.
c) Mache Vorschläge, was der Winzer tun sollte, wenn er feststellt, dass die Kerzen erloschen sind.

Körper und Gesundheit

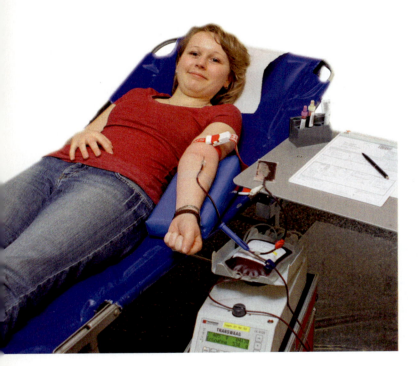

Warum Blut spenden?
In regelmäßigen Abständen wird die Bevölkerung dazu aufgerufen Blut zu spenden. Stelle Vermutungen an, welche Bedeutung das Blutspenden hat.
Erkundige dich, wann und wo man an deinem Wohnort Blut spenden kann. Informiere dich auch darüber, auf welche Weise die Blutabnahme vorgenommen wird, wie viel Blut man jeweils entnimmt, welche Personengruppen für eine Blutspende in Frage kommen und was mit den Blutkonserveren geschieht.

Kann man sich von Schokolade allein ernähren?
Vergleicht die beiden Kreisdiagramme. Versucht, die in der Überschrift gestellte Frage zu beantworten. Formuliert auf Grund der Kreisdiagramme weitere Fragen und sucht Antworten.

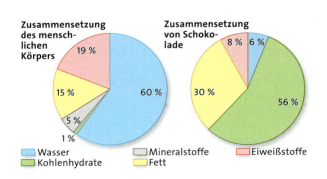

Nur ein Platz war noch frei …
Schreibt zu der Abbildung passende Geschichten. Sprecht in der Klasse über die Situation aus der Sicht verschiedener Beteiligter.

Typisch männlich – typisch weiblich?
Vergleicht die beiden Abbildungen. Besprecht in der Gruppe, ob die jeweils genannten Adjektive aus eurer Sicht zutreffend sind, oder ob es sich eher um Vorurteile handelt, die wenig mit der Wirklichkeit zu tun haben. Sammelt Werbungen und untersucht sie darauf, welche Männer- und Frauenbilder sie zeigen. Gestaltet dazu ein Plakat.

Körper und Gesundheit

2 Jennifer. A Foto; B Strichzeichnung

1 Ernährung und Verdauung

1.1 Der Körper des Menschen

Es ist Pause. Alle haben sich auf dem Schulhof zusammengefunden. Die Schülerinnen und Schüler erkennen sich auf den ersten Blick, denn jeder sieht anders aus. Sie unterscheiden sich unter anderem in der Hautfarbe. Susannes Freundin Ying zum Beispiel ist Chinesin. Ihre Eltern haben seit vielen Jahren ein Restaurant in der Stadt. John und Mike sind dunkelhäutig. Beide stammen aus Afrika und sind erst vor einigen Jahren nach Deutschland gekommen. Doch so verschieden die Schülerinnen und Schüler auch aussehen, ihr Körper ist in immer der gleichen Weise gegliedert: in den **Kopf**, den **Rumpf** und die Arme und Beine, die **Gliedmaßen.** Auch der innere Aufbau des Körpers ist bei allen gleich. Einen Überblick über die inneren Organe des Menschen und ihre Lage im Körper gibt dir die Abbildung 3.

Organe, die gemeinsam eine Aufgabe erfüllen, fasst man zu einem **Organsystem** zusammen. So steuert das Gehirn die Lebensvorgänge und über die Nerven werden die Befehle des Gehirns weitergeleitet. Gehirn und Nerven bilden das **Nervensystem.** Nerven verbinden auch die **Sinnesorgane** mit dem Gehirn. Durch sie werden Informationen aus der Umwelt an das Gehirn gemeldet. Im Brustraum liegt die Lunge, ein Organ des **Atmungssystems.** Auch das Herz, das unseren **Blutkreislauf** antreibt, liegt im Brustraum. Der Magen, die Leber und der Darm befinden sich im unteren Teil des Rumpfes, in der Bauchhöhle. Es sind Organe des **Verdauungssystems.** Schließlich kannst du noch die beiden Nieren und die Blase sehen, die zum **Ausscheidungssystem** gehören.

1 Die fünfjährige Jennifer hat ihre Schwester wie in Abbildung 2B gezeichnet. Was hat sie dargestellt?

2 Schau dir die Abbildung 3 an. Zeige, an welcher Stelle sich bei dir die abgebildeten Organe befinden.

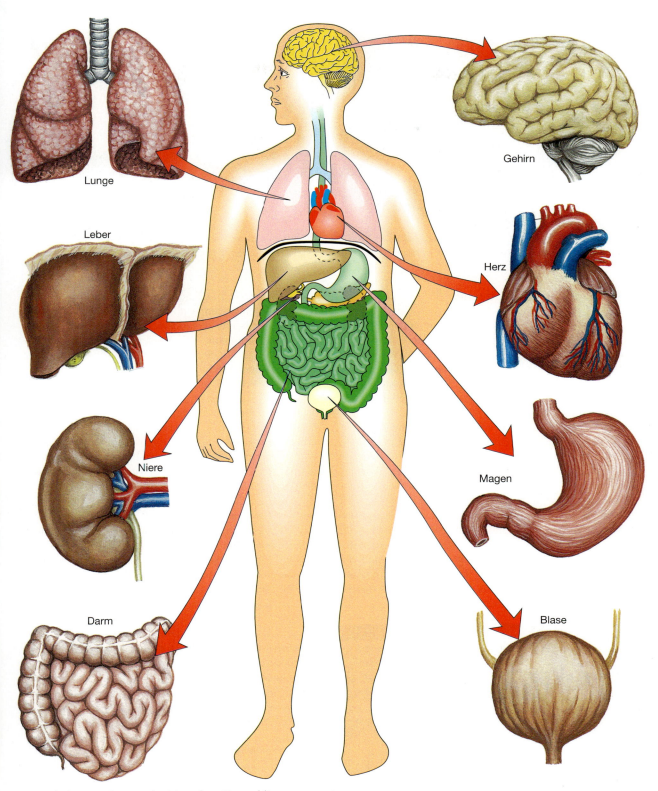

3 Die inneren Organe des Menschen (Auswahl)

Körper und Gesundheit

1 Kohlenhydratreiche Lebensmittel. A Zusammenstellung; **B** Modelle von Kohlenhydraten

1.2 Kohlenhydrate machen fit

Morgen ist Marcels großer Tag: Er wird an dem Schüler-Triathlon teilnehmen. Während der letzten Wochen hat er fast täglich trainiert und er fühlt sich fit. Was kann er nun noch tun, um beim Wettkampf bis zum Schluss genügend Energiereserven zu haben? Seine Mutter will ihm Schokoriegel als Energiespender mitgeben. Ist das das Richtige für ihn?
Der Schokoriegel enthält vor allem **Kohlenhydrate,** hier in Form von Traubenzucker. *Traubenzucker* ist tatsächlich eine wichtige Energiequelle. Er besteht, wie alle Kohlenhydrate, aus *Kohlenstoff, Sauerstoff* und *Wasserstoff*. Dabei ist der Traubenzucker die einfachste Kohlenhydratverbindung. Da Traubenzucker schnell ins Blut übergeht, gibt er uns durch den erhöhten Blutzuckerspiegel einen richtigen „Leistungskick". Doch nach wenigen Minuten ist es damit vorbei. Danach sinkt der Blutzuckerspiegel oft unter das Normalmaß, und die Kräfte lassen schnell nach. Für Marcel würde das ein Leistungstief bedeuten, das er sich bei solch einem Wettkampf nicht leisten kann.

Wer körperliche Ausdauer beweisen will, sollte am besten auf stärkehaltige Kohlenhydrate zurückgreifen, wie sie in Vollkornbrot, Nudeln, Haferflocken, Reis und Gemüse vorkommen. *Stärke* besteht aus langen Ketten von Traubenzuckerteilchen. Im Darm werden die Ketten in die einzelnen Stücke aufgespalten und nach und nach in kleinen Portionen an das Blut abgegeben.

Marcel entscheidet: Heute abend gibt es eine große Portion Nudeln mit frischer Tomatensoße, um die Energiereserven des Körpers aufzufüllen. Und morgens wird er sich vor dem Wettkampf mit Müsli und Obst fit machen. Den Schokoriegel wird er essen, wenn alles vorbei ist.

Nicht nur bei körperlicher Tätigkeit, sondern auch beim Nachdenken und Lernen verbraucht man Kohlenhydrate. Allerdings reichen dazu weitaus geringere Mengen als bei starker körperlicher Betätigung. Nimmt man mehr auf, als man verbraucht, wird der Überschuss als *Glykogen* in Leber und Muskeln gespeichert.

Kohlenhydrat	Andere Namen	Vorkommen
Traubenzucker	Glucose, Dextrose	Weintrauben, Honig, Süßigkeiten, Rosinen
Haushaltszucker	Rübenzucker, Rohrzucker, Saccharose	Süßigkeiten, Kuchen, Schokolade, Limonaden
Fruchtzucker	Fructose, Lävulose	Obst, Marmelade
Milchzucker	Lactose	Milch, Butter, Käse
Malzzucker	Maltose	Kartoffeln, Malzbier
Vielfachzucker	Stärke	Getreide, Kartoffeln, Nudeln, Brot, Bananen

2 Kohlenhydrate in Lebensmitteln

1 Du schreibst eine Klassenarbeit. Welche Nahrungsmittel solltest du in der Pause davor möglichst essen? Begründe deine Antwort.
2 Schaue zu Hause in den Vorratsschrank. Auf den Verpackungen von Fertignahrungsmitteln findest du eine Liste mit den Inhaltsstoffen. Finde mit Hilfe der Tabelle 2 heraus, welche Lebensmittel Zucker enthalten.
3 Begründe, warum viele Ausdauersportler vor dem Wettkampf große Portionen von Nudeln essen.
4 Erläutere mit Hilfe von Abbildung 1 B, aus welchen Bausteinen Kohlenhydrate bestehen.

Körper und Gesundheit

1 Fetthaltige Nahrungsmittel. A Zusammenstellung; **B** Fettmodell

1.3 Fette bringen (zu) viel Energie

„Ein Croissant mit Butter und Nussnugatcreme – das schmeckt einfach himmlisch", schwärmt Annika. Und was so gut schmeckt, muss auch gesund sein – oder? Informiert man sich über die Zusammensetzung der Nahrung, stellt man fest, dass neben Kohlenhydraten allein im Croissant ca. 12 g **Fett** stecken. Butter und der süße Aufstrich enthalten mindestens weitere 12 g Fett. Mit dieser Fettmenge hat Annika bereits einen großen Anteil der empfohlenen Tagesration von 60 bis 80 g zu sich genommen.

Viele Menschen essen viel zu fett, denn die versteckten Fette in Wurst, Käse und Süßigkeiten beachtet man nicht. Außerdem hat Fett den höchsten Energiegehalt aller Nährstoffe. Wenn man täglich zu viel Fett zu sich nimmt, baut der Körper schließlich daraus eigene Fette auf und speichert sie als *Depotfette* an Bauch, Hüften und Gesäß.

Neben Übergewicht können Herz-Kreislauf-Erkrankungen und Zuckerkrankheit weitere Folgen von erhöhtem Fettkonsum sein.

Doch Fette sind auch wichtig für unseren Körper. Er braucht sie, damit die Zufuhr der fettlöslichen Vitamine A, D und E gesichert ist. Im Gewebe unter der Haut sorgen Fettschichten für eine Isolation gegen Kälte. Fette dienen auch als Energiereserve bei langer Krankheit. Fette bestehen aus *Glycerin* und drei *Fettsäuren,* von denen es viele verschiedene Typen gibt. Einige dieser Fettsäuren sind **essenziell,** das heißt der Mensch muss sie mit der Nahrung aufnehmen, weil er sie selbst nicht bilden kann. Sie kommen vorwiegend in pflanzlichen Fetten wie zum Beispiel in Olivenöl vor. Solche Fettarten sollte man tierischen Produkten wie beispielsweise Schmalz vorziehen.

1 Stelle die Mengen an versteckten Fetten in Abbildung 2 grafisch dar. Ergänze die Aufstellung durch weitere fetthaltige Lebensmittel von Seite 380.
2 Erläutere, warum Fette einerseits lebenswichtig sind, andererseits auch belastend sein können.
3 Mache Vorschläge, wie man bei der Nahrungszubereitung Fett sparen kann.
4 100 g gekochte Kartoffeln enthalten überhaupt kein Fett, 100 g Pommes frites dagegen 14–16 g Fett. Wie erklärst du diesen Unterschied?
5 In Nachkriegszeiten gab es deutlich weniger Herzinfarkte. Welche Gründe kannst du dafür nennen?
6 Erläutere anhand der Abbildung 1 B den Aufbau von Fetten.

2 Versteckte Fette *(Anteil pro 100 g Lebensmittel)*

- Emmentaler 31 g
- Schweinekotelett 31 g
- Schokolade 30 g
- Leberwurst 41 g
- Salami 50 g
- Walnüsse 50 g
- Bratwurst 32 g

Körper und Gesundheit

1 *Proteinhaltige Nahrungsmittel.* **A** *Zusammenstellung;* **B** *Modelle*

1.4 Eiweiß – nicht nur im Hühnerei

Daniel kommt von einem langen Schultag hungrig nach Hause. Als er sieht, dass es Gemüseauflauf mit Käse überbacken gibt, mault er: „Gibt es denn kein Fleisch dazu? Wie soll ich da zu Kräften kommen?" Ist seine Kritik am Essen berechtigt?

Fleisch enthält tatsächlich einen wichtigen Nährstoff, nämlich *Eiweiß,* auch **Protein** genannt. Proteine brauchen besonders Kinder und Jugendliche für ihr Wachstum, denn Proteine sind die Grundbausteine von Muskeln, Organen, Haut, Haaren, Blut und Hormonen. Auch für die Verdauung sind spezielle Proteine nötig. Das Abwehrsystem braucht Proteine, um Antikörper bilden zu können. Insgesamt machen die Proteine ein Fünftel des menschlichen Körpers aus.
Es gibt zahlreiche unterschiedliche Proteine. Ihre Grundbausteine, die *Aminosäuren,* sind wie Perlen einer Kette aneinander gereiht. *Essenzielle* Aminosäuren müssen unbedingt mit der Nahrung aufgenommen werden. Meist reichen 50 bis 60 g Protein pro Tag bzw. 0,8 g pro kg Körpergewicht aus, um den Bedarf zu decken. Fleisch, Fisch, Milchprodukte und Eier enthalten tierisches Eiweiß. Aber auch pflanzliche Produkte wie Bohnen, Erbsen, Linsen, Nüsse und Kartoffeln liefern Protein. Eine Kombination von pflanzlichen und tierischen Proteinquellen liefert hochwertige Proteine mit allen essenziellen Aminosäuren.

Pellkartoffeln und Quark, Kartoffeln und Ei, Bohnen und Reis sind solche idealen Gerichte. Dabei reicht es auch für Kinder vollkommen aus, wenn sie zwei- bis dreimal pro Woche eine kleine Fleischportion essen.

1 Kann ein Käse-Gemüse-Auflauf dem Körper hochwertige Proteine liefern? Begründe deine Antwort.
2 Finde eine abwechslungsreiche Zusammenstellung von Lebensmitteln, die ca. 60 g Protein enthält. Suche dazu aus der Tabelle in Abbildung 2 vier bis fünf unterschiedliche Lebensmittel heraus. Beachte dabei, dass eine Fisch- oder Fleischportion mit 200 g berechnet wird.

Lebensmittel	Protein (g)	Kohlenhydrate (g)	Fett (g)
Vollmilch	3,5	3,5	5
Schnittkäse	25	3	28
Magerquark	37	3	2
Hühnerei (1 Stück)	7	–	6
Fischstäbchen	16	7	20
Rotbarsch	18	–	4
Brathähnchen	15	–	9

Lebensmittel	Protein (g)	Kohlenhydrate (g)	Fett (g)
Schweineschnitzel	21	–	8
Rindfleisch, mager	20	–	4
Bohnen	26	47	2
Linsen	24	56	2
Erbsen	23	52	2
Erdnüsse	28	16	45

2 *Nährstoffgehalt von proteinreichen Lebensmitteln*

Körper und Gesundheit

Nachweis von Nährstoffen

Übung

V1 Nachweis von Glucose und Stärke

Material: Iod-Kaliumiodidlösung; Stärke; Glucose; Spatel; Wasser; Pipette; zwei kleine Bechergläser; Glasstab; Glucose-Teststreifen

Durchführung: Fülle zwei Bechergläser gleich hoch mit Wasser und gib ins erste eine Spatelspitze Glucose und ins zweite eine Spatelspitze Stärke. Rühre gut um. Untersuche beide Lösungen zuerst mit dem Teststreifen und tropfe danach in beide Lösungen 1 bis 2 Tropfen Iod-Kaliumiodidlösung.

V3 Nachweis von Fetten

Material: Löschblatt oder Butterbrotpapier; Wasser; Öl

Durchführung: Gib etwas Öl auf das Löschblatt und setze einen Wassertropfen daneben. Wenn das Papier getrocknet ist, halte es gegen das Licht.

Aufgabe: Beschreibe das Ergebnis der Fettfleckprobe.

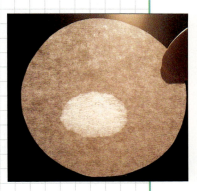

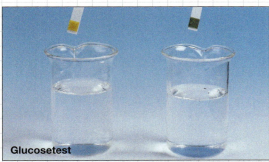

Glucosetest

Stärketest

Aufgabe: Beschreibe deine Beobachtungen und ziehe Schlussfolgerungen.

V2 Nachweis von Eiweißstoffen

Material: zwei kleine Bechergläser; Wasser; Eiweiß-Teststreifen aus der Apotheke; Hühnerei

Durchführung: Nimm vom Hühnerei etwas Eiklar. Fülle ein Becherglas mit wenig Wasser und das andere mit etwas Eiklar. Tauche je einen Teststreifen in das Wasser und in das Eiklar. Vergleiche die Testzonen auf den Streifen mit der Farbskala auf der Packung.

V4 Untersuchung von Nahrungsmitteln

Material: alle Materialien der Versuche 1 bis 3; kleine Bechergläser und Petrischalen; Messer; Reibe; Löffel; Proben von Nahrungsmitteln, z. B.: Brot, Fruchtsaft, Milch, Getreideflocken, Wurst, Nüsse, Käse, Kartoffeln, Gemüse, Früchte

Durchführung: Führe Nachweise für Stärke, Glucose, Eiweißstoffe und Fette durch. Beachte, dass du den Nachweis von Eiweißstoffen nur mit flüssigen, aufgelösten oder sehr fein zerteilten (zerriebenen) Proben durchführen kannst. Eventuell musst du die Probe noch mit Wasser mischen. Für die Durchführung der Fettfleckprobe musst du feste Nahrungsmittel ebenfalls zerkleinern.

Aufgaben: a) Stelle eine Tabelle mit deinen Versuchsergebnissen zusammen.
b) Ordne den untersuchten Nahrungsmitteln die nachgewiesenen Nährstoffe zu.

Körper und Gesundheit

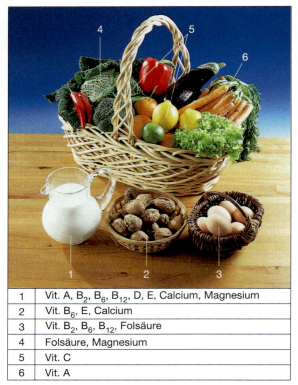

1	Vit. A, B_2, B_6, B_{12}, D, E, Calcium, Magnesium
2	Vit. B_6, E, Calcium
3	Vit. B_2, B_6, B_{12}, Folsäure
4	Folsäure, Magnesium
5	Vit. C
6	Vit. A

1 Wirkstoffe in Lebensmitteln

1.5 Kleine Mengen – große Wirkung!

Zusätzlich zu den Nährstoffen müssen Menschen auch **Wirkstoffe** zu sich nehmen. Dazu gehören Vitamine, Mineralstoffe und Spurenelemente. Wir sind auf ihre Zufuhr durch die Nahrung angewiesen, weil unser Körper sie – mit wenigen Ausnahmen – nicht herstellen kann. Schon wenige Milligramm dieser Stoffe reichen jedoch aus, um den Tagesbedarf zu decken.

Vitamine sorgen für den Aufbau und die Erneuerung der Zellen, helfen bei dem komplizierten Verdauungsprozess und stärken unser Abwehrsystem. Sie können für gute Laune sorgen, unterstützen den Sehvorgang und lassen Haut und Haare gesund wachsen. Einige Vitamine, z. B. *Vitamin D*, werden nur als Vorstufen mit der Nahrung aufgenommen. Erst im Körper bildet sich daraus das wirksame Vitamin. Die unterschiedlichen Vitamine sind entweder wasser- oder fettlöslich. Frisches Obst und Gemüse ist besonders reich an Vitaminen; deshalb ist es wichtig, täglich mehrmals davon zu essen. Wenn man dann zusätzlich darauf achtet, möglichst unterschiedliche Obst- und Gemüsesorten zu sich zu nehmen und sie mit tierischer Kost zu ergänzen, deckt man seinen täglichen Vitaminbedarf am besten.

Neben den Vitaminen sind die **Mineralstoffe** wie z. B. *Calcium* für Jugendliche besonders wichtig. Knochen und Zähne enthalten insgesamt bis zu 1,5 kg davon. Da Knochenzellen und Zahnschmelz ständig erneuert werden, brauchen sie für ihre Stabilität täglichen Nachschub von Mineralstoffen. Dabei ist zu beachten, dass es Substanzen gibt, die eine Aufnahme von Mineralstoffen stören können. So hemmen beispielsweise Cola, Spinat und Rhabarber die Aufnahme von Calcium. Dann sollte besonders darauf geachtet werden, dass man genügend Milchprodukte und Käse zu sich nimmt.

Spurenelemente wie *Eisen* und *Zink* sind teilweise in noch geringerer Menge wirksam als die Mineralstoffe. So weiß man heute, dass 6–12 mg Zink im gesamten Blut ausreichen, um die Abwehrzellen zu stärken, die Wundheilung zu fördern und Schadstoffe besser abzubauen. Raucher sollten deshalb genügend fettarme Fleisch- und Fischsorten zu sich nehmen, da diese besonders viel Zink enthalten.

Jedes Vitamin, jeder Mineralstoff und jedes Spurenelement erfüllt für den Organismus ganz bestimmte Aufgaben. Ein optimales Zusammenspiel aller Wirkstoffe fördert unsere Gesundheit nur dann, wenn alle Stoffe in ausreichender Menge täglich zur Verfügung stehen. Zwar können einige Stoffe auch im Körper gespeichert werden, jedoch sind bei Erkrankungen, erhöhtem Stress oder starker seelischer und körperlicher Belastung die „Speicher" schnell leer. Deshalb kann es durchaus sinnvoll sein, bei solchen Belastungen für eine bestimmte Zeit mit Vitamin- und Mineralstoffpräparaten Mangelerscheinungen vorzubeugen.

Angst vor einer Überdosierung von Vitaminen braucht man im Allgemeinen nicht zu haben. Sind die Speicher in Leber und Fettgewebe des menschlichen Körpers aufgefüllt, werden die unverbrauchten Wirkstoffe ausgeschieden. Vitamin A jedoch, das zum Beispiel in Lebertran vorkommt, sollte nur über einen begrenzten Zeitraum eingenommen werden.

1 Begründe, warum einseitige Ernährung auf Dauer zu einer Unterversorgung mit bestimmten Wirkstoffen führt.
2 Seefahrer litten früher unter der Mangelkrankheit Skorbut. Das Zahnfleisch blutete, die Zähne fielen ihnen aus und die Menschen starben an Infektionen.
Nenne das Vitamin, das auf den Schiffsreisen fehlte.
Die Tabelle auf der gegenüberliegenden Pinnwand hilft dir bei der Beantwortung.

VITAMINE, MINERALSTOFFE UND SPURENELEMENTE

Wirkstoff	Wirkung auf	Vorkommen	Wissenswertes
Vitamin C	Abwehrkräfte, Zähne und Zahnfleisch, Knochen, Allergien, Enzymaktivität	Zitrusfrüchte, Kiwi, Paprika, Holunderbeeren, Brokkoli, Zwiebeln	Raucher haben erhöhten Bedarf, weil 1 Zigarette 30 mg Vitamin „verbraucht"
Vitamin B_1	Nerven, Konzentrationsfähigkeit, Verdauung von Kohlenhydraten und Fetten	Weizenkeime, Sonnenblumenkerne, Naturreis, Schweinefleisch, Blumenkohl	Beim Schwitzen über die Haut ausgeschieden, oft unzureichende Versorgung
Vitamin B_2	Sehvorgang, Stoffwechsel von Kohlenhydraten	Leber, Hefe, Milch, Eigelb, Fisch, Pilze	Bei Mangel: Erschöpfung und eingerissene Mundwinkel
Vitamin B_6	Verdauung der Proteine, gute Laune, Hautleiden	Bananen, Leber, Walnüsse, Milch, Käse, Fisch, Eier	Beim Kochen 40% Vitaminverlust
Vitamin B_{12}	Verdauung der Nährstoffe, Bildung der roten Blutkörperchen, Wachstum	Fisch, Krabben, Fleisch, Milchprodukte, Ei	Calcium erhöht und Zucker senkt die Aufnahme
Folsäure	Blutbildung, Funktion der Nerven	Grünes Gemüse (Kohl, Spinat, Salat, etc.), Eigelb, Tomaten	Bei Einnahme der Antibabypille erhöhter Bedarf
Vitamin A	Augen, Haut, Schleimhaut, Infektionsvorbeugung	Leber, Butter, Vollmilch, als Vorstufe (Carotin) in Möhren und Aprikosen	Sportler, Bildschirmarbeiter, Kleinkinder haben hohen Bedarf
Vitamin D	Knochen, Zähne (regelt den Calcium- und Phosphathaushalt)	Als Vorstufe in Lachs, Aal, Hering, Champignon, Butter	Mangelkrankheit: Rachitis (Knochenverkrümmung); Vorstufe wird durch Sonnenlicht in Vitamin D verwandelt
Vitamin E	Sauerstoffversorgung der Zellen; fördert die Durchblutung	Pflanzenöle, Mandeln, Walnüsse, Erdnüsse, Butter, Hering	Hilft bei Rheuma und beugt Alterserscheinungen vor; wichtig für Diabetiker
Calcium	Knochen, Zähne, Muskelbewegung, Hormone	Milchprodukte, Nüsse, Vollkornbrot, Basilikum	Mindert allergische Erscheinungen, Vitamin C unterstützt die Aufnahme
Magnesium	Knochen, Zähne, Nerven, Muskel- und Enzymtätigkeit	Grünes Gemüse, Milch, Käse, Fisch	Bei Stress und Sport besonders wichtig, regelmäßiger Nachschub notwendig
Eisen	Blut, Sauerstoffversorgung, Enzymaufbau	Fast in allen Nahrungsmitteln außer Milchprodukten	Bei Blutverlust erhöhter Bedarf, tierische Quellen sind leichter verwertbar
Jod	Schilddrüsenhormon	Meeresfische, jodiertes Speisesalz	Jugendliche meist unterversorgt, beugt Kropfbildung vor

☐ wasserlösliche Vitamine ☐ fettlösliche Vitamine ☐ Mineralstoffe ☐ Spurenelemente

1 Begründe, warum es sinnvoll ist, manche Lebensmittel roh oder nur kurz gedünstet zu sich zu nehmen.
2 Nenne Wirkstoffe, die Sportler in besonderem Maße brauchen.
3 Erläutere, welche Wirkstoffe für die gesunde Bildung von Knochen und Zähnen wichtig sind.

Körper und Gesundheit

1.6 Gesunde Ernährung

Ein Pausenfrühstück kann ganz unterschiedlich gestaltet sein. Mancher zieht ein Brötchen mit Wurstbelag vor, andere wiederum mögen lieber Vollkornschnitten mit Butter, Käse und einem Salatblatt sowie zusätzlich einen Apfel. Während einer Diskussion über gesunde Ernährung kann man ganz unterschiedliche Meinungen hören.

Mit der Frage nach einer für den Menschen richtigen und gesunden Ernährung beschäftigen sich Ernährungswissenschaftler. Sie erarbeiten auf der Grundlage ihrer Forschungen Empfehlungen, die unter anderem Aussagen über die Beschaffenheit, die Menge sowie den Energiegehalt der zugeführten Nahrung enthalten. Daraus ergeben sich Konsequenzen für das tägliche Leben.

1 Frühstück auf dem Pausenhof

Den Hauptanteil der zugeführten Stoffe stellen die Getränke. Der Körper benötigt am Tag etwa 1,5 Liter Flüssigkeit. Wasser, ungesüßter Tee oder verdünnte Fruchtsäfte mit geringem Energiegehalt sind für die Flüssigkeitszufuhr optimal. Milch- und Milchprodukte gehören ebenso auf den täglichen Speiseplan wie mindestens vier Handvoll frisches Obst und Gemüse sowie reichlich Getreideprodukte. Fleisch, Wurst und besonders fettreiche Lebensmittel sollten in kleineren Mengen gegessen werden.

Auf zu viel Süßigkeiten sollte verzichtet werden. Sie fördern aber das Wohlbefinden und müssen deshalb nicht gänzlich vom Speiseplan verbannt werden. Die Aufzählung zeigt, dass es weder „gute" noch „schlechte" Lebensmittel gibt. Eine gesunde Ernährung sollte abwechslungsreich und ausgewogen sein. Die empfohlenen täglichen Anteile der Nahrungsmittel können in einer **Ernährungspyramide** veranschaulicht werden. Es hat sich als günstig erwiesen, fünf kleinere Mahlzeiten über den Tag zu verteilen, die man in Ruhe und mit Genuss zu sich nimmt.

2 Pausenfrühstück. A Ausgewogenes Frühstück; B einseitiges und zu energiereiches Frühstück

Da jedes Nahrungsmittel einen bestimmten Energiegehalt hat, muss neben der Zusammensetzung der Nahrung auch auf die Menge geachtet werden. Im täglichen Leben ist es selten möglich, die genaue Masse jedes Lebensmittels auszurechnen, damit mit der Nahrung die notwendige Energiemenge aufgenommen wird. Deshalb kann man die verschiedenen Lebensmittel nach einfachen Faustregeln portionieren. Die eigene Hand, ein Glas oder ein Löffel dienen als Maßstab für eine Portion. So sollte ein etwa zehnjähriges Kind am Tag etwa vier seiner Hände voll Obst und Gemüse essen, fünf Glas Wasser und ein Glas Fruchtsaft trinken, aber höchstens eine kleine Handvoll Süßigkeiten zu sich nehmen.

Werden dauerhaft mehr energiereiche Stoffe zugeführt, als der Körper benötigt, wird Fettgewebe gebildet. Dies ist meist die Ursache für die Entstehung von **Übergewicht.** Damit können Erkrankungen des Herz-Kreislauf-Systems verbunden sein. Umstellungen der Ernährungsgewohnheiten und sportliche Aktivitäten wirken dem Übergewicht entgegen. Manchmal ist es erforderlich, dass Betroffene auf ärztlichen Rat hin eine *Diät* machen müssen. Intensive Diäten, die in kurzer Zeit viel Körpergewicht abbauen, können den Körper schädigen. Das gilt besonders für das Hungern, um einem modernen „Schönheitsideal" zu entsprechen, wie es manche Models verkörpern. Aus der Absicht, ein paar Pfunde abzunehmen, kann schnell eine Erkrankung werden: die **Magersucht** oder *Anorexie*. Wie der deutsche Name verrät, handelt es sich um eine suchtartige Krankheit, welche die Betroffenen meist nur mit Hilfe von Ärzten und Psychologen überwinden können. Da über längere Zeit lebenswichtige Stoffe wie zum Beispiel Eiweißstoffe in zu geringer Menge zugeführt werden, greift der Körper magersüchtiger Menschen auf körpereigene Eiweißstoffe zurück. Auf diese Weise werden die Muskeln immer weiter abgebaut und der Körper verfällt in einen lebensbedrohlichen Zustand.

Eine Maßzahl zur Ermittlung des Verhältnisses von Körpergröße, Gewicht und Alter erwachsener Menschen ist der *BMI* (engl. Body-Mass-Index). Der BMI zeigt, inwiefern das eigene Körpergewicht von einem festgelegten Durchschnittswert abweicht.

1 Ernährungswissenschaftler haben Regeln für eine gesunde Ernährung zusammengestellt, die im Lehrbuchtext „versteckt" sind. Stelle die Regeln zusammen und diskutiere sie in der Gruppe.

2 Vergleiche die in Abbildung 2 dargestellten Frühstücksportionen und bewerte sie hinsichtlich einer gesunden Ernährung.

3 Erläutere, welche Bedeutung die Ernährung für die Gesundheit hat.

3 Ernährungspyramide

Pinnwand

PROJEKTWOCHE
GESUNDES FRÜHSTÜCK UND PAUSENSNACKS

Knackig, fruchtig, gesund & lecker

Unter diesem Motto führten die 6. Klassen ein Projekt zur gesunden Ernährung durch. Höhepunkt war die Zusammenstellung und Zubereitung eines gesunden Frühstücks und von Pausensnacks. Wir von der Redaktion der Schülerzeitung durften an dem Frühstück teilnehmen und kosten. Danach können wir uns nur dem Urteil aller „gesunden Frühstücker" anschließen, es war einfach lecker! Unser Tipp: Probiert die Rezepte aus, denn fruchtiges Obst und knackiges Gemüse machen fit. Nüsse, Milch-und Vollkornprodukte geben Power und halten gesund.

Dazu brauchst du:
- 200 g Speisequark (20 % oder 40 % Fettgehalt)
- 1 kleinen Apfel
- 2 Esslöffel Mineralwasser
- 1 Esslöffel Zitronensaft
- 1 Teelöffel Zimt
- 1 Teelöffel Honig

Stelle bereit:
1 Schüssel, 1 Küchenreibe, 1 verschließbares Gefäß, Küchenpapier

Apfel-Quark-Creme
(für 2 Personen)

Zubereitung:
Verrühre Quark und Mineralwasser mit dem Mixer schaumig. Wasche den Apfel und entferne das Kerngehäuse. Raspele den Apfel auf der Küchenreibe und träufle Zitronensaft über den zerriebenen Apfel. Gib Apfel, Zimt und Honig zur Quarkcreme und verrühre die Zutaten. Fülle die Apfel-Quark-Creme in ein gut verschließbares Gefäß.

Dazu brauchst du:
- 2 Vollkornbrötchen
- 2 Salatblätter, z. B. Eisbergsalat oder Lollo Rosso
- 1 kleines Stück Schlangengurke
- 1/2 rote Paprika
- 2 Scheiben Gouda

Stelle bereit:
1 Küchenbrett, Küchenmesser

Mac Snack
(für 2 Personen)

Zubereitung:
Wasche das Gemüse gründlich. Schäle die Gurke und schneide sie in dünne Scheiben. Schneide die Paprika auf, entkerne eine Paprikahälfte und schneide 8 Streifen ab. Schneide das Brötchen auf. Belege die untere Brötchenhälfte mit 1 Salatblatt, 1 Scheibe Käse, 2 Gurkenscheiben und 4 Paprikastreifen. Klappe die obere Brötchenhälfte darüber und verstaue den "Mac Snack" in deiner Brötchendose.

Dazu brauchst du:
- 1/4 Liter Milch
- 100 g Vollmilchjogurt
- 100 g frische süße Früchte (z. B. Banane, Pfirsich, Erdbeeren, Himbeeren)

Stelle bereit:
1 Mixer oder Pürierstab, 1 Schüssel, 1 Küchenmesser

Fruchtmilchmix
(für 2 Gläser)

Zubereitung:
Wasche bzw. schäle das Obst und schneide es, wenn notwendig, in kleine Stücke. Gib Obst und Jogurt mit einem Schuss Milch in die Schüssel und zerkleinere es mit dem Mixer (Pürierstab). Rühre die restliche Milch darunter.

Dazu brauchst du:
- 2 Scheiben Vollkornbrot
- 20 g Butter
- 100 g Gouda am Stück
- 1 Banane
- 2 Kiwis oder 8 Weintrauben oder 8 Erdbeeren oder anderes Obst der Saison
- 2 Teelöffel Honig
- 2 Esslöffel Sesam

Stelle bereit:
1 Küchenbrett, 1 Küchenmesser, 1 Backpinsel, 1 Teller, 4 Schaschlikspieße

Fruchtspießchen
(für 4 Portionen)

Zubereitung:
Bestreiche das Vollkornbrot mit Butter und teile jede Scheibe in 6 Stücke. Schneide den Käse in Würfel. Wasche beziehungsweise schäle die Früchte und schneide sie in große Stücke. Stecke Brotstücke, Käsewürfel und Obststücke abwechselnd auf die Schaschlikspieße.
Verteile Sesam auf dem Teller. Bestreiche die Spieße mit dem Pinsel mit Honig und wende die Spieße in dem Sesam.
Je nach Geschmack kannst du auch Stücke von Gemüse wie Möhre, Gurke oder Kohlrabi aufspießen. Aber dann empfiehlt sich der Honig-Sesam-Überzug nicht!

Dazu brauchst du:
- 6 Esslöffel Vollkornhaferflocken
- 6 Esslöffel Rosinen oder Sultaninen
- 2 Esslöffel grob gehackte Haselnusskerne oder Mandeln oder auch Kokosflocken
- 2 Esslöffel Sonnenblumenkerne
- 2 Teelöffel Zucker
- 2 Teelöffel Kakaopulver
- Obst und Milch oder Jogurt

Stelle bereit:
Für den Vorrat: 1 große verschließbare Dose
Für die Pause: 1 kleine verschließbare Dose und 1 Teelöffel

Pausenmüsli
(Vorrat für mehrere Pausen)

Zubereitung:
Vermische die Zutaten und bewahre sie in einer verschließbaren Dose an einem trockenen Platz auf.
In den Pausen kannst du das Müsli trocken essen, mit Obststückchen oder mit Milch oder Jogurt vermischen.

Körper und Gesundheit

Projekt

Nahrungsmittel selbst herstellen

Das Lebensmittelangebot wächst ständig. Heute wissen wir oft nicht mehr, wie ein Nahrungsmittel entstanden ist und aus welchen Inhaltsstoffen es besteht. Viele Menschen legen deshalb Wert darauf, die genaue Herkunft und Zusammensetzung der Nahrungsmittel zu kennen. Sie gehen dazu über, wieder mehr selbst zu machen.

Auch ihr könnt einige Lebensmittel selbst herstellen. Bakterien helfen euch bei der Herstellung und Konservierung von Nahrungsmitteln. Rohmilch, auch Vorzugsmilch genannt, wird zum Beispiel nach kurzer Zeit dickflüssig und sauer, wenn man sie in einem Gefäß offen stehen lässt. Ursache hierfür sind Milchsäurebakterien, die Milchzucker zu Milchsäure abbauen. Diese Bakterien spielen auch bei der Herstellung von Sauerkraut eine wichtige Rolle. Andere Mikroorganismen, die Hefepilze, werden genutzt, um Brotteig gehen zu lassen.

Nahrungsmittel selbst hergestellt

Gruppe 1: Quark

Um Quark herzustellen, braucht ihr eine Glasschale, ein feinmaschiges Küchensieb, ein Leinentuch, abgekochte Vorzugsmilch vom Bauern oder aus dem Bioladen und Lab-Enzym aus der Apotheke. Gießt etwas Milch in eine Glasschale. Verdünnt einige Tropfen Labenzym mit Wasser, gebt es zur lauwarmen Milch und rührt sofort gut um. Lasst dann die Schale einige Stunden im warmen Zimmer stehen. Gießt danach den Inhalt der Schale durch das Küchensieb. Die abgetrennte Flüssigkeit nennt man Molke. Die Molke ist ein gesundes Getränk. Sie schmeckt gekühlt sehr gut. Gebt anschließend den Inhalt des Siebes in ein sauberes Leinentuch. Presst durch kräftiges Zusammendrücken den Rest der Molke aus. Fertig ist flockiger Quark. Ihr könnt ihn mit etwas Salz, Kräutern und zugesetzter Frischmilch abschmecken und mit Brot essen.

Gruppe 2: Jogurt

Um Jogurt selbst herzustellen, benötigt ihr zwei Liter Milch, einen Becher Naturjogurt mit lebenden Kulturen, einen Esslöffel und ein 2 l-Gefäß. Verrührt zwei Esslöffel Jogurt mit etwas Milch. Gebt danach die restliche Milch dazu. Stellt das Gefäß bei 40 °C in den Wärmeschrank. Habt ihr keinen Wärmeschrank, verwendet eine Kühltasche und stellt zwei Flaschen mit heißem Wasser dazu. Nach wenigen Stunden oder über Nacht ist der Jogurt fertig. Je länger der Jogurtansatz warm steht, desto saurer wird er. Stellt den fertigen Jogurt in den Kühlschrank und verzehrt ihn möglichst bald.

Körper und Gesundheit

Gruppe 3: Weißbrot

Vermischt 350 g Weizenvollkornmehl mit einem Teelöffel Salz in einer großen Schüssel. Löst einen halben Hefewürfel in 250 ml lauwarmem Wasser auf und rührt die Flüssigkeit in das Mehl. Rührt den Teig kräftig, bis er sich von der Schüssel lösen lässt. Knetet den Teig dann ordentlich mit den Handballen durch und lasst ihn an einem warmen Ort gehen. Deckt ihn mit einem sauberen Tuch ab. Formt nach etwa zwei Stunden einen Brotlaib. Gebt ihn in den auf 220 °C vorgeheizten Backofen und stellt eine Tasse Wasser hinzu. Der Teiglaib wird 15 Minuten gebacken und bei 180 °C weitere 30 Minuten fertig gebacken. Bei weiteren Backversuchen könnt ihr mit verschiedenen Körnern oder Gewürzen als Zutaten experimentieren.

Gruppe 4: Sauerkraut

Zur Herstellung von Sauerkraut braucht ihr einen Steinguttopf, der zehn Liter fassen kann, ein ausreichend großes, rundes Holzbrett als Deckel, einen Holzstampfer, schwere Steine, ein sauberes Küchentuch, einen Krauthobel, 10 kg Weißkraut, 60 g Salz und zehn Wacholderbeeren.

Schneidet den Krautkopf mit dem Krauthobel in dünne Streifen. Füllt den Steinguttopf etwa fünf Zentimeter hoch mit diesen Krautschnitzeln. Stampft die erste Krautlage mit dem Holzstampfer so lange, bis sich oben Wasser angesammelt hat. Bestreut dann die Krautschicht mit einem kleinem Teil der angegebenen Salzmenge und mit einigen Wacholderbeeren. Wiederholt diese Vorgänge so oft, bis der Steinguttopf voll ist. Bedeckt den vollen Topf mit einem Tuch und legt den Deckel und die Steine so darauf, dass das Kraut zusammengepresst wird. Stellt den Topf anschließend an einen kühlen Platz. Nach etwa vier bis sechs Wochen ist euer Sauerkraut fertig.

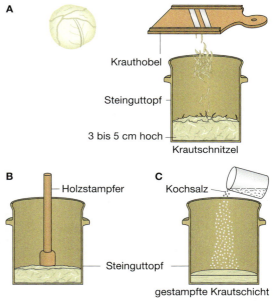

Sauerkrautherstellung

Gruppe 5: Butter

Ihr braucht einen Liter Rahm (Schlagsahne) vom Bauern oder aus dem Bioladen, eine große Glasschüssel, eine Rührschüssel, ein Küchentuch, ein Handrührgerät, ein Sieb und ein Förmchen für die Butter.

Gießt den Rahm in die Glasschüssel, deckt sie mit einem Tuch ab und lasst sie einen Tag bei Zimmertemperatur stehen. Kühlt dann den Rahm auf 15 °C ab und lasst ihn einen weiteren Tag stehen. Rührt dann den abgekühlten Rahm mit dem Handrührgerät so lange, bis sich kleine Butterklümpchen bilden. Siebt die Butterklümpchen von der Buttermilch ab. Wascht die Klümpchen gründlich unter fließendem, kaltem Wasser. Knetet die Butter zu einem Klumpen. Diesen Butterklumpen könnt ihr formen, zum Beispiel in einem Buttermodel. Diesen müsst ihr vor Gebrauch zehn Minuten in heißes Wasser legen und anschließend kalt abspülen. Drückt die Butter so in den Model, dass keine Luftlöcher entstehen. Stellt die geformte Butter in den Kühlschrank.

Buttermodel

Körper und Gesundheit

Methode: Ernährungspläne auswerten

Um zu beurteilen, ob deine Ernährung wirklich abwechslungsreich und ausgewogen ist, kannst du einen Ernährungsplan auswerten. Dazu schreibst du zum Beispiel von deinem Frühstück zu Hause und in der Schule alle Lebensmittel auf. Daneben notierst du die entsprechende Menge in Gramm. Diese kannst du mit Hilfe einer Küchenwaage bestimmen.

Um diese Werte zu verwenden, musst du die Zusammensetzung der Lebensmittel kennen. Du kannst die Tabelle auf dieser Seite nutzen oder andere Tabellen aus dem Schulbuch, aus Fachbüchern oder von der Ernährungsberatung.

Bestimme, wie viel Gramm Kohlenhydrate, Fette und Eiweißstoffe in deinem ersten und zweiten Frühstück enthalten sind.

Berechne dann die Abweichung zu folgender Empfehlung für ein ausgewogenes Frühstück für Schülerinnen und Schüler: 18 g Eiweißstoff, 27 g Fett, 96 g Kohlenhydrate. Beurteile dein Frühstück.

LINDA

1. Frühstück
1 Brötchen 40 g
Butter 20 g
Marmelade 20 g
Milch (entrahmt) 150 g
Kakaopulver 5 g

2. Frühstück
Mischbrot 50 g
Butter 10 g
Leberwurst (mager) 15 g
Apfel 100 g
Banane 100 g
Orangensaft 330 g

JAN

1. Frühstück
1 Brötchen 40 g
Butter 20 g
Schoko-Nuss-Aufstrich 40 g
Cornflakes 150 g
Kuhmilch 50 g
Zucker 20 g

2. Frühstück
1 Brötchen 40 g
Butter 20 g
gekochter Schinken 55 g
Cola 330 g
Chips 50 g
Schoko-Müsli-Riegel 25 g

Lebensmittel	Eiweiß-stoffe g	Fett g	Kohlen-hydrate g
Brötchen (40 g)	2,8	0,4	23,2
Mischbrot (50 g)	3,5	0,5	26
Butter (20 g)	0,2	16,6	–
Marmelade (20 g)	–	–	13,2
Schoko-Nuss Aufstrich (20 g)	1,6	5,8	11,86
Milch, entrahmt (150 g)	6	–	7,5
Kakaopulver (5 g)	1	1,25	1,9
Leberwurst, mager (15 g)	2,55	3,15	0,3
Schinken, gekocht (55 g)	10,5	11	–
Salami (20 g)	3,56	9,94	–
Apfel (100 g)	0,3	–	12
Banane (100 g)	1,1	0,2	18,8
Vollmilchjogurt (200 g)	10	8	10
Cornflakes (150 g)	12	1,5	124,5
Zucker (20 g)	–	–	20
Kuhmilch (50 g)	1,75	1,75	2,5
Orangensaft (330 g)	0,66	–	9,24
Orangenlimonade (330 g)	–	–	39,6
Cola (330 g)	–	–	36,3
Schoko-Müsli-Riegel (25 g)	1,5	3,4	16,3
Milchwaffel (25 g)	2	8	13
Chips (50 g)	2,75	15,75	20,3

1 Bestimme bei Linda und Jan, wie viel Gramm Kohlenhydrate, Fette und Eiweißstoffe in ihrem ersten und zweiten Frühstück zusammen enthalten sind.

2 Berechne für Linda und Jan, um wie viel Gramm die einzelnen Nährstoffe, die insgesamt im ersten und zweiten Frühstück enthalten sind, von den Empfehlungen abweichen. Bewerte beide Zusammenstellungen.

1.7 Die Zähne zerkleinern die Nahrung

Martina ist nach dem Unterricht hungrig. Sie packt ihr Pausenbrot aus, beißt ein Stück ab und zerkaut es. Wie geschieht das?

Im Spiegel könnt ihr sehen, dass eure Zähne unterschiedliche Formen und Größen haben. Die vordersten Zähne sind die *Schneidezähne*. Sie haben eine scharfe Oberkante und schneiden damit Stücke von der Nahrung ab. Die spitzen *Eckzähne* helfen mit, die Nahrung festzuhalten. Die Aufgabe des Zermahlens und Zerreibens der Nahrung erfüllen die *Backenzähne* mit ihren breiten Kauflächen.

Das vollständige Gebiss eines Erwachsenen besteht aus 32 Zähnen: zwei Schneidezähne, ein Eckzahn und fünf Backenzähne je Kieferhälfte im Ober- und Unterkiefer. Bei kleinen Kindern ist die Zahl geringer. Sie haben keine hinteren Backenzähne und die Zähne sind kleiner. Dieses *Milchgebiss* aus 20 Zähnen wird etwa ab dem 6. Lebensjahr durch das *Dauergebiss* ersetzt.

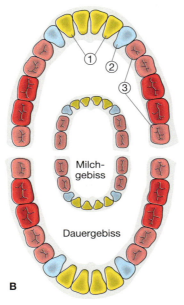

Die hintersten Zähne im Dauergebiss werden auch *Weisheitszähne* genannt. Sie kommen häufig erst nach dem 20. Lebensjahr zum Vorschein.

Die richtige Zahnstellung ist für das Zerkleinern und das Kauen der Nahrung wichtig. Am bleibenden Gebiss können durch *Zahnregulierungen* Fehlstellungen ausgeglichen werden. Auf die vorderen Zähne werden Plättchen aus Kunststoff oder Metall, *Brackets* genannt, aufgeklebt. Die Backenzähne werden meistens von Metallbändern eingefasst. An kleinen Haken dieser Apparatur können spezielle Gummiringe eingehängt werden, die die Zähne allmählich in die richtige Stellung ziehen.

Damit die Nahrung mundgerecht zerkleinert werden kann, müssen die Oberflächen der Zähne aus einem sehr harten Material bestehen. Dieser *Zahnschmelz* bedeckt als Überzug den sichtbaren Teil des Zahns, die *Zahnkrone*. Er glänzt wie Porzellan, ist härter als Stahl, gleichzeitig aber spröde wie Glas. Darunter liegt das weichere *Zahnbein*, ein knochenähnlicher Stoff. Das Zahnbein verankert den Zahn mit seinem unteren Teil, der *Zahnwurzel*, im Kieferknochen. Die Wurzeln sind mit *Zahnzement* überzogen. Zusammen mit den *Fasern* der Knochenhaut sorgt er für einen festen Sitz der Zähne im Kiefer. In der *Zahnhöhle* im Inneren des Zahns liegen die Nerven und Blutgefäße.

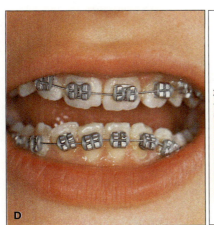
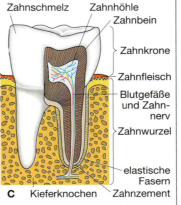

1 Aufgaben und Bau der Zähne. A Zähne zerkleinern die Nahrung; **B** Milch- und Dauergebiss (1 Schneidezähne, 2 Eckzähne, 3 Backenzähne); **C** Bau eines Backenzahnes; **D** festsitzende Zahnspange zur Zahnregulierung

1 Erläutere, worin sich Milch- und Dauergebiss unterscheiden.
2 Nenne die Teile eines Zahns und ihre Aufgaben.
3 Nenne die Aufgaben der Zähne.
4 Erkundige dich bei deinem Zahnarzt, welche Probleme bei Fehlstellungen von Zähnen auftreten können.

Körper und Gesundheit

1.8 Die Verdauungsorgane zerlegen die Nahrung

Eine Pausenmahlzeit besteht oft aus einem mit Wurst belegten Brötchen. Nach dieser kleinen Mahlzeit fühlt man sich gesättigt und sowohl körperlich als auch geistig wieder leistungsfähig.

Mit der Nahrung erhält der Körper lebensnotwendige Stoffe, darunter die als Energielieferanten besonders schnell verfügbaren Kohlenhydrate. Die Zellen des Körpers können natürlich nicht mit Brötchen, Wurst oder Butter versorgt werden. Die Nahrung muss in kleine Bausteine zerlegt sein, damit sie vom Körper aufgenommen und in den Zellen weiterverarbeitet werden kann. Der Vorgang, der dies bewerkstelligt, wird als **Verdauung** bezeichnet.

Beim Anblick leckerer Speisen läuft einem „das Wasser im Mund zusammen". So beschreibt man manchmal die Abgabe von Speichel aus den Speicheldrüsen in die *Mundhöhle*. Der Speichel enthält einen bestimmten Wirkstoff, ein **Enzym**. Dieses beginnt die Stärke des Mehls aus dem Brötchen in Bruchstücke zu spalten. Außerdem durchmischt der Speichel beim Kauen die Speisebrocken und macht sie gleitfähig. So rutscht der Speisebrei leichter durch die *Speiseröhre* in den *Magen*.

Im Magen wird der Speisebrei gespeichert und weiter vermischt. Die Innenwand des Magens ist mit einer faltigen Schleimhaut ausgekleidet.

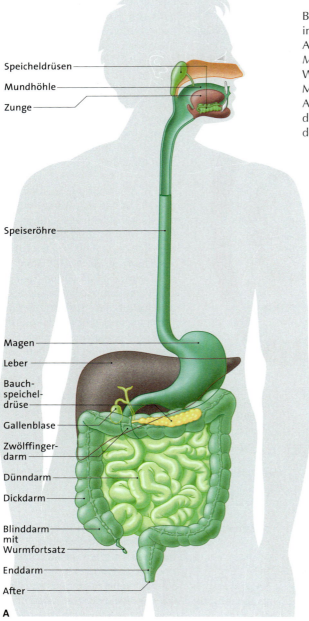

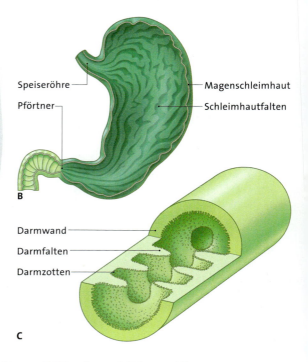

1 Verdauungsorgane des Menschen. A *Der Weg der Nahrung,* **B** *Magen;* **C** *Dünndarm mit Falten und Zotten*

In diese sind verschiedene Zellen eingebettet. Einige produzieren zähen Schleim, andere bilden den Magensaft. Der Schleim schützt den Magen vor der Selbstverdauung. Der Magensaft besteht unter anderem aus Salzsäure. Diese tötet die meisten mit der Nahrung aufgenommenen Krankheitserreger ab und schützt den Körper so vor Infektionen. Außerdem enthält der Magensaft ein Enzym, das Eiweißstoffe spaltet. Dieses Enzym spaltet die Eiweißstoffe aus der Wurst. Nach ein bis fünf Stunden Aufenthalt im Magen wird der Speisebrei durch einen Ringmuskel, den *Magenpförtner,* portionsweise in den *Zwölffingerdarm* abgegeben.

Der Zwölffingerdarm ist der erste Abschnitt des drei bis fünf Meter langen *Dünndarms,* in dem die in Mund und Magen begonnenen Verdauungsprozesse fortgeführt werden. Dazu werden dem Speisebrei verschiedene Verdauungssäfte mit unterschiedlichen Enzymen aus der *Bauchspeicheldrüse* und der Dünndarmschleimhaut zugesetzt. Die Stärke aus dem Brötchen und die Eiweißstoffe aus der Wurst werden nun restlos in ihre Bestandteile zerlegt. Die Fette aus der Butter waren bisher noch nahezu unverändert. Doch jetzt werden auch sie durch den von der *Leber* gebildeten Gallensaft in sehr kleine Tröpfchen zerlegt. Damit wird ihr endgültiger Abbau durch Enzyme gefördert. Diese Vorgänge dauern etwa drei bis neun Stunden. Die in der Nahrung enthaltenen Ballaststoffe werden nicht verdaut. Sie fördern aber die Darmtätigkeit und somit die Verdauung. Die innere Oberfläche des Dünndarms wird durch zahllose Falten beträchtlich vergrößert. Bei näherer Betrachtung dieser Darmfalten erkennt man auf ihnen fingerförmige Ausstülpungen, die *Zotten*. Falten und Zotten sorgen für eine große Kontaktfläche zwischen dem Speisebrei und den Darmzellen. So können in kurzer Zeit viele Nährstoff-Bausteine durch die Wandzellen der Zotten hindurch in die Blutgefäße gelangen. Auf dem gleichen Weg werden auch Vitamine und Mineralstoffe aufgenommen und mit dem Blutstrom im Körper verteilt.

Aus dem Dünndarm gelangen die unverdaulichen Reste in den *Dickdarm*. Unterhalb der Einmündung des Dünndarms in den Dickdarm liegt der *Blinddarm*. Der anhängende *Wurmfortsatz* hat für die Verdauung keine Bedeutung, ist aber wichtig für die Abwehr von Krankheitserregern. Im Dickdarm wird dem Nahrungsbrei über einen Zeitraum von zehn bis dreißig Stunden Wasser entzogen. So wird aus dem Brei Kot. Dieser tritt in den *Enddarm* ein, wo er nach ein bis vier Tagen Stuhldrang hervorruft. Über den *After* verlassen die Reste jener Nahrung den Körper, die ein bis fünf Tage vorher durch den Mund aufgenommen wurde.

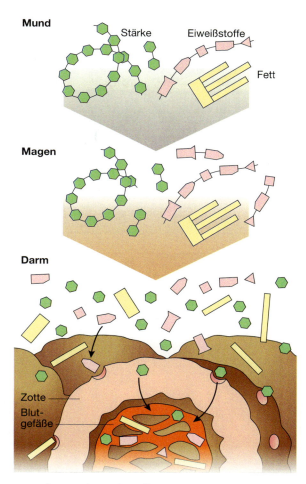

2 Verdauung der Nährstoffe

1 Beschreibe die Veränderungen der Nahrung im Mundraum.
2 Nenne die Bestandteile des Magensaftes und erläutere ihre Wirkung. Erkläre auch, wovor und wie der Magen geschützt wird.
3 Erläutere die in Abbildung 2 dargestellten Vorgänge. Berücksichtige deine Kenntnisse zum Aufbau der Nährstoffe.
4 Erstelle eine Tabelle mit den einzelnen Verdauungsorganen und ihren jeweiligen Aufgaben beim Abbau der Nährstoffe.

Körper und Gesundheit

2 Blutkreislauf und Atmung

2.1 Stofftransport durch das Blut

Lena ist von einem Auto angefahren worden. Schwer verletzt wird sie mit dem Rettungswagen in eine Klinik transportiert. Lena hat viel Blut verloren. Um ihr Leben zu retten, werden mehrere Blutübertragungen durchgeführt. Woher kommt dieses lebensrettende Blut?

Das Deutsche Rote Kreuz führt in allen Städten regelmäßige Blutspendeaktionen durch. Hier können gesunde Personen, die älter als 18 Jahre sind, freiwillig Blut spenden. Dazu wird aus einer Vene am Arm etwa ein halber Liter Blut entnommen. Das Blut wird dann untersucht und als *Blutkonserve* in eine *Blutbank* gebracht, um in einem Notfall zur Verfügung zu stehen. Wieso ist ein Blutverlust so lebensgefährlich?

Alle Organe, besonders das Gehirn und die Muskeln, brauchen Sauerstoff. Dieser Sauerstoff wird mit dem Blut von den Lungen in die Körperorgane transportiert. Wenn man einen Tropfen Blut mit einem starken Vergrößerungsgerät, einem Mikroskop, betrachtet, kann man winzige, rötlich gefärbte Scheibchen erkennen. In einem Tropfen Blut sind etwa 250 Millionen dieser Scheibchen enthalten. Dies sind bestimmte Blutzellen, die **Roten Blutkörperchen**. Sie enthalten den roten Blutfarbstoff, das Hämoglobin, und *transportieren Sauerstoff*.

Neben den Roten Blutkörperchen kann man im Mikroskop auch die selteneren **Weißen Blutkörperchen** finden. Man kann sie erst durch Anfärben deutlicher sichtbar machen. In der Abbildung erkennst du sie als runde Gebilde mit einem angefärbten Kern. Sie *fressen Krankheitserreger* und schützen dadurch den Körper.

Die Blutkörperchen schwimmen in einer gelblichen, durchsichtigen Flüssigkeit, die man **Blutplasma** nennt. Wenn man einen Bluttropfen auf eine Glasplatte gibt, kann man nach wenigen Minuten feststellen, dass er sich in eine ziemlich feste Masse umwandelt. Man nennt dieses Erstarren des Blutes *Blutgerinnung*. Diese geht von den **Blutplättchen** aus. So werden verletzte Blutgefäße verschlossen und Blutungen gestoppt. Im Blutplasma werden Nährstoffbausteine, Vitamine und Mineralstoffe transportiert, die in allen Körperorganen gebraucht werden. Auch Abfallstoffe des Stoffwechsels, die manchmal sogar giftig sein können, werden im Blutplasma transportiert. Sie werden in die Leber gebracht und dort abgebaut oder durch die Nieren ausgeschieden. Schließlich verteilt das Blut die Körperwärme gleichmäßig und verhindert ein Auskühlen des Körpers.

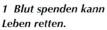

1 Nenne die Bestandteile des Blutes und erläutere ihre Aufgaben.
2 Beschreibe Abbildung 2. Eräutere, welche Blutbestandteile zu erkennen sind.

1 Blut spenden kann Leben retten.
A *Unfall;* B *Operation mit Blutübertragung;* C *beim Blut spenden*

2 Blut unter dem Mikroskop

Körper und Gesundheit

Ina kommt beim 400-Meter-Lauf als Erste durch das Ziel. Nun hockt sie keuchend im Gras. Sie kann das heftige Schlagen ihres Herzens spüren. Allmählich wird ihr Atem ruhiger und ihr Herz schlägt langsamer. Atmung und Herztätigkeit müssen jetzt nicht mehr so viel leisten wie während des Laufs. Die Muskeln brauchen bei Anstrengungen viel mehr Sauerstoff als beim Ruhen und die Lungen müssen mehr Luft aufnehmen. Da der Sauerstoff mit dem Blut von den Lungen in die Muskeln transportiert wird, muss auch das Herz kräftiger und schneller pumpen.

Das Herz ist ein Hohlmuskel. Es schlägt ununterbrochen und das ganze Leben lang. Deshalb braucht es viel Sauerstoff und Nährstoffe, die es über die *Herzkranzgefäße* erhält. Der Innenraum des Herzens wird durch die *Herzscheidewand* in zwei **Herzkammern** geteilt. Jede Herzkammer hat einen **Vorhof,** über den das Blut ins Herz gelangt. Die großen Adern, die das Blut zum Herzen transportieren und in die Vorhöfe münden, nennt man **Venen.** Zwischen den Vorhöfen und den Herzkammern liegen die *Herzklappen.* Sie lassen das Blut nur in eine Richtung strömen, wirken also wie Ventile. Solche Klappen befinden sich auch dort, wo das Blut durch je eine große Ader wieder aus den Herzkammern herausströmt. Adern, die das Blut vom Herzen wegführen, nennt man **Arterien** oder *Schlagadern.*

Das Herz pumpt in Ruhe etwa 70-mal in der Minute. Jede Pumpbewegung kann in zwei Abschnitte gegliedert werden: Im ersten Abschnitt strömt Blut in die beiden Vorhöfe. Gleichzeitig entspannen sich die Herzkammern, dehnen sich aus und saugen das Blut aus den Vorhöfen an. Im zweiten Abschnitt ziehen sich die Herzkammern zusammen und pumpen das Blut in die beiden großen Adern, die aus den Herzkammern herausführen. Diesen Pumpstoß des Herzens kann man als *Puls* an den Schlagadern am Handgelenk oder an der Schläfe spüren.

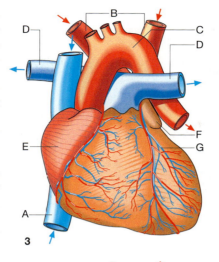

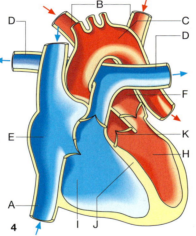

3 Das Herz des Menschen. *A Körpervene; B Lungenvene; C Körperarterie (Aorta); D Lungenarterie; E rechter Vorhof; F linker Vorhof; G Herzkranzgefäße*
4 Innerer Bau des Herzens und Weg des Blutes. *A – G siehe Abbildung 1; H linke Herzkammer; I rechte Herzkammer; J Herzscheidewand; K Herzklappen*
5 Wirkung der Herzklappen

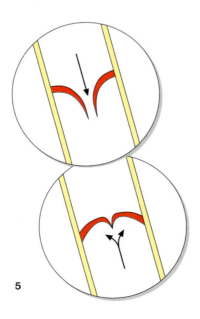

3 Beschreibe den Aufbau des Herzens und die Funktion der verschiedenen Strukturen.
4 Beschreibe mit Hilfe der Abbildung 4 den Weg des Blutes von der Körpervene zur Lungenarterie.
5 Erläutere die Aufgabe der Herzkranzgefäße.
6 Erkläre, warum sich bei einer sportlichen Anstrengung der Pulsschlag beschleunigt.
7 Durch Überanstrengung oder als Folge von manchen Infektionskrankheiten kann ein Herzklappenfehler entstehen, bei dem eine Herzklappe nicht mehr richtig schließt. Erläutere die Folgen.
8 Vielleicht ist dir aufgefallen, dass in der Abbildung 4 die rechts gezeichnete Herzkammer als linke Herzkammer bezeichnet wird bzw. umgekehrt. Erläutere diesen scheinbaren Widerspruch. Stelle dir dabei vor, aus welcher Position ein Arzt seinen Patienten betrachtet.

Körper und Gesundheit

Tim klagt über Schwindelgefühl am Morgen beim Aufstehen. Manchmal wird ihm „schwarz vor Augen", sodass er sich schnell wieder hinsetzen muss. „Das könnten Kreislaufschwächen sein", meint seine Mutter und schickt ihn zum Arzt. Dieser untersucht Tim genau. Mit dem *Stethoskop* hört er die Herztöne ab und schließlich wird auch der Blutdruck gemessen. „Dein Blutdruck ist zu niedrig, weil du in letzter Zeit ziemlich schnell gewachsen bist", sagt der Arzt. „Keine Sorge", meint er, „dein Blutkreislauf wird bald wieder in Ordnung sein."

Bei jedem Herzschlag wird Blut aus den beiden Herzkammern in die Schlagadern gepresst. An der Schlagader des Arms kann gemessen werden, ob das Herz mit genügender Kraft pumpt. Dies bezeichnet man als *Blutdruck*.

Wir wollen nun den Weg des Blutes durch den Körper verfolgen. Aus der linken Herzkammer gelangt das Blut in die größte **Arterie** unseres Körpers, die *Aorta*. Diese verzweigt sich in kleinere Schlagadern, die in alle Teile des Körpers führen. Die feinsten Verästelungen haben nur etwa einen hundertstel Millimeter Durchmesser. Dies sind die **Kapillaren.** Ihre Wände sind so dünn, dass Sauerstoff leicht aus dem Blut in die Körpergewebe und Kohlenstoffdioxid in umgekehrter Richtung gelangen kann. Die Kapillaren vereinigen sich wieder zu größeren Gefäßen, den **Venen,** die das Blut zum Herzen zurücktransportieren. Der Blutdruck ist in den Venen sehr niedrig. Deshalb wird das Blut durch die Bewegung von Muskeln oder von anliegenden Arterien vorwärts getrieben. Die *Venenklappen* wirken wie Ventile und verhindern das Rückströmen des Blutes. Durch die Körpervene gelangt schließlich das sauerstoffarme, kohlenstoffdioxidreiche Blut in den rechten Vorhof und in die rechte Herzkammer. Das Blut wird in einem Kreislauf zum Herzen zurückgebracht. Jedoch ist der Ausgangspunkt, die linke Herzkammer, noch nicht erreicht.

Jetzt wird das Blut in die Lungenarterien gepresst. Auch hier verzweigt sich die Schlagader bis in feinste Kapillarnetze, die in die Wände der Lungenbläschen eingelagert sind. Nun gibt das Blut das Kohlenstoffdioxid an die Luft in den Lungenbläschen ab und nimmt neuen Sauerstoff auf. Das sauerstoffreiche Blut strömt über die Lungenvenen in den linken Vorhof und in die linke Herzkammer. Den Weg von der linken Herzkammer durch die Kapillarnetze des Körpers zurück in die rechte Herzkammer nennt man den *Körperkreislauf*. Den etwas kürzeren Weg von der rechten Herzkammer durch die Lungen in die linke Herzkammer bezeichnet man als *Lungenkreislauf*. Mit jedem Herzschlag wird also Blut sowohl in den Körperkreislauf als auch in den Lungenkreislauf getrieben. Das Blut strömt auf dem gesamten Weg innerhalb von Adern. Dies nennt man einen **geschlossenen Blutkreislauf.**

6 Der Blutkreislauf. A Schema; **B** im „gläsernen Menschen" sind die größeren Gefäße gut zu erkennen; **C** Bewegung des Blutes in den Venen; **D** Schema der Blutkapillaren

9 Stelle den Blutkreislauf als Pfeildiagramm dar. Arbeite dazu mit Abbildung 6A. Beginne beim kohlenstoffdioxidreichem Blut im Körperkreislauf. Verbinde die einzelnen Stationen und Vorgänge mit Pfeilen (→).

10 Manchmal wird ein Kind geboren, bei dem die Herzscheidewand ein Loch aufweist. Erläutere, weshalb diese Kinder unter ständigem Sauerstoffmangel leiden.

Körper und Gesundheit

Blut und Blutkreislauf

Übung

V1 Mikroskopie von frischem Schweineblut

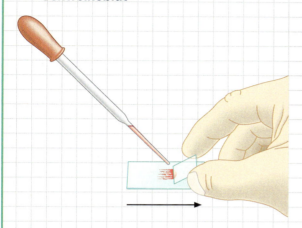

Material: frisches Schweineblut; Mikroskop; Objektträger und ein Deckglas; Pipette
Durchführung: Mit der Pipette wird ein winziger Tropfen des Blutes auf den Objektträger gegeben. Anschließend wird der Tropfen mit dem schräg gehaltenen Deckglas verteilt. Nach dem Auflegen des Deckglases wird der so vorbereitete Blutausstrich bei maximaler Vergrößerung mikroskopiert.
Hinweis: Über die Bedienung des Mikroskopes informiert die Methode auf Seite 213.
Aufgaben: a) Zeichne und benenne die sichtbaren Bestandteile des Blutausstriches.
b) Erläutere, warum im mikroskopischen Bild nicht alle Zelltypen des Blutes sichtbar sind.

V2 Blut kann seine Farbe ändern

Je nachdem, wie viel Sauerstoff das Blut aufgenommen hat, verändert es seine Farbe. Sauerstoffreiches Blut ist leuchtend rot, sauerstoffarmes Blut dagegen dunkelrot.
Aufgaben: a) Zeichne ein stark vereinfachtes Schema des menschlichen Blutkreislaufes und kennzeichne mit Buntstiften die Farbe des in den einzelnen Abschnitten vorliegenden Blutes.
b) Plane ein Experiment, welches die Farbveränderung von frischem Blut sichtbar machen kann.

V3 Pulsmessung

Material: Uhr mit Stoppfunktion oder Sekundenzeiger; Papier und Stift
Durchführung: Mit Zeige- und Mittelfinger der linken Hand wird die Pulsader der rechten Hand gesucht. Die Uhr kann in der rechten Hand gehalten werden. Erst wenn man den Puls deutlich spürt und mitzählen kann, werden die Pulsschläge innerhalb einer Zeit von 30 Sekunden gezählt.
Aufgaben: a) Führe dreimal hintereinander eine Pulsmessung durch und notiere die Ergebnisse.
b) Berechne aus den Ergebnissen die durchschnittliche Zahl der Herzschläge pro Minute.
c) Erkläre, warum man den Herzschlag an der Arterie der rechten Hand fühlen kann, die weit vom Herzen entfernt ist.
d) Der Puls ist an der linken Halsschlagader den Bruchteil einer Sekunde eher zu spüren als an der rechten Hand. Erkläre das Phänomen.

A4 Abwehr von Krankheitserregern

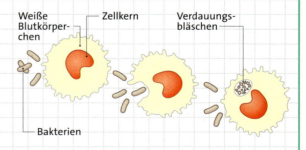

Aufgabe: Beschreibe, wie Weiße Blutkörperchen in den Körper eingedrungene Bakterien unschädlich machen.

Körper und Gesundheit

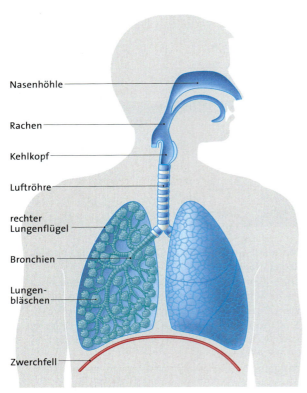

1 **Bau der Atmungsorgane**

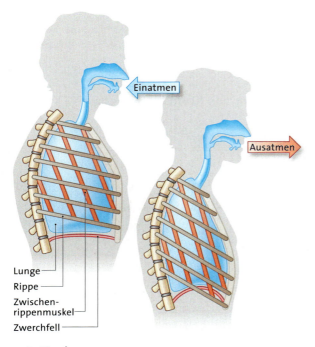

2 **Atembewegungen**

2.2 Atmung beim Menschen

Bei einem Atemzug nimmt ein erwachsener Mensch einen halben Liter Luft auf. Dieser scheinbar einfache Vorgang wird durch das **Atmungssystem** ermöglicht, in dem viele verschiedene Organe zusammenwirken.

Die frische, sauerstoffhaltige Luft wird beim Einatmen durch die Nase oder den Mund eingesogen. In der Nase streicht sie an mit Schleimhaut bedeckten Hautfalten, den Nasenmuscheln, vorbei. An deren Oberfläche wird die Luft befeuchtet, angewärmt und von Staub befreit. Über den Rachenraum gelangt der Luftstrom in den aus Knorpelteilen aufgebauten *Kehlkopf*. Ein beweglicher Deckel gewährleistet, dass weder Nahrung noch Speichel beim Schlucken in die tiefer liegenden Teile des Atmungssystems gelangt. Nur selten kann der Kehldeckel die *Luftröhre* nicht schnell genug verschließen. Dann „verschluckt" man sich und muss automatisch husten. Im Kehlkopf befinden sich auch die *Stimmbänder*, die durch vorbeiströmende Luft in Schwingungen versetzt werden können und dadurch die Töne der Stimme bilden. Der Kehlkopf leitet den Luftstrom weiter in die Luftröhre. Feste Knorpelringe halten die Röhre offen, damit die Luft ungehindert passieren kann. Am unteren Ende teilt sich die Luftröhre in zwei Äste, die *Bronchien*, auf. In den beiden Lungenflügeln verzweigen sich die Bronchien in immer feiner werdende Bronchienäste. Durch sie wird die eingeatmete Luft in alle Bereiche der Lungen verteilt. An den Enden der feinsten Verzweigungen der Bronchienäste gelangt die Luft schließlich in Millionen kleine Hohlräume, die **Lungenbläschen**.

Da die Bestandteile des Atmungssystems selbst keine kräftige Muskulatur enthalten, werden für die Atembewegungen Muskeln anderer Organe aktiv. Beim tiefen Ein- und Ausatmen hebt und senkt sich der Brustkorb. Diese Form der Atmung nennt man **Brustatmung**. Dabei kontrahieren die *Zwischenrippenmuskeln*, wodurch die Rippen angehoben werden und sich der Innenraum des Brustkorbes weitet. Da die Lungen über eine dehnbare Haut mit der Innenseite des Brustkorbes verbunden sind, werden bei dieser Bewegung die Lungen so gedehnt, dass in ihnen ein Unterdruck entsteht. Dadurch strömt Luft in die Lungen. Erschlaffen die Zwischenrippenmuskeln, so sinkt der Brustkorb ab, die Lungen werden zusammengedrückt und die Luft wird durch den Überdruck herausgepresst. Beim Atmen hebt und senkt sich außerdem die Bauchdecke. Die **Bauchatmung** wird durch das *Zwerchfell* ermöglicht. Es trennt als muskulöse Haut den Brust- vom Bauchraum ab. Ist das Zwerchfell entspannt, wölbt es sich wie eine Kuppel nach oben und verkleinert dadurch den Brustraum. Wie bei der Brustatmung entsteht ein Überdruck in der Lunge: Luft wird ausgeatmet. Kontrahiert das Zwerchfell, dann wird es flach und vergrößert den Brustraum. Es entsteht ein Unterdruck und Luft wird eingeatmet. Brust- und Bauchatmung wirken meist zusammen.

Obwohl der Mensch die aufgenommene Luft bereits nach etwa einer Sekunde wieder ausatmet, unterscheiden sich Einatem- und Ausatemluft. Während eingeatmete Luft sehr viel Sauerstoff enthält, sinkt dessen Anteil in der Ausatemluft. Mit dem Kohlenstoffdioxid verhält es sich genau umgekehrt: Eingeatmete Luft enthält sehr wenig, ausgeatmete Luft dagegen relativ viel Kohlenstoffdioxid. Ursache für diese Veränderungen sind Vorgänge in den Lungenbläschen.

Unter dem Mikroskop zeigt sich der genaue Aufbau der Lungenbläschen: Jedes Bläschen ist von einem Netz feiner Blutgefäße umgeben. Sowohl die Blutgefäße als auch das *Lungenbläschen* selbst haben so dünne Wände, dass Gasteilchen diese ohne Probleme durchdringen können. Das Blut, welches aus dem Körper an den Lungenbläschen vorbeiströmt, enthält wenig Sauerstoff und viel Kohlenstoffdioxid. Aus der eingeatmeten, sauerstoffreichen Luft gelangen deshalb viele Sauerstoffteilchen über die Wände in das Blut. Gleichzeitig wird ein großer Teil des Kohlenstoffdioxids aus dem Blut in den Innenraum der Lungenbläschen abgegeben. Die Ausatemluft enthält nun relativ viel Kohlenstoffdioxid und wenig Sauerstoff. Auf diese Weise werden Sauerstoff und Kohlenstoffdioxid zwischen Luft und Blut ausgetauscht. Den Vorgang nennt man deshalb auch **Gasaustausch**. Der Gasaustausch funktioniert umso besser, je größer die Oberfläche ist, über die beide Gase ausgetauscht werden können. Beim Menschen beträgt diese Oberfläche durch die zahllosen Lungenbläschen ungefähr 100 Quadratmeter.

1 Beschreibe mit Hilfe der Abbildung 2 die Atembewegungen.
2 Erläutere anhand der Abbildung 3 den Aufbau der Lunge.
3 Beschreibe den Gasaustausch in den Lungen.
4 Stelle einen Zusammenhang zwischen der Funktion der Lungen und dem Blutkreislauf her.

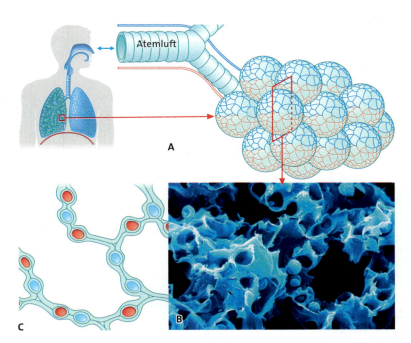

3 Bau der Lungenbläschen. A Bronchienende; B Lungenbläschen unter dem Mikroskop; C Lungenbläschen im Querschnitt (Schema)

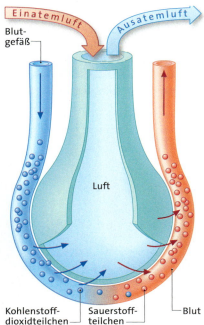

4 Gasaustausch in den Lungenbläschen

Körper und Gesundheit

1 Sporttaucher

2 Ausgeatmete Luft trübt klares Kalkwasser

3 Wasserdampf in ausgeatmeter Luft

2.3 Wofür benötigt der Körper Sauerstoff?

Die meisten Menschen können beim Tauchen die Luft nur für kurze Zeit anhalten. Schon nach einer halben Minute bekommen sie Atemnot und müssen wieder auftauchen. Der Mensch kann ohne Luft nicht leben. Für längere Aufenthalte unter Wasser nehmen Taucher deshalb in Flaschen gepresste Luft mit in die Tiefe, die sie über ein Mundstück nutzen können. Mit diesem Vorrat können Taucher bis zu einer Stunde unter Wasser bleiben.

Wozu Menschen und Tiere die Atemluft benötigen, kann mit einem einfachen Experiment verdeutlicht werden: Stülpt man über eine brennende Kerze ein Becherglas, so erlischt die Flamme nach kurzer Zeit. Am Becherglas schlägt sich Wasserdampf nieder. Bei der Verbrennung wandelt sich energiereiches Wachs unter Verbrauch des Sauerstoffs der Luft in Kohlenstoffdioxid und Wasserdampf um. Sobald der Sauerstoff in der Luft des Becherglases aufgebraucht ist, erlischt die Kerze. Die Flamme zeigt, dass dabei auch Wärme- und Lichtenergie freigesetzt werden.

So wie eine Kerzenflamme nur unter Sauerstoffzufuhr abbrennt, können auch die Zellen des Menschen nur leben, wenn sie genügend Sauerstoff erhalten. Dabei werden die aus der Nahrung gewonnenen energiereichen Stoffe mit dem Sauerstoff der Luft in Kohlenstoffdioxid und Wasser umgewandelt. Die dabei freigesetzte Energie wird unter anderem zur Aufrechterhaltung der Körpertemperatur genutzt. Obwohl die Verbrennung von Kerzenwachs und der Abbau von Nährstoffen in den Zellen viele Gemeinsamkeiten haben, gibt es wesentliche Unterschiede: Im Körper wird die Energie nur schrittweise in kleinen Beträgen abgegeben, eine Flamme entsteht dabei nicht.

Die Aufnahme von Sauerstoff aus der Luft in den Körper und die Abgabe von Kohlenstoffdioxid und Wasser sind Aufgaben des Atmungssystems.

1 Beschreibe mit Hilfe der Abbildungen 2 und 3, wie sich Kohlenstoffdioxid und Wasser in der ausgeatmeten Luft nachweisen lassen.
2 Begründe, ob es sich beim Abbau der Nahrung im Körper um eine chemische Reaktion handelt.
3 Menschen und Tiere nehmen über die Atmung ständig Sauerstoff auf. Dennoch nimmt der Sauerstoffanteil in der Atmosphäre nicht ab. Erkläre diese Beobachtung.

Körper und Gesundheit

Atmung

Übung

V1 Bestimmung der Atemluftmenge

Material: durchsichtige Kunststoffflasche 4 bis 5 Liter; Schüssel; Gummischlauch (1 m) mit Mundstück; wasserfester Folienstift; Messzylinder (100 ml); Wasser

Durchführung: Die Flasche wird mit Hilfe des Messzylinders mit Wasser gefüllt. Nach Zugabe von je 100 ml Wasser wird eine Markierung auf die Flasche geschrieben, sodass eine durchgehende Skala entsteht. Die so vorbereitete Flasche und die Schüssel werden halb mit Wasser gefüllt. Die Flasche wird mit der Handfläche zugehalten und mit der Öffnung nach unten in das Wasser gestellt. Der Schlauch wird von unten in die Flasche eingeführt. Anschließend wird durch den Schlauch so viel Luft in die Flasche geblasen, bis der Wasserspiegel genau auf einer Markierung liegt. Nun wird über das Mundstück ganz ruhig ausgeatmet. Die Menge der ausgeatmeten Luft bezeichnet man als Atemvolumen.

Aufgaben: a) Ermittle das Volumen der ausgeatmeten Luft.
b) Atme ruckartig so viel Luft wie möglich aus und erfasse das maximale Volumen der ausgeatmeten Luft. Beschreibe und interpretiere die Messergebnisse.
c) Vergleiche alle Messergebnisse mit denen anderer Versuchspersonen aus deiner Klasse.
d) Erstelle ein Diagramm, das den Zusammenhang zwischen Atemvolumen und Körpergröße von mehreren Versuchspersonen darstellt.

A2 Luftbedarf bei verschiedenen Tätigkeiten

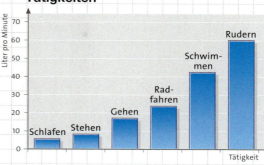

Aufgaben: a) Beschreibe das Diagramm und begründe die dargestellten Unterschiede mit deinen Kenntnissen über die Aufgaben des Sauerstoffs.
b) Formuliere zwei Hypothesen, wie das Atmungssystem seine Leistung steigern kann.
c) Entwickle ein einfaches Experiment, mit dem die Hypothesen überprüft werden können.

A3 Vergleich zwischen Blasebalg und Lunge

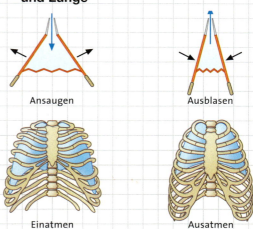

Das Ansaugen und Abblasen von Luft mit einem Blasebalg funktioniert nach den gleichen physikalischen Grundprinzipien wie das Ein- und Ausatmen.

Aufgabe: Beschreibe, wie beim Blasebalg Luft angesaugt und abgeblasen wird. Vergleiche mit den Vorgängen bei der Atmung.

Körper und Gesundheit

2.4 Bewegung fördert die Gesundheit

Wann immer sie in den Pausen Zeit haben, treffen sich die Mädchen und Jungen der Klasse an der Tischtennisplatte. Kommen genügend Kinder zusammen, spielen sie am liebsten die Variante „Rundlauf", bei der sie nicht nur geschickt Tischtennis spielen, sondern bei der Jagd nach dem Ball auch Schnelligkeit und Ausdauer beweisen müssen. Trotz der Anstrengung fühlen sich nach dem Spiel alle frisch und munter und würden am liebsten weiterspielen.

Warum Menschen bewusst Sport treiben, hat verschiedene Ursachen. Es macht Spaß, sich mit anderen in Wettkämpfen zu messen oder in einer Fußball- oder Handballmannschaft Teamgeist zu entwickeln. Während oder nach dem Sport fühlt man sich gut und befreit. Viele Menschen möchten durch Sport auch einfach nur ihren Körper gesund halten und einen Ausgleich zur meist sitzenden, beruflichen Tätigkeit schaffen.

Die Vorfahren der heutigen Menschen waren Läufer mit muskulösen Beinen und vielseitig einsetzbaren Armen und Händen. Als Jäger und Sammler waren sie den größten Teil des Tages damit beschäftigt, zu Fuß umherzuziehen und Nahrung zu beschaffen.

1 *Sport mit Freunden*

Bei der Jagd oder der Flucht vor gefährlichen Tieren mussten sie sich oft schnell und ausdauernd bewegen. Der Körperbau des Menschen hat sich seit dieser Zeit kaum verändert, seine Lebensweise aber umso mehr. Autos, Bahn und Flugzeuge ermöglichen heute eine schnelle und bequeme Fortbewegung, ohne dass der Körper Muskelkraft aufbringen muss. Auch die meisten körperlich anstrengenden Arbeiten werden heute von

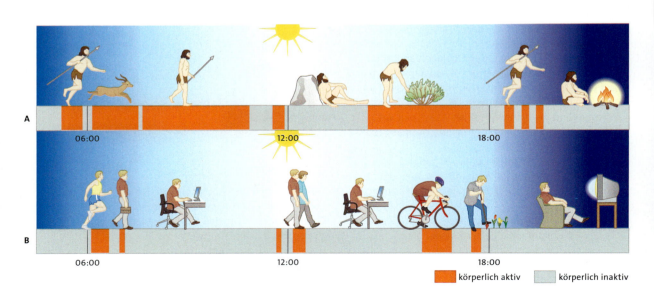

2 *Veränderungen der Lebensweise des Menschen* **A** *Steinzeitmensch;* **B** *Büroangestellter*

Maschinen übernommen. Im Büro, beim Studium, in der Schule oder daheim bewegen sich viele Menschen nur wenig, da die anfallenden Tätigkeiten häufig im Sitzen erledigt werden können. Diese Bewegungsarmut im Tagesablauf entspricht nicht dem ursprünglichen menschlichen Verhalten. Der Körper reagiert auf eine solche Lebensweise mit sinkender Leistungsfähigkeit oder Erkrankungen.

Der positive Einfluss körperlicher Aktivität ist sehr vielfältig. In erster Linie werden die Muskeln beansprucht. Beim Training wird ein Muskel zur Bildung neuer Zellen angeregt – er wächst. Gleichzeitig bilden sich in seinem Inneren mehr Blutkapillaren. Die bessere Durchblutung steigert wiederum die Leistungsfähigkeit des Muskels. Auch die Bänder und Sehnen werden gefestigt. Bewegungen können dadurch kräftiger und sicherer ausgeführt werden. Eine gut ausgebildete und trainierte Muskulatur entlastet das Skelett und die Gelenke. Das Skelett selbst wird durch sportliche Betätigung ebenfalls belastbarer. Die Knochenstrukturen im Bereich der Gelenke und die Gelenkknorpel werden kompakter.

Ausdauersportarten wie Laufen, Fahrradfahren oder Schwimmen fördern darüber hinaus das Herz-Kreislauf-System. Durch den Wechsel von Training und Ruhephasen kräftigt sich die Herzmuskulatur und das vom Herzen transportierte Blutvolumen steigt. Durch diesen Gewöhnungseffekt haben Sportler auch bei körperlichen Belastungen einen niedrigeren Puls als untrainierte Menschen. Deren Herz muss schon bei geringen Anstrengungen auf Hochtouren arbeiten, um den Körper zu versorgen. Ein gutes Ausdauertraining verbessert die Durchblutung aller Organe und trägt so zu deren Gesunderhaltung bei.

Muskelzellen beziehen Energie für die Kontraktionen aus dem Abbau von Nährstoffen. Die dafür notwendigen energiereichen Stoffe, vor allem Traubenzucker, nimmt das Muskelgewebe aus dem Blut auf. Bei intensiver Bewegung wird viel Traubenzucker aus dem Blut aufgenommen. Bei Bewegungsmangel hingegen verbleibt ein großer Teil des mit der Nahrung aufgenommenen Traubenzuckers im Blut. Der überschüssige Traubenzucker wird in Fettzellen in Fett umgewandelt und Übergewicht ist die Folge. Muskelzellen benötigen aber auch in Ruhe mehr Energie als die meisten anderen menschlichen Zellen, sodass ein hoher Anteil an Muskelgewebe der Bildung von Übergewicht entgegen wirkt.

Auch das menschliche Nervensystem wird durch Sport positiv beeinflusst. Während des Sports bilden bestimmte Teile des Gehirns Botenstoffe, die in das Blut abgegeben werden. Diese verursachen bei vielen Menschen ein Glücksgefühl, sie fühlen sich gut. Manchmal kommt es vor, dass Menschen durch ihren anstrengenden Beruf oder durch private Probleme sehr angespannt oder sogar überlastet sind. Dauert die Überlastung in solchen Stresssituationen länger an, gibt das Gehirn Stresshormone in das Blut ab. Diese Stoffe schädigen auf Dauer das Herz-Kreislauf-System. Besonders bei ausdauernder körperlicher Betätigung werden Stresshormone schnell wieder abgebaut.

Jeder Mensch sollte sich täglich bewegen. Das kann ein Spaziergang, eine Wanderung, Schwimmen oder eine Mischung aus Kraftsport zum Muskelaufbau und einem Ausdauertraining für eine gute Kondition sein. Die Beispiele zeigen, wie wichtig regelmäßige körperliche Betätigung für die Gesundheit, die geistige Leistungsfähigkeit und das Wohlbefinden ist.

1 Fertige eine Tabelle an, aus der für den Zeitraum der letzten Woche hervorgeht, womit du deine Freizeit verbracht hast. Achte besonders auf die Anteile sportlicher Aktivitäten. Werte die Ergebnisse kritisch aus.

3 Positive Effekte des Sports auf Körperfunktionen

Körper und Gesundheit

1 Jungen und Mädchen – ein problemloses Verhältnis?

3 Sexualität des Menschen

3.1 Auf dem Weg zum Erwachsenwerden

Sebastian wird 12 Jahre alt. Eigentlich hätte er die beiden Mädchen aus dem Nachbarhaus gern zu seiner Geburtstagsfete eingeladen, doch das war auf einmal nicht mehr so einfach. Letztes Jahr noch feierte er gemeinsam mit Lisa und Jenny. Dieses Jahr traute er sich nicht so recht, sie wieder einzuladen. Jan, sein bester Freund, spielte sich in Gegenwart von Mädchen immer so „obercool" auf. Und überhaupt: Was würden wohl die andern sagen, wenn er Mädchen einladen würde? Außerdem war er sich auch nicht sicher, ob Lisa und Jenny überhaupt kommen würden. Neulich, als er sie in der Fußgängerzone mit ihren Freundinnen getroffen hatte, hatten sie ihn ziemlich hochnäsig behandelt. Alle waren plötzlich so komisch. Was war in der letzten Zeit mit ihnen geschehen?

Zwischen dem 10. und dem 14. Lebensjahr verändern sich Mädchen und Jungen. Der Umgang mit dem anderen Geschlecht wird schwieriger. Gleichaltrige Mädchen und Jungen finden sich in dieser Zeit meist gegenseitig ziemlich albern. Die Mädchen sind am liebsten mit anderen Mädchen zusammen, Jungen fühlen sich häufig in Jungengruppen am wohlsten. Man kann dort über die anderen reden, herumalbern, lachen oder Probleme diskutieren. Die Meinungen der Freunde oder Freun-

Körper und Gesundheit

dinnen werden sehr wichtig. Man möchte dazugehören, in der Clique die gleichen Dinge tun, manchmal sogar die gleiche Kleidung tragen. Solche Verhaltensweisen sind in dieser Entwicklungsphase häufig zu beobachten. Es kann aber auch vorkommen, dass die Clique etwas vorhat, was man nicht mitmachen möchte. In einer solchen Situation sollte man zur eigenen Meinung stehen. Gute Freundinnen und Freunde erkennen auch andere Ansichten an.

Erwachsenen gegenüber werden Jungen und Mädchen in diesem Alter zunehmend kritischer. Sie wollen die Verhaltensweisen und Ansichten der Eltern oder Lehrer nicht mehr einfach übernehmen, sondern stärker selbst entscheiden. Äußerlich zeigt sich dies häufig an der Kleidung oder in der Gestaltung der Frisur.

Umgekehrt ist allerdings auch für Erwachsene der Umgang mit Mädchen und Jungen dieses Alters schwieriger geworden. Ihre Ansichten und Stimmungen können sich jetzt sehr schnell ändern. Manchmal sind sie „gut drauf" und dann wieder „total daneben". Ein solches Verhalten ist für Erwachsene nur noch schwer einzuschätzen und erfordert eine Menge Geduld und Einfühlungsvermögen. Alle diese Veränderungen können in dieser Zeit zu viel Ärger zu Hause und in der Schule führen. Auch Eltern sowie Lehrerinnen und Lehrer müssen sich erst daran gewöhnen, dass „ihre" Kinder langsam erwachsen werden.

Man nennt diese Entwicklungsphase, in der Mädchen zu Frauen und Jungen zu Männern werden, **Pubertät.** In dieser Zeit verändern sich auch die Merkmale des Geschlechts. Die bereits bei einem Kleinkind vorhandenen Geschlechtsmerkmale nennt man **primäre Geschlechtsmerkmale.** In der Pubertät bilden sich sowohl bei Jungen als auch bei Mädchen weitere Geschlechtsunterschiede aus. Diese werden als **sekundäre Geschlechtsmerkmale** bezeichnet.

Der Grund für die Veränderungen ist die vermehrte Bildung von Geschlechtshormonen im Körper. **Hormone** sind Stoffe, die in Hormondrüsen im Körper erzeugt und mit dem Blut verteilt werden. Sie werden nur in Geweben wirksam, deren Zellen auf die Hormone reagieren können. Hormone steuern Körpervorgänge. Der Zeitpunkt, wann bei einzelnen Mädchen und Jungen die Pubertät beginnt, ist ganz verschieden. Bei den meisten Mädchen beginnt die Produktion von Geschlechtshormonen schon vor dem 10. Geburtstag. Die ersten Veränderungen sind ziemlich bald danach zu beobachten. Bei Jungen beginnen die Veränderungen meistens etwas später. Der Entwicklungsunterschied gleicht sich nach einigen Jahren wieder aus.

2 „Mutprobe" – ein gutes Gefühl?

3 Immer wieder gibt es Streit

1 Beschreibe die Situation in den Abbildungen 1A und 1B. Vergleiche das Verhalten der Jungen und Mädchen.

2 Nenne Probleme in der Beziehung zu Gleichaltrigen, die in der Pubertät bei Mädchen und Jungen auftreten können.

3 Manche Eltern beklagen, dass ihre Kinder in der Pubertät „unausstehlich" geworden sind. Andererseits beklagen Jugendliche in der Pubertät, dass ihre Eltern sie „nicht verstehen". Nenne für beide Situationen einige Beispiele und erläutere.

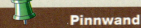
Pinnwand

GESCHLECHTERROLLEN IM WANDEL

Polizei-Verordnung

§ 1. Während der Damenbadestunden, das ist die Zeit, wo eine rote Fahne auf der Marienhöhe aufgezogen ist, darf der Badestrand von Personen männlichen Geschlechts, welche das 8. Lebensjahr vollendet haben, nicht betreten werden.

⋮

§ 3. Die Boot- und Schaluppenführer dürfen bei Lustfahrten während der Damenbadestunden mit ihren Fahrzeugen nicht in die Nähe des Damenbadestrandes kommen.

Der königliche Amtshauptmann Vorstehende Polizei-Verordnungen werden hiermit zur öffentlichen Kenntnis gebracht.

Königliches Bade- und Polizei-Commissariat

Norderney, 1880

1 Beschreibe, wie sich die Geschlechterrollen im Laufe der Zeit gewandelt haben.

Körper und Gesundheit

Meinungen sammeln und auswerten

Methode

Bestimmte Arbeiten im Haushalt wie Bügeln oder Bohren werden oft nur von Frauen oder von Männern durchgeführt. Welche Arbeiten erledigen üblicherweise Frauen oder Mädchen? Welche Aufgaben übernehmen Männer oder Jungen? Wenn ihr wissen wollt, wie andere Menschen diese Fragen beantworten, könnt ihr eine **Meinungsumfrage** durchführen. Dabei geht ihr folgendermaßen vor:

1. Überlegt euch, was ihr wissen möchtet. Entwerft dazu einen Fragebogen. Am einfachsten ist der Umgang mit Fragebögen, die Antworten zum Ankreuzen enthalten. Dazu müsst ihr ausformulieren, zu welchen Punkten ihr Antworten bekommen wollt, in diesem Fall zum Beispiel zu „Wer macht was im Haushalt?". Auf dem Fragebogen lasst ihr außerdem Platz für die Antworten, die ihr bekommt.

2. Macht euch Gedanken, wen ihr befragen möchtet und wo die Umfrage durchgeführt werden soll. Wenn ihr Personen verschiedenen Alters befragen wollt, müsst ihr das Schulgelände verlassen. Überlegt euch einen Ort, an dem ihr in kurzer Zeit möglichst viele Menschen trefft, beispielsweise in der Nähe eines Einkaufszentrums.

3. Es macht mehr Spaß und es ist sicherer, eine Umfrage als Gruppe durchzuführen. Überlegt in der Gruppe, wer die Fragen stellt und wer die Antworten aufschreibt. Zum Aufschreiben braucht ihr eine feste Schreibunterlage.

4. Wenn ihr Personen ansprecht, begrüßt sie höflich und stellt euch vor. Sagt, wofür ihr die Umfrage macht, und fragt, ob euer Gegenüber überhaupt mitmachen möchte.

5. Falls die ausgesuchte Person zustimmt, könnt ihr mit den Fragen beginnen. Notiert sorgfältig alle Antworten. Am Schluss bedankt ihr euch für das Gespräch und verabschiedet euch. Verwendet für jede befragte Person einen neuen Fragebogen.

6. Im Klassenzimmer wertet ihr die Fragebögen aus. Ihr könnt zu den einzelnen Fragen Strichlisten erstellen. In Abbildung 1B seht ihr ein Beispiel. Überlegt euch nach der Auszählung, wie ihr die Ergebnisse in eurer Klasse vorstellt. Diskutiert die Ergebnisse in der Klasse.

1 Umfrage. A Durchführung, **B** Ergebnisse

1 a) Wie viele Personen wurden bei der Umfrage befragt?
b) Berichte, welche Aufgaben überwiegend von Jungen oder Männern und welche von Mädchen oder Frauen übernommen werden.
c) Welche Aufgaben werden von beiden Geschlechtern etwa gleich häufig übernommen?

Körper und Gesundheit

3.2 Vom Jungen zum Mann

In den drei Fotos auf dieser Seite siehst du Michael mit 11, 13 und 16 Jahren. Mit 13 Jahren hatte sich sein Körper äußerlich stark verändert. Michael befand sich in der **Pubertät.** Sein Körper hatte sich deutlich gestreckt. Dieser Wachstumsschub dauerte etwa 2 bis $2\frac{1}{2}$ Jahre. Manche Jungen in seiner Klasse waren in dieser Zeit bis zu 15 cm im Jahr gewachsen. Bei den Mädchen hingegen begann das rasche Wachstum etwa zwei Jahre früher. Mädchen im 5. und 6. Schuljahr sind deshalb durchschnittlich größer als die Jungen. Der Körper wächst aber nicht nur in die Länge, auch die Figur verändert sich. Michaels Schultern wurden sichtlich breiter, das Becken hingegen blieb schmal. Die Muskulatur wurde kräftiger. Bis zum 16. Lebensjahr wurde das Aussehen von Michael immer männlicher. Die Körperbehaarung nahm während der Pubertät insgesamt zu. Zuerst wuchsen oberhalb des Gliedes die Schamhaare, später setzte auch die Behaarung der Achselhöhlen ein und schließlich begann auch der Bartwuchs. Michael kann sich noch gut an seinen schmalen „Bartflaum" auf der Oberlippe erinnern. Bei einigen seiner Freunde ist noch eine Behaarung der Brust, des Bauches sowie der

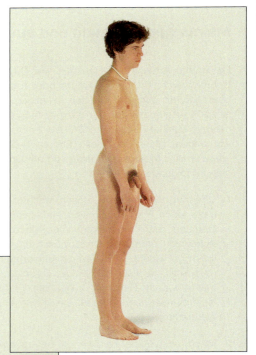

3 Michael, 16 Jahre

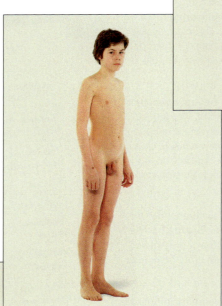

2 Michael, 13 Jahre

Beine hinzugekommen. Über die Veränderung seiner hellen Kinderstimme in eine tiefere Männerstimme hatte sich der 13-jährige Michael sehr gewundert. Das ist jedoch so zu erklären: Der Kehlkopf wächst und die Stimmbänder werden länger, sodass die Stimme tiefer und männlicher klingt. In der Pubertät überschlägt sich die Stimme leicht. Dann spricht man von *Stimmbruch*.

In der Pubertät entwickeln sich auch die Geschlechtsorgane: **Glied** und **Hoden** vergrößern sich. Im Inneren der beiden Hoden bilden sich ständig Millionen von männlichen Geschlechtszellen, die **Spermien.** Diese werden in den Nebenhoden gespeichert. Sind diese gefüllt, werden die Spermien zusammen mit etwas Flüssigkeit ausgestoßen. Die Flüssigkeit wird in der Vorsteherdrüse und in der Bläschendrüse gebildet. Die Spermien gelangen durch die beiden Spermienleiter und durch die Harnröhre im Glied nach außen. Das Ausstoßen der Flüssigkeit nennt man Spermaerguss. Er erfolgt bei Jungen meist im Schlaf und daher unbewusst. Einen Spermaerguss, der unbewusst erfolgt, bezeichnet

1 Michael, 11 Jahre

Körper und Gesundheit

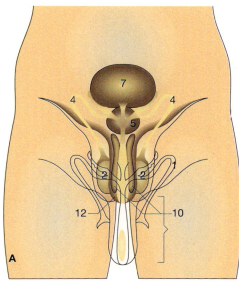
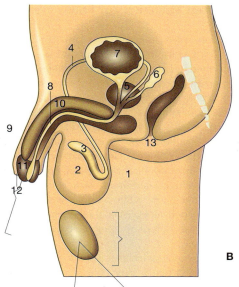

1 Hodensack
2 Hoden
3 Nebenhoden
4 Spermienleiter
5 Vorsteherdrüse (Prostata)
6 Bläschendrüse
7 Harnblase
8 Harnröhre
9 Glied (Penis)
10 Schwellkörper
11 Eichel
12 Vorhaut
13 After

*4 Bau der männlichen Geschlechtsorgane. **A** Aufsicht; **B** Längsschnitt; **C** Spermien (mikroskopisches Bild)*

man auch als **Pollution**. Nach jedem Spermaerguss reifen erneut Millionen von Spermien heran. Mit Beginn der Pubertät wird das Glied auch häufiger steif. Eine solche Gliedversteifung nennt man **Erektion**: Die Schwellkörper im Glied werden mit Blut gefüllt. Das Glied wird dicker und länger und richtet sich auf. Eine Erektion kann auch durch Berührung des Gliedes ausgelöst werden, was mit einem angenehmen Gefühl verbunden sein kann. Dies ist ein ganz natürliches Verhalten, für das sich niemand zu schämen braucht.

Was löst die körperlichen Veränderungen während der Pubertät aus? Heute weiß man, dass die Vorgänge während und nach der Pubertät von bestimmten Wirkstoffen – den Hormonen – ausgelöst und gesteuert werden. Die **Hirnanhangsdrüse** sendet Hormone in die Hoden, die daraufhin männliche Geschlechtshormone bilden. Die Geschlechtshormone bewirken die Entwicklung und Reifung der Geschlechtsorgane. Sie sorgen

dafür, dass sich alle männlichen Körpermerkmale in der Pubertät ausbilden.

Bei der *täglichen Reinigung* der *Geschlechtsorgane* müssen die Stellen zwischen Vorhaut und Eichel gründlich gesäubert werden. Hier sammeln sich Harn- und Spermareste an, die einen unangenehmen Geruch verbreiten und zu schmerzhaften Entzündungen führen können.

1 Nenne körperliche Veränderungen beim Jungen während der Pubertät. Nimm die Abbildungen 1, 2, 3 und 5 zu Hilfe.
2 Stelle die körperliche Veränderungen übersichtlich in Form einer Tabelle dar.
3 Beschreibe den Weg, den Spermien von der Entstehung bis zum Spermaerguss durchlaufen.

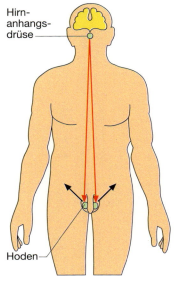

5 Hormone steuern die Entwicklung

Körper und Gesundheit

3.3 Vom Mädchen zur Frau

Die drei Fotos zeigen Andrea mit 9, 12 und 14 Jahren. Auch beim Mädchen verändert sich der Körper in der Pubertät. Diese Reifezeit beginnt im Alter zwischen 10 und 14 Jahren. Deutlich sind die Veränderungen auf den Grafiken zu sehen: Nach einem längeren Wachstumsschub sind die Körperformen insgesamt runder geworden. Das Becken und die Hüften wurden breiter als die Schultern. Die Brust begann zu wachsen. Im Bereich der äußeren Geschlechtsorgane entwickelte sich die Schambehaarung. Später kam die Achselbehaarung hinzu. Die Stimme wurde ein wenig dunkler und kräftiger, einen Stimmbruch wie bei den Jungen gibt es jedoch nicht. Mit 14 Jahren besitzt Andrea annähernd den Körper einer erwachsenen Frau.

Die äußeren Geschlechtsorgane der Frau bestehen aus verschiedenen Hautfalten, den großen und kleinen *Schamlippen*. Diese umschließen den Scheideneingang und die davon getrennte Öffnung der Harnröhre. Im vorderen Bereich zwischen den Schamlippen liegt der *Kitzler*. Wie die Eichel des Penis ist dieses Organ leicht erregbar. Bei der Berührung des Kitzlers können lustvolle Gefühle entstehen. Das ist ganz natürlich.

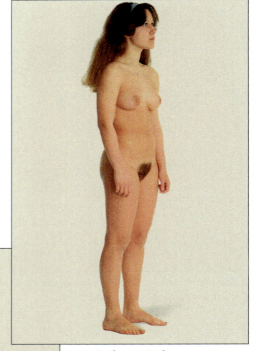

3 Andrea, 14 Jahre

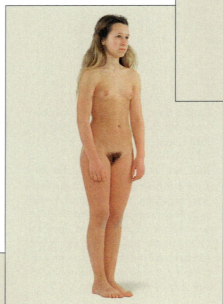

2 Andrea, 12 Jahre

Dafür braucht sich kein Mädchen zu schämen.
Die *Scheide*, auch Vagina genannt, ist ein 10 cm langer Hohlmuskel. Der Scheideneingang wird zum größten Teil durch das Jungfernhäutchen verschlossen. Dieses schützende Häutchen wird beim ersten Geschlechtsverkehr oder auch schon vorher, z. B. beim Sport, eingerissen.

Die Scheide führt nach innen zur **Gebärmutter.** Sie ist ein faustgroßer, dehnbarer Hohlmuskel, der von einer Schleimhaut ausgekleidet wird. Im oberen Bereich der Gebärmutter münden die beiden *Eileiter*. Es sind etwa 14 cm lange, bleistiftstarke Schläuche. Jeder dieser Eileiter erweitert sich am Ende zu einem fransenartigen Trichter, der teilweise über dem **Eierstock** liegt. In den Eierstöcken kommt es zur Bildung von weiblichen Geschlechtshormonen. Dies wird durch die Hormone der Hirnanhangsdrüse ausgelöst. Unter dem Einfluss der Geschlechtshormone werden auch die seelischen Veränderungen während der Pubertät bewirkt.

1 Andrea, 9 Jahre

Körper und Gesundheit

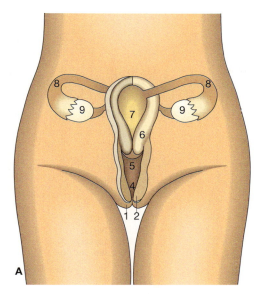
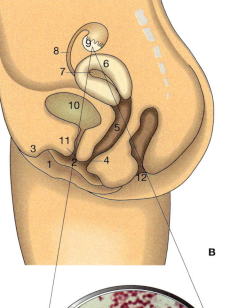

1 große Schamlippen
2 kleine Schamlippen
3 Kitzler
4 Scheideneingang
5 Scheide
6 Gebärmutterschleimhaut
7 Gebärmutter
8 Eileiter
9 Eierstöcke
10 Harnblase
11 Harnröhrenöffnung
12 After

4 Bau der weiblichen Geschlechtsorgane. A *Außenansicht (Schema);* **B** *Innenansicht (Längsschnitt);* **C** *Eizelle (mikroskopisches Bild)*

Jeder Eierstock enthält etwa 200 000 mikroskopisch kleine *Eizellen*. Jeden Monat reift unter dem Einfluss der *Hormone* eine Eizelle heran. Sie entwickelt sich in einem flüssigkeitsgefüllten Bläschen, dem *Follikel*. Er wandert innerhalb von etwa 14 Tagen an den Rand des Eierstockes. Dabei vergrößert er sich. Dann platzt der Follikel auf. Der Trichter des Eileiters legt sich an den Eierstock. Die reife Eizelle wird nun mit Follikelflüssigkeit in den Trichter des Eileiters gespült. Diesen Vorgang nennt man **Eisprung**.

Die Eizelle kann sich, im Gegensatz zu den Spermien, nicht selbst fortbewegen. Die Flimmerhärchen im Eileiter erzeugen einen Flüssigkeitsstrom, der die Eizelle in Richtung Gebärmutter transportiert. Bis zu diesem Zeitpunkt ist die Gebärmutterschleimhaut bis auf das Fünffache ihrer ursprünglichen Dicke angewachsen. Sie ist nun auch stärker durchblutet und für das Einnisten und die Versorgung eines heranwachsenden Kindes bei einer Schwangerschaft vorbereitet.

Tritt keine Schwangerschaft ein, werden die obersten Schichten der Gebärmutterschleimhaut nach 14 Tagen abgestoßen und mit etwas Blut durch die Scheide abgegeben. Diese Blutung nennt man **Menstruation**. Da sie alle 28 Tage (also etwa einmal im Monat) erfolgt, spricht man auch von Monats- oder Regelblutung. Unmittelbar nach der Regelblutung finden die Vorgänge im Eierstock und in der Gebärmutter erneut statt.

1 Beschreibe den Zusammenhang zwischen der Eireifung und den Veränderungen in der Gebärmutterschleimhaut.
2 Beschreibe die Wirkung der Hormone während der Pubertät. Nimm auch Abbildung 5 zu Hilfe.
3 Stelle die körperlichen Veränderungen während der Pubertät beim Mädchen in einer Tabelle zusammen.

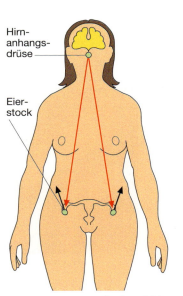

5 Hormone steuern die Entwicklung

Körper und Gesundheit

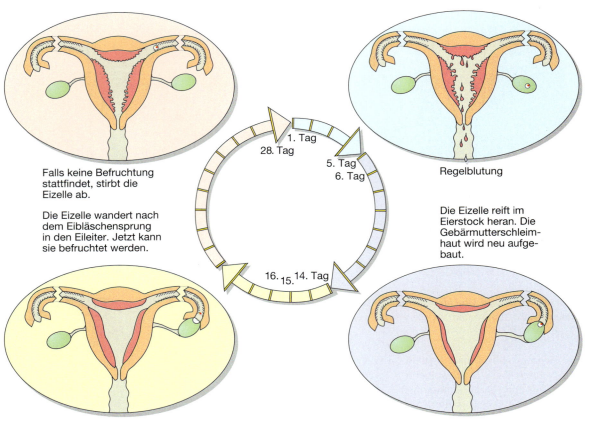

6 Der weibliche Zyklus

4 Beschreibe anhand des Textes und der Abbildung die Vorgänge der Eireifung.

5 Im Verlauf der Pubertät zeigen sich körperliche Veränderungen. Vergleiche diese beim Mädchen und beim Jungen. Welche Unterschiede sind zu nennen?

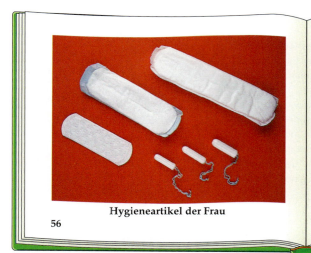

Hygieneartikel der Frau

Tipps zur Körperpflege während der Monatsblutung

Besprich mit deiner Mutter oder Freundin die Möglichkeiten der Körperhygiene während der Monatsblutung. Du musst selbst entscheiden, was für dich am angenehmsten ist. Am Anfang ist der Gebrauch einer Binde sicher leichter. Später wirst du vielleicht ein Tampon benutzen. Blut selbst riecht nicht. An der Luft wird das Blut aber durch Bakterien zersetzt, die einen unangenehmen Geruch verursachen können. Binde oder Tampon musst du daher häufig wechseln. Achte noch mehr als sonst auf regelmäßige Körperpflege! Tägliches Abduschen ist besser als ein Wannenbad, da dort Ansteckungsgefahr droht.

KÖRPERHYGIENE

Pinnwand

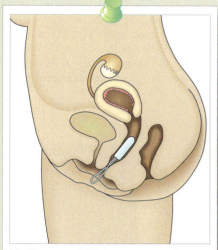

Ein Tampon wird bei entspannter Körperhaltung nach schräg hinten eingeführt. Er sitzt richtig, wenn du ihn nicht mehr spürst.

Ob Tampon oder Binde hängt davon ab, womit man sich wohl fühlt. Ein Tampon ist praktisch beim Sport oder Schwimmen. Eine Binde empfiehlt sich nachts oder bei starken Krämpfen. Sowohl Binde als auch Tampon müssen regelmäßig, spätestens jedoch nach sechs Stunden, gewechselt oder entfernt werden.

1 Betrachte den Regelkalender:
a) Wie hat sich die Blutung im Laufe des Jahres entwickelt?
b) Begründe, warum auch besondere Situationen eingetragen werden sollten.

Regelkalender

In einen Regelkalender trägt man ein, wann die Blutung stattgefunden hat und wie stark sie war. Besondere Situationen wie Flüge, Urlaub oder Stress sollten ebenfalls eingetragen werden.

Dusche mehrmals in der Woche! Ziehe beim Waschen des Penis die Vorhaut vorsichtig zurück und entferne die weißlichen Ablagerungen. Sie können sonst zu Entzündungen führen. Falls du stark schwitzt, kannst du ein mildes Deodorant benutzen.

Mode und Kleidung sind für Jungen und Mädchen ein wichtiges Thema. Wähle bewusst Kleidung aus Baumwolle oder anderen natürlichen Materialien wie Leinen, Wolle oder Viscose. Sie nehmen Gerüche wie z. B. Schweiß, besser auf als Kunststoffe. Wasche und wechsle deine Kleidung regelmäßig, damit unangenehme Gerüche nicht an ihr haften bleiben.

Körper und Gesundheit

3.4 Schwangerschaft und Geburt

Wenn sich eine Frau und ein Mann lieben, entsteht meist der Wunsch, „miteinander zu schlafen". Mit diesen Worten umschreibt man häufig den Geschlechtsverkehr. Dabei wird das steife Glied des Mannes in die Scheide der Frau eingeführt. Kommt es dort zu einem Spermienerguss, bewegen sich die Spermien von der Scheide durch die Gebärmutter in die beiden Eileiter. Treffen die Spermien dort auf eine reife Eizelle, dringt eines von ihnen in die Eizelle ein. Die Kerne der beiden Zellen wandern nun aufeinander zu und verschmelzen miteinander. Diesen Vorgang nennt man **Befruchtung.** Anschließend wird die befruchtete Eizelle durch die Bewegung von Flimmerhärchen des Eileiters in die Gebärmutter befördert. Etwa eine Woche nach der Befruchtung nistet sich die Eizelle, die sich bis dahin bereits mehrfach geteilt hat, in der Gebärmutterschleimhaut ein. Damit beginnt die **Schwangerschaft.**

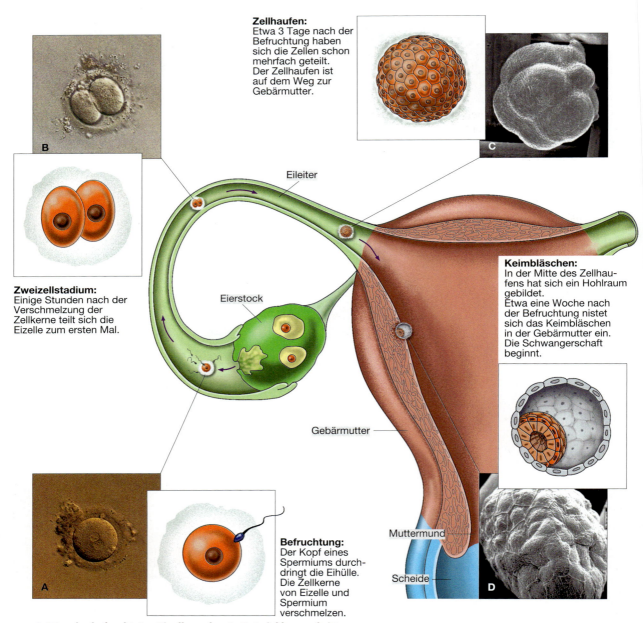

1 Weg der befruchteten Eizelle und erste Entwicklungsschritte

Das Kind wächst nun in der Gebärmutter heran. Zunächst kann man in dem jungen Keim, dem **Embryo,** nur schwer ein menschliches Wesen erkennen. Doch schon innerhalb der ersten acht Wochen werden alle Organe angelegt. Die Frau erkennt jetzt am Ausbleiben ihrer Regelblutung, dass sie schwanger ist.

Vom 3. Monat an wird der Keim **Fetus** genannt. Alle Organe sind schon ausgebildet und nehmen an Größe zu. Bis zur Geburt schwimmt er in der *Fruchtblase,* die mit *Fruchtwasser* gefüllt ist. Dieses schützt den Fetus vor Erschütterungen und ermöglicht ihm Bewegungsfreiheit. Ab dem 5. Monat kann die Mutter bereits erste Bewegungen des Kindes spüren. Das Kind wird von der Mutter über die *Nabelschnur* versorgt. Die Nabelschnur beginnt am Bauch des Kindes und endet im *Mutterkuchen*. So werden vom Mutterkuchen Nährstoffe und Sauerstoff in den Körper des Kindes transportiert. Gleichzeitig werden über die Nabelschnur Kohlenstoffdioxid und andere Abfallstoffe in den Mutterkuchen und damit in die Blutbahn der Mutter geleitet. Die Mutter scheidet diese Stoffe dann aus. Bei diesem *Stoffaustausch* können auch Nikotin, Alkohol und die Erreger der *Röteln* in das Blut des Kindes gelangen und den Fetus schädigen. Mädchen in der Pubertät wird deshalb eine *Rötelnschutzimpfung* empfohlen.

Nach neun Monaten ist die Entwicklung des Kindes im Mutterleib abgeschlossen. Es ist jetzt etwa 50 cm lang. Die **Geburt** kündigt sich durch *Wehen* an. Dabei ziehen sich die Muskeln der Gebärmutter immer wieder zusammen und verursachen der Mutter Schmerzen. Schließlich platzt die Fruchtblase und das Fruchtwasser fließt heraus. Die eigentliche Geburt beginnt mit dem Erscheinen des Köpfchens. Jetzt hilft die Hebamme, die Ärztin oder der Arzt. Sobald das Kind die Scheide verlassen hat, beginnt es selbstständig zu atmen. Ein paar Minuten nach der Geburt wird die Nabelschnur einige Zentimeter vor dem Bauch des Kindes an zwei Stellen abgeklemmt und durchtrennt. Diesen Vorgang nennt man **Abnabelung.** Aus dem Fetus ist ein **Säugling** geworden.

1 Nenne Organe des Embryos, die du in Abbildung 2A erkennen kannst.
2 Erläutere mit HIlfe der Abbildung 1 die ersten Phasen in der Entwicklung eines Menschen.
3 Erkläre, warum der Embryo in der Gebärmutter nicht erstickt, obwohl er vollständig von Fruchtwasser umgeben ist.
4 Finde eine Erklärung dafür, warum man im Zusammenhang mit der Geburt auch von Entbindung spricht.

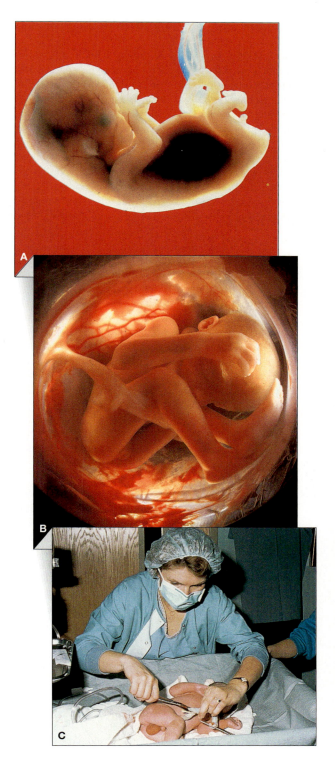

2 Entwicklung eines Kindes.
A *Embryo, etwa 9 Wochen alt;* **B** *Fetus, 25. Woche;*
C *Abklemmen der Nabelschnur beim Neugeborenen*

Körper und Gesundheit

3.5 Vom Säugling zum Kleinkind

Marion fühlt sich genervt. Schon wieder schreit ihr Brüderchen. Der Vater beruhigt sie und erklärt ihr: „Dein Bruder kann uns noch nicht sagen, was ihm fehlt. Schließlich ist er gerade erst zwei Monate alt. Vielleicht ist seine Windel zu nass." „Oder er hat Hunger", ruft die Mutter aus dem Wohnzimmer. „Ich mache es mir für das Stillen schon bequem. Bringt ihr mir den Kleinen?" Marion nimmt den Kleinen vorsichtig aus dem Bettchen und trägt ihn, während sie seinen Hinterkopf mit der Hand stützt, zur Mutter. Sie legt den Säugling an die Brust und er beginnt sofort zu saugen. Bei diesem **Stillen** ist er nun zufrieden und still.

Flaschenmilch sollte der Säugling am Anfang seines Lebens nur bekommen, wenn sich in der Brust der Mutter nicht genügend Milch bildet. Die beste Babynahrung ist nämlich die Muttermilch, da sie alle wichtigen Nährstoffe und Abwehrstoffe gegen Krankheiten enthält. Beim *Stillen* wird das Bedürfnis des Kindes nach Zuwendung und Sicherheit befriedigt. Der Vater entwickelt, wie die Mutter, ein inniges Verhältnis zum Kind, wenn er sich von Anfang an um den Säugling kümmert. Für die Kinder ist diese Zuwendung sehr wichtig. Zwischen der **Bezugsperson** und dem Kind wird so eine lebenswichtige Beziehung aufgebaut. Auf diese Weise entwickelt sich beim Kind das **Urvertrauen.** Es weiß, dass es sich auf die Bezugsperson verlassen kann.

In den ersten Lebensmonaten des Säuglings entwickeln sich seine **Wahrnehmung,** die **Körperhaltung** und die **Fortbewegung** sehr schnell. Schon kurz nach der Geburt kann der Säugling Helligkeit, einfache Formen und Bewegungen wahrnehmen. Zum Erkennen von Gesichtsumrissen und groben Mustern reicht die Sehfähigkeit bereits im zweiten Lebensmonat. Vier bis acht Wochen später erkennt das Baby die Eltern. Am Anfang löst noch jeder Blickkontakt mit verschiedenen Personen Lächeln beim Baby aus. Später, nach dem achten Monat, werden fremde Gesichter oft abgelehnt. Man sagt dann, das Kind „fremdelt". Gegenstände werden hingegen immer mit großer Ausdauer betrachtet.

Nach einem Monat kann ein Baby seinen Kopf heben, wenn es auf dem Bauch liegt. Den Oberkörper kann es nach zwei Monaten aufrichten. Im sechsten Monat dreht sich das Baby bereits auf den Rücken und beginnt mit den Füßen zu spielen. In der Regel kann es ohne fremde Hilfe sitzen. Dann kommt die Zeit, in der das Baby versucht sich an Möbeln hochzuziehen. Mit zehn Monaten können die meisten Babys schon krabbeln. Im

1 Säugling. A *Stillen;* **B** *Ernährung mit der Flasche;* **C** *Wickeln;* **D** *aufmerksames Betrachten der Umwelt*

Alter von etwas über einem Jahr laufen viele Kinder schon allein. Treppen steigen lernen die Kinder in der Regel erst im dritten Lebensjahr. Im vierten Jahr üben sie das Hüpfen auf einem Bein. Hierfür müssen sie ihren Gleichgewichtssinn trainieren.

Unsere **Sprache** erlernen die Kinder allmählich, indem sie die aufgenommenen Wörter nachsprechen. Zuerst bringen die Kinder aber nur Laute hervor. Nach etwa sechs Monaten gelingen ihnen doppelte Silben („da-da"). Fast ein Jahr braucht das Kind, bis es das erste Wort formuliert. Danach folgt die so genannte Zweiwortphase („Auto da"). Die Erwachsenensprache wird nun eifrig nachgeahmt.

Marions Brüderchen hatte mit fast vier Jahren schon viel zu erzählen. Besonders auffällig war, dass das Kind immer wieder Wörter wiederholte oder Wörter beim Aussprechen in die Länge zog. Marion war das gegenüber ihren Freundinnen ein bisschen unangenehm. „Was ist mit meinem Bruder los?", fragte Marion ihre Mutter. „Keine Sorge", sagte sie, „ich vermute, das ist das Stottern, das zwischen dem dritten und vierten Lebensjahr für kurze Zeit auftreten kann. Wenn es nicht bald aufhört, gehen wir natürlich zum Arzt."

Kleinkinder spielen sehr gerne. Sie lernen dabei viel Neues. Im **Spiel** ahmen sie die Welt der Erwachsenen nach, trainieren Bewegungen und erlernen auch den Umgang mit anderen Kindern. Kinder müssen lernen sich durchzusetzen, den anderen aber auch mal vorzulassen oder mit anderen Kindern zu teilen.
Für jede Altersstufe gibt es spezielle Spiele zu kaufen. Jedoch zeigt die Erfahrung, dass sich Kinder selbst die Spiele aussuchen, die sie für ihre aktuelle Entwicklung brauchen. Oft sind es nicht die gekauften Spielsachen, sondern die Dinge im Haushalt, die für sie interessant sind. Die Kleinkinder erobern sich so die Welt der Erwachsenen.

1 Nenne die angeborenen Fähigkeiten eines Säuglings. Erläutere, welche Bedeutung diese Fähigkeit für das Baby haben.
2 Erläutere die Bedeutung des Stillens für den Säugling.
3 Beschreibe anhand der Fotos die körperliche Entwicklung des Säuglings zum Kleinkind.
4 Welche Bedeutung haben Eltern und Geschwister für die Entwicklung des Kindes?

2 Entwicklung des Kindes. A Schlafen mit einem Monat; **B** Abstützen-und-Kopf-heben-mit-sechs-Monaten; **C** Stehen mit einem Jahr; **D** Spielen mit zwei Jahren

Körper und Gesundheit

3.6 Familienplanung und Empfängnisverhütung

Wenn ein Paar schon längere Zeit zusammen ist, entsteht oft der Wunsch nach eigenen Kindern. Die Partner können eine Schwangerschaft mit größerer Wahrscheinlichkeit herbeiführen, wenn sie in der Zyklusmitte der Frau miteinander schlafen. In Deutschland bleibt allerdings etwa jedes siebte Paar ungewollt kinderlos. Dies liegt unter anderem daran, dass Männer und Frauen in Deutschland die Entscheidung für ein Kind immer später treffen. Mit zunehmendem Alter der Frau wird eine Schwangerschaft jedoch unwahrscheinlicher. Ab dem vierzigsten bis fünfzigsten Lebensjahr einer Frau reifen keine Eizellen im Eierstock mehr heran. Von da ab ist eine Schwangerschaft auf natürlichem Wege nicht mehr möglich. Die ungewollte Kinderlosigkeit kann man hinnehmen, Kinder adoptieren oder mit medizinischer Hilfe versuchen, dennoch schwanger zu werden.

Man kann eine Schwangerschaft zwar nicht sicher herbeiführen, aber durch verschiedene **Verhütungsmethoden** ziemlich sicher verhindern. Dabei sind die Verhütungsmethoden unterschiedlich zuverlässig. Das kann zum einen an der Methode selbst liegen, zum anderen an Fehlern bei der Anwendung. Entscheidend ist, dass sich Mann und Frau vor dem Geschlechtsverkehr einig sind, ob sie verhüten wollen. Danach müssen sie gemeinsam klären, wie sie verhüten wollen. Ein verantwortungsvoller Umgang mit Verhütungsmitteln ist die Grundlage einer sinnvollen **Familienplanung.**

1 Paar mit Kind

Die Frage der Verhütung wird oft von sehr jungen Paaren vor dem Geschlechtsverkehr nicht hinreichend geklärt. So nimmt in Deutschland derzeit die Zahl der jungen Mütter stark zu, die wegen eines Kindes nicht einmal mehr ihre Schulausbildung beenden können.

1 Diskutiert in der Gruppe die verschiedenen Verhütungsmethoden. Berücksichtigt dabei unter anderem die Sicherheit der verschiedenen Methoden und den Personenkreis, für den sie besonders geeignet sind.
2 Beschreibe Abbildung 3. Stelle Vermutungen über die Gründe der Veränderungen an.

2 Schwangere Frau

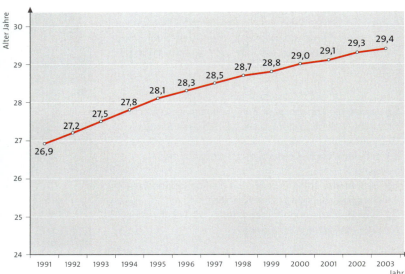

3 Durchschnittsalter bei der Geburt des ersten ehelichen Kindes in Deutschland

Körper und Gesundheit

Verhütungsmethode/-mittel	Beschreibung	Kommentar
Aufpassen	Der Mann zieht sein Glied aus der Scheide der Frau zurück, bevor es zum Spermienerguss kommt.	Sehr unzuverlässige Methode, weil schon vor dem eigentlichen Spermienerguss einzelne Spermazellen abgegeben werden und weil das Glied oft zu spät aus der Scheide gezogen wird.
Kalendermethode	Die Frau zählt die Tage zwischen zwei Monatsblutungen und bestimmt dann die fruchtbaren Tage der Zyklusmitte; sie verzichtet während der fruchtbaren Tage auf ungeschützten Geschlechtsverkehr.	Sehr unzuverlässige Methode, weil sich die Dauer eines Zyklus zum Beispiel durch Krankheiten oder Stress verschieben kann und somit die fruchtbaren Tage falsch vorhergesagt werden.
Kondome	Eine Gummihaut wird über das versteifte Glied gezogen, die Spermien bleiben in der Gummihaut. Kondome schützen außerdem vor Krankheiten, die durch Geschlechtsverkehr übertragen werden, wie zum Beispiel vor Aids oder Leberentzündung (Hepatitis).	Relativ sichere Methode, allerdings besteht die Gefahr von Anwendungsfehlern, zum Beispiel Überlagerung des Kondoms oder Beschädigung beim Öffnen der Verpackung durch spitze Fingernägel.
Scheidenzäpfchen	Sie werden vor dem Geschlechtsverkehr in die Scheide eingeführt und lösen sich durch die Körperwärme auf. Dabei frei werdende Substanzen töten die Spermienzellen ab.	Relativ sichere Methode, allerdings besteht die Gefahr von Anwendungsfehlern, wenn die Zäpfchen zum Beispiel nicht tief genug oder zu kurz vor dem Verkehr eingeführt werden; außerdem ist eine Reizung der empfindlichen Schleimhäute möglich.
Pille	Sie wird täglich von der Frau eingenommen; oft zu einer bestimmten Zeit. In der Pille sind Hormone enthalten, die in den natürlichen Hormonhaushalt der Frau eingreifen und dadurch einen Eisprung verhindern.	Sehr sichere Methode, trotzdem besteht auch hier die Gefahr von Anwendungsfehlern, beispielsweise kann die Einnahme vergessen werden. Bei Erbrechen und Durchfall werden die Wirkstoffe der Pille nicht vom Körper aufgenommen; manche Frauen vertragen die Pille nicht.

4 Verschiedene Verhütungsmethoden im Überblick

Körper und Gesundheit

Streifzug durch die Medizin

Gesundheit für Mutter und Kind

Wenn eine Frau bemerkt, dass sie schwanger ist, sollte sie einen Frauenarzt aufsuchen. Über regelmäßige Vorsorgeuntersuchungen wird während der gesamten Schwangerschaft die Gesundheit von Mutter und Kind überwacht. Eine schwangere Frau muss aber auch selbst zur Gesundheit ihres Kindes und zu ihrem eigenen Wohlbefinden beitragen.

 Ernährung

Während einer Schwangerschaft sollte man sich gesund ernähren. Viel frisches Obst, Salate und Gemüse decken den Bedarf an Vitaminen und Mineralstoffen. Auch Milch- und Vollkornprodukte sind wichtig. Sie versorgen die Schwangere mit Calcium und Eiweiß. Während der letzten Schwangerschaftsmonate beugen reichlich Ballaststoffe einer Darmträgheit vor. Schwangere haben auch einen erhöhten Bedarf an Eisen. Deshalb gehören Blutuntersuchungen zum Eisengehalt zu den üblichen Vorsorgeuntersuchungen. Sinkt der Hb-Wert (Hämoglobin) unter einen bestimmten Grenzwert, verschreibt der Arzt Tabletten, die den Mineralstoff Eisen enthalten.

 Sport

Eine schwangere Frau sollte keine Sportarten ausüben, die mit Stößen und Erschütterungen verbunden sind. Dazu zählen zum Beispiel Reiten, Skiabfahrtslauf oder Tennis. Sie können Fehl- oder Frühgeburten auslösen. Spazieren gehen, Fahrrad fahren oder Schwimmen halten dagegen den Kreislauf in Schwung. Dadurch wird das werdende Kind besonders gut mit Sauerstoff versorgt. Übungen zur Entspannung und zum Rückentraining tragen ebenfalls zum Wohlbefinden bei. Sie beugen Rückenschmerzen vor und bereiten auf die Geburt vor.

 Medikamente und Krankheiten

Alle Medikamente, die eine Schwangere einnimmt, müssen mit dem Arzt abgestimmt werden. Dazu gehören auch Arzneimittel, die ohne Rezept erhältlich sind. Schmerzmittel, Schlaftabletten oder Abführmittel könnten das ungeborene Kind schädigen und zu Missbildungen oder Behinderungen führen.

Eine schwangere Frau sollte sich vor Infektionskrankheiten wie Röteln oder Toxoplasmose schützen. Röteln sind während der ersten drei Schwangerschaftsmonate eine ernste Gefahr. Sie können zu Fehlgeburten, Herz-, Ohren- oder Augenschäden führen. Toxoplasmose-Erreger schädigen den Embryo ebenfalls. Sie werden durch Katzenkot oder rohes Fleisch übertragen. Meist hatten die Frauen bereits Kontakt mit dem Erreger und besitzen Antikörper. Der Arzt überprüft deshalb bei einer Blutuntersuchung, ob ausreichend Antikörper gegen beide Erreger vorhanden sind.

 Alkohol

Alkohol gelangt über die Plazenta in den Kreislauf des ungeborenen Kindes. Schon geringe Mengen können körperliche und geistige Schäden bei Embryonen hervorrufen, die nicht wieder gutzumachen sind. Deshalb sollten Schwangere möglichst ganz auf Alkohol verzichten.

 Rauchen

Nikotin gelangt ebenfalls in den Kreislauf von Mutter und Kind. Dabei verengen sich die Blutgefäße und die Versorgung mit Nährstoffen und Sauerstoff verschlechtert sich. Bereits nach einer Zigarette reagiert das Ungeborene mit deutlich erhöhtem Herzschlag und Unruhe. Starke Raucherinnen neigen häufiger zu Fehl- und Frühgeburten. Die Babys kommen oft mit Untergewicht zur Welt.

 Reisen

Eine Schwangere sollte keine anstrengenden Reisen unternehmen. Langes Sitzen, Vibrationen beim Flug, heißes Klima, ungewohnte Speisen und mangelnde Hygiene stellen zusätzliche Risiken dar. Ferien an der See oder im Mittelgebirge sind dagegen zu empfehlen. Man plant sie am besten zwischen dem fünften und siebten Schwangerschaftsmonat.

1 Beschreibe Verhaltensweisen der Mutter, die zur gesunden Entwicklung des werdenden Kindes beitragen.

Körper und Gesundheit

3.7 Formen der menschlichen Sexualität

Zärtliche Worte, Streicheln, Küssen, Kuscheln, Fantasien, Petting, Geschlechtsverkehr, ... – sicher hast auch du bestimmte Vorstellungen, die du mit dem Wort „Sexualität" verbindest. Die meisten Menschen haben sich daran gewöhnt, dass in der Öffentlichkeit Zärtlichkeiten ausgetauscht werden, nackte Körper kein Tabu mehr sind, dass Jugendliche auch vor einer langfristigen Beziehung Sexualität leben, manche ihr Leben als „Single" einrichten, Kinder unehelich zur Welt kommen und Ehen geschieden werden.

Im Verlauf der Pubertät erwacht die Fähigkeit, einen anderen Menschen zu lieben, und zwar anders als bisher die Eltern oder Freunde. Fühlt man sich von einer Person des anderen Geschlechts angezogen, nennt man das *heterosexuell* oder *Heterosexualität*. Sie wird als „normal" empfunden, weil sie besonders häufig ist. Wir sind es auch so gewohnt, denn nur in dieser Beziehung ergibt sich die Möglichkeit, sich fortzupflanzen. Selbst im Kindergarten necken die Kinder sich gegenseitig und rufen sich „Anna liebt Felix" hinterher. Was ist aber, wenn Anna später Katja liebt und Felix Mathias?

Fühlt man sich von einer Person des eigenen Geschlechts angezogen, nennt man das *homosexuell* oder *Homosexualität*. Bei Männern hat sich der Ausdruck „schwul sein" und bei Frauen der Begriff „lesbisch sein" durchgesetzt. Fühlt sich jemand von Personen beiderlei Geschlechts gleichermaßen angezogen, spricht man von bisexuell oder Bisexualität.

Bisher sind alle Versuche der Wissenschaft gescheitert, eine vermutete Ursache für die Entstehung der sexuellen Neigung herauszufinden.

1 A–F Liebe – und was dazugehört

Wahrscheinlich wirken viele Faktoren gemeinsam. Etwa vier bis sieben Prozent der Bevölkerung sind lesbisch oder schwul. Die meisten Jugendlichen versuchen zunächst, ihre homosexuellen Gefühle zu verdrängen.

Wenn sich jemand selbst eingesteht, lesbisch oder schwul zu sein und es auch anderen erzählt, dann beginnt das *Coming-Out*. Diese Zeit ist schwierig, da die Betroffenen große Angst vor der Reaktion der Umwelt haben. Sie fühlen sich dann erleichtert und froh, wenn wenigstens die eigene Familie oder die Freunde Rückendeckung geben. Informationen, Beratung und neue Kontakte können Jugendliche und ihre Angehörigen in Clubs und vielen verschiedenen Beratungsstellen finden.

Leider gibt es immer noch viele Zwänge und Vorurteile, von denen wir uns befreien müssen. „Die/der ist vom anderen Ufer" und „Pass auf, dass die/der dich nicht anmacht!" sind nur zwei Beispiele für diskriminierende Äußerungen. Gleichgeschlechtliche Lebensgemeinschaften werden in der Gesellschaft noch nicht lange anerkannt und bestehende Vorurteile nur langsam abgebaut. So wurden beispielsweise Gesetze erarbeitet, die gleichgeschlechtliche Lebensgemeinschaften zumindest in Teilbereichen heterosexuellen Lebensgemeinschaften gleichstellen sollen.

1 Betrachtet die Abbildungen. Wähle ein Beispiel aus und beschreibe, was dort zum Ausdruck kommen soll.

2 Die Partnerschaft zwischen zwei Menschen hat nicht nur etwas mit Sexualität zu tun. Erläutere diese Aussage.

Körper und Gesundheit

3.8 Dein Körper gehört dir!

Schlagzeilen wie in dem nebenstehenden Zeitungsartikel findet man immer wieder in Tageszeitungen. Meist gehen die Mädchen nach so einem schrecklichen Erlebnis mit ihren Eltern zur Polizei und zeigen den Täter an. Zeitungsreporter greifen dann diese Vorfälle auf und berichten darüber. Doch solche Vorfälle sind trotz allem eher Einzelfälle. Zwar sind es fast immer Männer, die Mädchen oder manchmal auch Jungen belästigen oder sexuell missbrauchen, aber nur selten ist es ein ganz fremder Mann. Viel öfter sind es Männer, die die Mädchen und Jungen kennen. Das können andere Jungen aus der eigenen Schule sein, ein Mann aus der Nachbarschaft oder sogar jemand aus der eigenen Familie. Meistens ist der Tatort auch nicht ein dunkler Park oder eine abgelegene Straße, sondern eine vertraute Wohnung und sehr häufig ist gar keine brutale Gewalt im Spiel.

Mädchen und Jungen, die sexuell missbraucht werden, wissen häufig nicht, wie sie sich verhalten sollen. Oft glauben sie, dass es nur ihnen so geht und sie geben sich sogar noch selber die Schuld. Sie trauen sich nicht, darüber zu reden, denn sie haben Angst, dass ihnen niemand glaubt. Häufig müssen sie auch versprechen, niemand etwas über dieses „Geheimnis" zu erzählen. Doch es ist sehr wichtig, darüber zu reden. Wenn sich keine Vertrauensperson zum Reden finden lässt, gibt es andere Stellen, wo Mädchen und Jungen alleine hingehen und sich aussprechen können, wo ihnen geglaubt wird.

Berührungen und Zärtlichkeiten können schöne Gefühle auslösen. Wenn sie aber unangenehm sind oder komische Gefühle auslösen, dann solltest du folgendes wissen:

- Dein Körper gehört dir! Du hast das Recht zu bestimmen, wer dich anfassen darf und wer nicht!
- Du hast das Recht, alle Zärtlichkeiten und Berührungen, die du nicht magst, sehr deutlich abzulehnen!
- Du hast das Recht, unheimliche, merkwürdige oder unangenehme Geheimnisse zu erzählen, auch wenn du versprochen hast, es nicht zu tun!

1 Betrachte die Abbildung 2. Nenne weitere Möglichkeiten, um Ablehnung auszudrücken.
2 Führt eine Gesprächsrunde über das Thema sexueller Missbrauch durch und formuliert gemeinsam Möglichkeiten, wie ihr euch gegen Übergriffe wehren könnt. Gestaltet dazu auch ein Informationsplakat.

Mädchen belästigt!

„**Trier** – Von einem Unbekannten wurde am Montagnachmittag eine 11-jährige Schülerin belästigt, als sie von der Schule nach Hause ging. In der Gartenstraße merkte sie, dass ihr ein Mann folgte. Direkt nach der Unterführung hielt er das Mädchen am Arm fest und berührte es unsittlich. Als die Elfjährige schrie und sich wehrte, ließ der Mann sie los und flüchtete …"

1 Bericht aus einer Tageszeitung

2 Deutliche Ablehnung

? Hier findest du Hilfe:

Deutscher Kinderschutzbund, Jugendamt, Frauenzentren, Mädchentreffs, Nottelefon für Kinder und Frauen, Pro Familia, Telefonseelsorge, … Die Telefonnummern stehen im Telefonbuch.

Körper und Gesundheit

Mein Körper gehört mir!

Übung

A1 Was können sie tun?

Beispiel 1:
Auf dem Weg zur Schule nähert sich Anna von hinten ein Mann und fasst sie am Arm an. Sie hatte schon länger bemerkt, dass er ihr folgte. Was sollte sie tun?

Was könnte Anna sagen?

Beispiel 2:
Irgendwie mag Julia ihren Onkel Peter. Er ist witzig und unternimmt immer wieder tolle Sachen mit ihr. Wenn nur eins nicht wäre: Zum Abschied nimmt er sie immer ganz fest in die Arme, tätschelt ihren Po und gibt ihr einen dicken, feuchten Kuss. Sie traut sich nicht ihm zu sagen, dass ihr das alles unangenehm ist. Würde er dann noch mit ihr weggehen?

a) Was können Anna und Julia tun? Überlegt euch verschiedene Lösungsmöglichkeiten für beide Situationen.
b) Tragt die Lösungsmöglichkeiten in der Klasse vor und vergleicht sie miteinander. Stimmt darüber ab, welche ihr für die beste haltet.

A2 Weitererzählen oder nicht?

Geheimnisse können der Anlass für gute oder schlechte Gefühle sein. Wann darf man sie weitererzählen?

Geheimnis 1:
Leyla (12) hat Marion (15) und Ellen (16) dabei beobachtet, wie sie im Supermarkt vier CDs geklaut haben. Am nächsten Tag in der Schule verschenken die beiden Mädchen die CDs, um ihre Großzügigkeit zu beweisen. Mehmet, Leylas älterer Bruder, erhält auch eine und erzählt zu Hause ganz stolz davon.

Geheimnis 2:
Kai erzählt Uwe von einem Mädchen aus der 6b, das er ganz toll findet. Kai bittet Uwe, keinem Menschen etwas davon zu erzählen.

Geheimnis 3:
Der Freund von Anjas Vater will Anja, wenn sie alleine sind, immer streicheln und küssen obwohl Anja das nicht mag. Er sagt ihr, dass sie niemand etwas davon erzählen darf, das wäre ihr gemeinsames Geheimnis.

a) Welches Geheimnis sollte man weitererzählen, welches nicht? Begründe.
b) Wer wäre der jeweils geeignete Ansprechpartner? Mache Vorschläge.

A3 Gefühle haben – Gefühle zeigen

Die einen machen lachend einen Luftsprung, die andern klatschen begeistert in die Hände; wieder andere strahlen über das ganze Gesicht, manche weinen sogar! Du weißt sicher, von welchem Gefühl die Rede ist: vom Glücklichsein! Wenn wir traurig oder wütend sind, verhalten wir uns ganz anders. Manche Menschen verstecken ihre Gefühle. Sie denken, es wäre eine Schwäche, sie zu zeigen. Doch das Gegenteil ist richtig: Wir müssen unsere eigenen Gefühle und die anderer Menschen ernst nehmen, um miteinander leben zu können, ohne krank zu werden.

a) Stellt Gefühle pantomimisch dar und lasst eure Mitschüler raten, welche ihr meint.

b) Fertigt eine Collage mit Bildern aus Zeitschriften, die Gefühle ausdrücken.

Körper und Gesundheit

> **Zusammenfassung**

Basiskonzept System

Alle Organe des Menschen arbeiten im Gesamtsystem des Organismus zusammen. Dabei übernehmen sie jeweils spezielle Aufgaben. Die Verdauung der Nahrung erfolgt in den Organen des Verdauungssystems, zu denen der Mund mit den Zähnen, die Speiseröhre, der Magen, der Darm und verschiedene Drüsen gehören. Die aufgenommene Nahrung wird in den Verdauungsorganen in ihre Bestandteile zerlegt. Aus dem Darm gelangen sie ins Blut und werden auf diese Weise in alle Teile des Körpers transportiert.

Das Blut fließt in Blutgefäßen, die sich immer feiner verzweigen und als Kapillaren jede einzelne Zelle des Körpers versorgen können. Die Bewegung des Blutes erfolgt durch das Herz. Gefäße, die das Blut zum Herzen führen, werden Venen genannt, während die vom Herzen weg führenden Blutgefäße Arterien heißen.

Man unterscheidet einen Körperkreislauf und einen Lungenkreislauf. In der Lunge wird das Blut mit Sauerstoff angereichert und Kohlenstoffdioxid wird an die Luft abgegeben. Beim Einatmen füllen sich die Lungenbläschen mit sauerstoffreicher Luft und beim Ausatmen gibt die Lunge mit Kohlenstoffdioxid angereicherte Luft ab.

Regelmäßiger Sport stärkt das Herz-Kreislaufsystem und die Atmungsorgane. Mangelnde Bewegung verursacht eine geringere Leistungsfähigkeit und kann auf die Dauer zu schweren Erkrankungen des Kreislaufsystems führen.

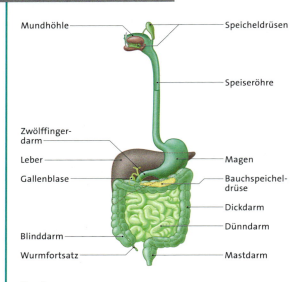

Verdauungsorgane

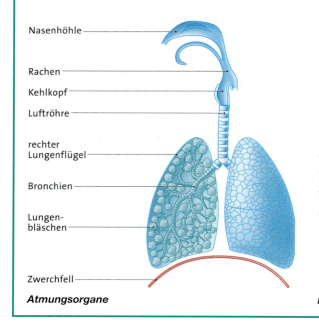

Atmungsorgane

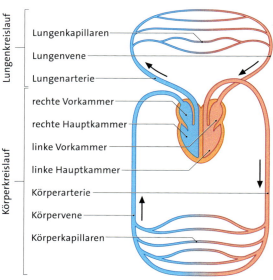

Herz-Kreislaufsystem

Körper und Gesundheit

Basiskonzept Stoff – Teilchen – Materie

Wie alle Stoffe besteht auch die Nahrung aus Teilchen. Die Hauptinhaltsstoffe der Nahrung sind die Nährstoffe – Kohlenhydrate, Fette und Eiweißstoffe. Kohlenhydrate bestehen aus Zuckerbausteinen, Fette aus Glycerin und Fettsäuren, Eiweißstoffe aus verschiedenen Aminosäuren. Aus einem Teil dieser Bausteine werden in den Zellen körpereigene Stoffe hergestellt. Durch den Abbau von Kohlenhydraten und Fetten versorgt sich der Körper mit der nötigen Energie. Neben den Nährstoffen müssen mit der Nahrung auch Vitamine und Mineralstoffe aufgenommen werden.

Eine möglichst vielseitige und ausgewogene Ernährung ist gesund: Sie gewährleistet, dass dem Körper alle notwendigen Stoffe im richtigen Verhältnis zugeführt werden. Überernährung, insbesondere durch eine zu fettreiche Kost, kann zu Übergewicht und ernsten Erkrankungen führen.

Basiskonzept Entwicklung

Zu den männlichen Geschlechtsorganen gehören das Glied sowie der Hodensack mit den Hoden. Scheide, Gebärmutter und die Eierstöcke sind die wichtigsten weiblichen Geschlechtsorgane. Diese Organe sind bereits bei der Geburt angelegt, ihre Funktionsfähigkeit erhalten sie aber erst während der Pubertät: In den Hoden reifen nun Spermien, in den Eierstöcken Eizellen.

Bei Jungen macht sich die Geschlechtsreife meist durch einen unwillkürlichen Spermienerguss bemerkbar, bei Mädchen tritt die erste Menstruationsblutung auf. In diesem Entwicklungsabschnitt bilden sich auch weitere Geschlechtsunterschiede aus, zum Beispiel Bartwuchs und tiefe Stimme bei Jungen, Wachstum der Brüste bei Mädchen.

Beim Geschlechtsverkehr werden Spermien in die Scheide abgegeben. Mit Hilfe ihrer Schwanzfäden können die Spermien die Gebärmutter hinauf in die Eileiter wandern. Dort treffen sie eventuell auf eine Eizelle, die zuvor von den Eierstöcken freigesetzt wurde. Bei der Befruchtung dringt ein Spermium in die Eizelle ein, die beiden Zellkerne verschmelzen miteinander. Die befruchtete Eizelle beginnt sich nun vielfach zu teilen. Schließlich entsteht ein Embryo, der sich in der Gebärmutterschleimhaut einnistet. Zur Versorgung des Embryos entwickelt sich der Mutterkuchen, der mit dem Embryo über die Nabelschnur verbunden ist. Nachdem alle wichtigen Organe angelegt sind, wird der Keim Fetus genannt. Embryo und Fetus entwickeln sich in einer Fruchtblase, die mit Fruchtwasser gefüllt ist und vor Erschütterungen und Stößen schützt.

Nach neun Monaten Entwicklungszeit wird das Kind geboren. Es braucht für seine weitere Entwicklung noch viel Zuwendung durch die Eltern. Bis zum Erreichen der Geschlechtsreife vergehen etwa zwölf bis vierzehn Jahre.

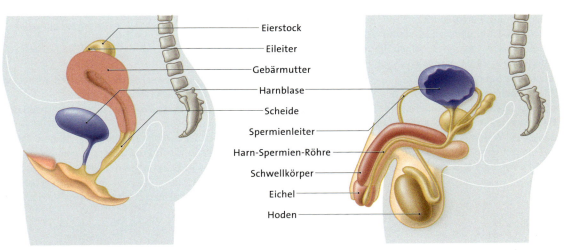

Geschlechtsorgane bei Frau und Mann

Körper und Gesundheit

Wissen vernetzt

Körper und Gesundheit

A1 Der Bronchialbaum

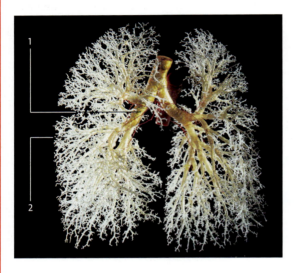

In manchen Biologiesammlungen gibt es einen „Bronchialbaum". Bei seiner Herstellung wird die Lunge eines toten Schlachttieres mit einem speziellen Kunststoff ausgegossen. Nachdem das Material gehärtet ist, wird das umliegende Gewebe entfernt. Zurück bleibt das Abbild der inneren Oberfläche der Lunge.

Aufgaben: a) Benenne die mit Ziffern gekennzeichneten Bestandteile des Präparates.
b) Beschreibe den Aufbau des Bronchialbaumes.
c) Benenne weitere Organe im menschlichen Organismus, in denen eine große Oberfläche eine Rolle spielt. Gehe dabei auf den Zusammenhang von Struktur, Eigenschaft und Funktion ein.
d) Auch ein Laubbaum zeigt starke Verzweigungen seiner Äste bis hin zu den einzelnen Blättern. Erläutere die Bedeutung dieser Verzweigungen für den Stoffwechsel des Baumes.
e) Manchmal wird der Stadtwald auch als Lunge der Großstadt bezeichnet. Erläutere diese Begriffswahl.
f) Begründe unter Verwendung der Abbildung, welche schädlichen Wirkungen bestimmte Inhaltsstoffe von Tabakrauch haben. Recherchiere dazu Informationen über die Gesundheitsgefährdung durch das Rauchen.

A2 Atmung und Kreislauf wirken zusammen

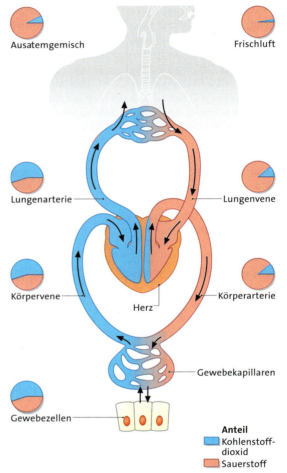

Atmungssystem und Herz-Kreislauf-System wirken bei der Versorgung der Zellen eng zusammen.

Aufgaben: a) Beschreibe die Herztätigkeit und den Blutfluss im Kreislaufsystem.
b) Erläutere das Zusammenwirken der beiden Organsysteme. Beziehe die dargestellten Anteile der beiden Atemgase in die Ausführungen mit ein.
c) Entwickelt in der Gruppe eine entsprechende Darstellung, die zusätzlich noch das Verdauungssystem mit einbezieht.

A3 Zusammensetzung von Atemluft

100 Liter (l)	Einatemluft enthalten	Ausatemluft enthalten
Stickstoff	75 l	78 l
Sauerstoff	21 l	17 l
Kohlenstoffdioxid	0,04 l	4 l
sonstige Gase	0,96 l	1 l

Aufgaben: a) Stelle die in der Tabelle enthaltenen Daten in einem Säulendiagramm zusammen.
b) Beschreibe das Diagramm und ziehe Schlussfolgerungen.
c) Erläutere die Bedeutung des Sauerstoffs für den Organismus.

A4 Ein Kind entsteht

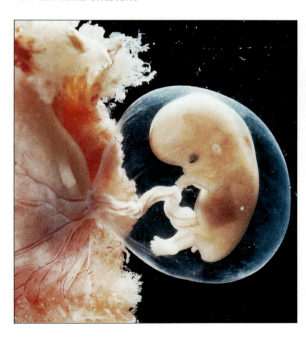

Das Foto zeigt einen acht Wochen alten Embryo in seiner natürlichen Umgebung.
Aufgaben: a) Beschreibe die Abbildung genau. Verwende dazu jeweils die korrekten Fachbegriffe. Nenne alle Organe des Embryos, die zu erkennen sind.
b) Erläutere, auf welche Weise der Embryo von der Mutter versorgt wird. Einige der an dieser Versorgung beteiligten Organe sind in der Abbildung zu sehen. Nenne sie und beschreibe ihre Lage.
c) Beschreibe die weitere Entwicklung des Fetus bis zur Geburt.

A5 Modell zur Fruchtblase

Ein Hühnerei, das sich in einem mit Wasser gefüllten Becherglas befindet, wird oft als Modell für einen sich in der Fruchtblase entwickelnden Embryo gezeigt. Wenn man das Becherglas schnell dreht, dreht sich das Ei nicht mit, sondern bleibt im Wasser scheinbar an der Stelle.
Aufgaben: a) Erkläre die oben beschriebene Beobachtung.
b) Erläutere, wieso ein Hühnerei im Becherglas als Modell für einen Embryo in der Fruchtblase gelten kann.
c) Vergleiche die Bestandteile des Modells mit der Wirklichkeit.

Register

Fette Seitenzahlen weisen auf ausführliche Behandlung im Text oder auf Abbildungen hin; f. = die folgende Seite; ff. = die folgenden Seiten.

A

Abgas 19, 126
Abnabelung **201**
Absetzbecken 138
Abwasser 138 f.
After 179
Akku 72, 96, 102
Alkohol 126, 201, 206
Aluminium 109, 143, 147, 155
Ameisenfrucht **40**
Aminosäure 166
– essenziell 166
Amsel 53
Anorexie 171
Antenne 100
Antikörper 166
Aorta 182
Argon 91
Aromastoff **123**
Aronstab 51
Arterie **181 f.**
Astronaut 10
Atem 181
Atmung 31
Atmungssystem **162**, 184, 186
Aufschwemmung 132
Augen 110
Ausgabe **100**
Ausscheidungssystem **162**
Auswertung 70
– Grafik 128
– Tabelle 128

B

Backenzahn 177
Bakterien 139
Ballaststoffe 179
Barometer **11, 17**
Bartwuchs 194
Basalt 121
Basisstation 98, 100

Batterie 62, **64,** 80, 96, 102
Bauchatmung **184**
Bauchspeicheldrüse 179
Bauteil 62, 64, 66, 70
Befruchtung **38, 200**
Belebtschlamm **139**
Belebungsbecken **139**
Benzin 126
Beobachtung 70
Bestäubung **36,** 38
Beutetier 56
Bewegung 19, 188 f., 200
Bewegungsarmut 189
Bewegungsenergie 72, 96 f.
Bezugsperson **202**
Bisexualität 207
Blase 162
Blatt 28, **30, 50**
Blattachsel 48
Blattader 30, 34
Blattanlage 50
Blattsteckling 39
Blei 122
Blinddarm 179
Blut 180, 182
Blutbank 180
Blutdruck 182
Blüte 28, 34, 36 f., **50**
– getrenntgeschlechtlich 37
– männlich 37
– weiblich 37
Blütenanlage 50
Blütenboden 34, 36
Blütenknospe 34
Blütenorgan
– männlich 34
– weiblich 34
Blütenstand 36, 40
– weiblich 37

Blütenstaub 34
Blutfarbstoff 180
Blutgefäß 177, 185
Blutgerinnung 180
Blutkonserve 160, 180
Blutkörperchen
– Rotes **180**
– Weißes **180**
Blutkreislauf **162**
Blutplasma **180**
Blutplättchen **180**
Blutspende 160, 180
Blutzelle 180
Blutzuckerspiegel 164
BMI 171
Bodensatz 132
Brauchwasser **137**
Braunkohle 122
Brausepulver 130
Brennstoff **122**
Bronchie 184
Bronchienast 184
Brustatmung **184**
Brustkorb 184
Brutzwiebel **47**
Butan 126

C

Calcium 168 f., chemische Reaktion **149**
Chip 100 f.
Chlorophyll **48**
Chloroplast 31
Chrom 154
Computer 101 ff.

D

Darm 164
Darmfalte 179
Dauergebiss 177
Dekantieren **132**
Destillieren **134**
Diagramm 44
Diät 171

Dichte **113 ff.,** 143
Dickdarm 179
Draht 80, **90**
Druckschalter **78**
Duftstoff **123**
Dünndarm 179
Dynamo 64, 102 f.

E

Eckzahn 177
Edelmetall 122
Eichel 195
Eierstock 196 f.
Eigenschaft 108
Eileiter **196 f.,** 200
Eindampfen **134**
Eingabe **100**
einhäusige Pflanze 37
Einzelblüte 36
Einzelfrucht 40
Eisen 122, 137, 168 f.
Eisenoxid 149
Eiskristall 15
Eisprung **197**
Eiweiß 166
Eiweißstoff 31, 171, 179
Eizelle 34, 38, 197, 200
elektrische Energie 97
elektrische Leitfähigkeit **81, 116**
elektrischer Schlag 82
elektrischer Strom 19, 63, 66, 82, 88, 122
elektrisches Gerät 62 f., 85 f.
Elektrizität 64, 72, 87, 102 f.
Elektrizitätswerk 87, 91
Elektromagnet **143**
Elektromotor 62, 96 f.

Elektron **66, 72 f.,** 82
Elektrozaun 80
Embryo **42, 201**
Empfänger **98**
Emulgator **135**
Emulsion **135**
Enddarm 179
Energie 12, 31, 56, 96, 122, 149, 155
– elektrisch 72, 96
Energieflussdiagramm 73
Energieform 72
Energiegehalt 165, 170 f.
Energiesparlampe 91
Energieumwandlung 73
Energiewandler **72**
Enzym **178**
Erddrehung 18
Erder **87**
Erdgas 122
Erdöl 122
Erektion **195**
Erkältungskrankheit 20
Ernährung 172
Ernährungsplan 172
Ernährungspyramide **170**
erneuerbare Energieträger 19
Ernte 11
Ersatzzwiebel **47**
Erz 122
essenzielle Aminosäure 166
essenzielle Fettsäure **165**
Essigsäure 126
EVA-Prinzip **100**
Experimentieren 70

F

Familienplanung **204**

Farbe 108, 110
Faulturm 138 f.
Fellwechsel **56**
Fett 31, **165**
Fettabscheider **138**
Fettgewebe 171
Fettsäure 165
– essenziell **165**
Fetus **201**
Filter 133
Filterpapier 133
Filterporen **133**
Filtrat **133**
Filtrieren **133 f.**
Flimmerhärchen 197, 200
Flugfrucht **40**
Follikel 197
Fortbewegung **202**
fossiler Brennstoff 122
Fotosynthese **31**
Fremdbestäubung **36**
Front **16**
Frost 16
Fruchtknoten 34, 38
Frucht **50**
Fruchtblase 201
Fruchtblatt **34**
Fruchtfleisch 38
Fruchtschale 38
Fruchtstand 40
Fruchtwasser 201
Frühblüher 46
Frühling 25
Funk 98
Funkwelle 100

G

Gallensaft 179
Gas 110, 126 f., 148
Gasaustausch **185**
Gebärmutter **196**, 200
Gebärmutterschleimhaut 197, 200
Gebiss 177
Geburt **201**
Gefahrstoff 126
Gefäß 30
Gehirn 162, 180

Gelber Sack 142, 147
Gemisch 135
geografische Lage 10
Gerät 100
– elektrisch 62 f., 85 f.
Geruch 108, 110
Geschlecht 191
geschlechtliche Vermehrung 39
Geschlechtshormon 191, 195
– weibliches 196
Geschlechtsmerkmal 191
– primäres **191**
– sekundäres **191**
Geschlechtsorgan 194 ff.
– äußeres 196
Geschlechtsverkehr 200, 204
Geschlechtszelle 194
Geschlechtszelle
– männlich 34
geschlossener Blutkreislauf **182**
Geschmacksverstärker 123
gesunde Ernährung 170, 206
Gesunderhaltung 189
getrenntgeschlechtliche Blüte 37
Getriebe 62
Gewicht 16, 111
Gewitter 8, 10
Gift 126
Glas 80, 124
Glasfaserleitung 98
Gleichgewichtssinn 203
Glied **194**, 200
Gliedmaßen **162**
Glimmspanprobe 149
Glühdraht 72
Glühfaden 91
Glühlampe 90 f., 103

Glühwendel **90**
Glycerin 165
Glykogen 164
Gold 122, 124
Grafikkarte 101
Grafit 80
Griffel 34, 38
Grippe 20
Grundwasser 137
Grüner Punkt **144**
Gruppenarbeit **71**

H

Hagel **15**
Halbleiter **80**
Hämoglobin 180
Handy 98, 100
Harnröhre 194
Härte 108, **115**
Hauptwurzel 28, 42
Haut 110
Hautfarbe 162
Hebamme 201
Heizdraht **88**
Hektopascal 17
Herbst 25
Herz 162, 181
Herzkammer **181 f.**
Herzklappe 181
Herzkranzgefäß 181
Herz-Kreislauf-Erkrankung 165, 171
Herz-Kreislauf-System 189
Herzscheidewand 181
Herzschlag 182
Herzton 182
Heterosexualität 207
Hinleitung 66
Hirnanhangsdrüse 195 f.
Hoch **16 ff.**
Hochdruckgebiet 16
Hoden **194**
Holz 120 ff.
Holzgewächs 28

Homogenisierung 135
Homosexualität 207
Honig 36
Hormon **191**, 195, 197
Hormondrüse 191
Humus **48**
Hurrikan **18**
Hygrometer **11**

I

Impfung 20
Infektionskrankheit 206
Information 44, 100 ff., 162
Informationsübertragung 98
Informationsverarbeitung 101
Infrarotstrahlung **12**
Inhaltsstoff 133
Insektenbestäubung **36**
Insektenfresser 53
Internet 55, 101 ff.
Isolator **80, 123**

J

Jagd 188
Jäger und Sammler 188
Jahr **25**
Jahresvogel 53
Jahreszeit **25,** 56
Jod 169
Jungfernhäutchen 196
Jupiter 25

K

Kabel 62
Kalendermethode **205**
Kalk 124
Kalkstein 121
Kaltfront 16
Kapilaren **182**
Kehlkopf 184

Keimblatt 42
Keimknospe 42
Keimstängel 42
Keimung **42**
Keimwurzel 42
Kelchblatt **34**
Kerosin 126
Kitzler 196
Kläranlage 138
Klebstoff **123**
kleine Schamlippen 196
kleinste Teilchen 150
Klette 40
Klettfrüchte **40**
Klimakonferenz 127
Knochen 120, 122
Knochenhaut 177
Knospe **50**
Kohle 122
Kohlenhydrate 31, **164 f.,** 178
Kohlenstoff 164
Kohlenstoffdioxid 31,127, 137, 149, 182, 186, 201
Kondensation **14**
Kondom **205**
Kopf **162**
Korkstoff 48
Körnerfresser 53
Körper 12, 178
Körperhaltung **202**
Körperhygiene 199
Körperkreislauf 182
Körpertemperatur 56
Körperwärme 180
Korrosion **154**
Korrosionsschutz **154 f.**
Kot 38, 179
Krankheitserreger 20, 179 ff.
Kreisdiagramm 44
Kronblatt **34**, 38
Krone 28
Kunststoff 80, **122,** 124, 143, **147**
Kupfer 122
Kurzschluss **79,** 81

215

L

Lampe 62, **64,** 90
Landschaftsform 10
Laubblatt 34, 42, 48
Laubfärbung 48
Lauge 126
Lautsprecher 100
Leber 164, 179
Leitbündel **30**
Leiter 80, 82, **123**
Leitfähigkeit 82, 84
Leitung **64 ff.,** 75
Licht 72
Lichtenergie 186
Lichtmaschine 64
Lochblech **138**
Lockfrucht **41**
Löslichkeit **116**
Lösung 134
Luft 10, 148
Luftdruck 11, **16 f.**
Luftfeuchtigkeit 11, **14**
Luftröhre 184
Luftschicht 14 f.
Lufttemperatur 11
Luftverschmutzung 133
Lunge 162, 180 f.
Lungenarterie 182
Lungenbläschen 182, **184 f.**
Lungenflügel 184
Lungenkreislauf 182

M

Magen 178
Magenpförtner 179
Magensaft 179
Magersucht **171**
Magnesium 169
Magnet 115
Magnetfeld 52
Magnetisierbarkeit **115**
Mangan 137
Marmor 121
Mars 25
Maschine 109, 189
Masse **111,** 113 f.
Meereshöhe 17

Meinungsumfrage **193**
Menstruation **197**
Messwert 70
Metall 80, **122**
Methan 126
Mikrofon 100 f.
Milchgebiss 177
Mindmap **54**
Mineralstoff 30 f., 42, **168**
Mitternachtssonne **25**
Motor 73
Müll 142
Mülldeponie **145**
Müllfraktion **143**
Müllsortieranlage **142**
Müllverbrennungsanlage **145**
Mundhöhle 178
Muskel 164, 171, 180 f., 189
Mutterkuchen 201
Muttermilch 202

N

Nabelschnur 201
Nachklärbecken **139**
Nacht 24
nachwachsender Rohstoff 122
Nährstoff 30 f., 42, 47, 165 f., 201 f.
Nahrung 20, 36, 165, 178 f., 186, 188 f.
Narbe 34, 36, 38
Nase 110
Nebel 14
Nebenhoden 194
Nektar 36 f.
Nektardrüse 36 f.
Nerv 177
Nerven 162
Nervensystem 100, **162,** 189
Nichtleiter **80, 123**
Nickel 154
Niederschlag 16
Niere 162, 180

Nikotin 201, 206

O

Oberkiefer 177
ODER-Schaltung **76**
Organsystem **162**
Oxid 149
Oxidation 149, 154

P

Parallelschaltung **75**
Partnerarbeit **71**
Pfaffenhütchen 49
Pflanze
– einhäusig 37
– zweihäusig 37
Pille **205**
Planetensystem 25
Platine 100
Polarnacht **25**
Polartag **25**
Pollenblüte 37
Pollenkorn 34, 36 ff.
Pollensack 34
Pollenschlauch 38
Pollution **195**
Präsentieren 129
primäres Geschlechtsorgan **191**
Protein **166**
Protokoll 70
Prozessor 101
Prüfstrecke 80, 116
Pubertät **191, 194,** 196
Puls 181

Q

Quellung **42**
Quellwasser 137

R

Raps 28
Rauchen 206
Recycling **143,** 155
Reflektor 92

Regelblutung 194, 201
Regen 10, 14 f.
Regenmesser **11**
Regenwolke 16
Reif 15
Reihenschaltung **74 f.**
Reinstoff **130**
Restmüll 142
Rohstoff **146,** 155
– nachwachsender 122
Röteln 201, 206
Rötelnschutzimpfung 201
Rotes Blutkörperchen **180**
Rückleitung 66
Rückstand **133**
Rückstrahler 92

S

Salz 130
Salzsäure 179
Samen **28,** 40 ff., **50,** 53
Samenanlage 34, 38
Samenpflanze 28
Samenschale **42**
Sand 124
Sandfang **138**
Sauerstoff 31, 139, **148,** 154, 164, 180 ff., 185 f., 201
Säugetier 56
Säugling **201 f.**
Säulendiagramm 44
Säure 126
Schadstoff 126
Schall 72, 98
Schallwelle 98, 100
Schalter 62, **64,** 66, 76
Schaltkreis 100
Schaltplan **65**
Schaltzeichen **65**
Schamlippen
– große 196
Scheide 196, 200

Scheidenzäpfchen **205**
Schieber 139
Schirmflieger **40**
Schlagader 181 f.
Schlammräumer 138
Schlehe 49
Schleuderfrucht **40**
Schließzelle 30
Schmelztemperatur **116**
Schneeflocke **15**
Schneidezahn 177
Schopfflieger **40**
Schornstein-Effekt **148**
Schraubenflieger **40**
Schutzkontakt **86**
Schutzleiter **86 f.**
Schwangerschaft 197, **200,** 204, 206
Schwebstoff 132, 139
Schwellkörper 195
Schwimmfrucht **41**
Schwimmstoff 132, 138
Schwingung 98
Sediment **132**
Sedimentieren **132, 134**
Segelflieger **40**
Seitenwurzel 28, 42
Sender **98**
Sender-Übertragungsweg-Empfänger 98
Sicherung 79
Siedetemperatur **116**
Signalumwandlung **98**
Sinkstoff 132, 138
Sinnesorgan 110, **162**
Sinneszelle 110
Skelett 189
Solarzelle 73
Sommer **25,** 56
Sondermüll 126
Sonne 8, 12, 24 f., 52

Sonnenbrand 12
Sonnenstrahlung 25, 127
Sonnensystem 25
Spaltöffnung 30 f.
Spannung 102
Speichel 178
Speicheldrüse 178
Speiseröhre 178
Spermaerguss 194, 200
Spermien **194,** 200
Spermienleiter 194
Spiel **203**
Sport 188
Sprache **203**
Spross **28**
Sprossachse 28, **30**
Sprossknolle **47**
Spurenelement **168**
Stahlblech **147**
Stamm 28
Standvogel **53**
Stängel 28
Stärke 31, 123, 164, 178
Staubbeutel 34, 36 f.,
Staubblatt **34,** 36 f.
Staubfaden 34
Stausee 137
Stearin 150
Stecker 86
Stehoskop 182
Stein 120 ff.
Steinkohle 122
Stempel 34, 36, 38
Stempelblüte 37
Stern 25, 52
Stickstoff **148**
Stillen **202**
Stimmband 184
Stimmbruch 194
Stimme 184
Stoff 80, 108 ff., 113, 115, 126, 130, 170, 178
Stoffaustausch 201
Stoffeigenschaft 115
Stoffgemisch **130**
Stoffwechsel 56 f.
Strahlung 12

Strauch 28
Streckungswachstum 42
Streckungszone 42
Strichvogel 53
Strom 64
Stromeitung 81
Stromkreis 62, 64 f., 70, 74, 82, 84, 88, 90
Stromleitung 84, 86
Stromquelle 65, 96
Suchmaschine 55
Suspension **132 ff.**

T

Tabelle 44
Tag 24
Tagfalter 36
Tagfalterblume **36**
Tag-Nacht-Rhythmus 25
Taifun **18**
Tarnung 56
Tastatur 101
Technik 148
Teilchenmodell 150
Teilzieher **53**
Telefon 98
Temperatur 10, 15, 20
Thermometer **11**
Tief **16 ff.**
Tiefdruckgebiet 16
Titan 116
Ton 120
Trafo 97
Tragblatt 37
Transistor 101
Transpiration 30
Traubenzucker 164
Treibhaus 8, 127
Treibhauseffekt 127
– natürlicher **127**
– zusätzlicher 127
Treibhausgas 127
Trennverfahren 130, 134
Trinkwasser 137
Turbine 66

U

Übergewicht **171**
Überlandleitung 87
Überlaufmethode 115
Übertragungsweg **98**
Ulme 40
Umschalter **77**
Umweltbelastung 126
UND-Schaltung **76**
ungeschlechtliche Vermehrung 39
Unterkiefer 177
Urkilogramm **111**

V

Vagina 196
Vene 181 f.
Venenklappe 182
Venus 25
Verarbeitung **100**
Verbrennung 148 f., 186
Verbrennungsgas 148
Verbundverpackung **147**
Verdauung **178 f.**
Verdauungssaft 179
Verdauungssystem **162**
Verdunstung **14,** 30
Verformbarkeit 108, 110
Verhalten 189
Verhütungsmethode **204**
Vermehrung
– geschlechtlich 39
– ungeschlechtlich 39
Vermittlungsstelle 98
Versuch **70**
Versuchsbeschreibung 70
Versuchsdurchführung 70
Versuchsplanung **70**
Versuchsprotokoll **70**

Vitamin 20, 165, **168 f.**
Vogel 52
Vogelbeere 49
Volt 102
Volumen 113, 115
Volumenbestimmung 113
Vorfluter **139**
Vorhaut 195
Vorhof **181**
Vorklärbecken **138**
Vorratslager **56**

W

Waage 111
Wachstumszone 42
Wägestück 111
Wahrnehmung **202**
Wandler 96
Wärme 12, 72, 96, 149
Wärmeenergie 186
Wärmeisolierung 56
Wärmestrahlung **12,** 127
Warmfront **16**
Wasser 10, 31
Wasserdampf **14,** 30
Wasserstoff 164
Wechselschaltung **77**
Wehen 201
Weide 40
Weisheitszähne 177
Weißes Blutkörperchen **180**
Weltraum 12, 127
Werkstoff **122**
Wertstoff 142
Wetter 10 f., 20
Wetterbericht 20
Wetterdaten 11
Wettererscheinung 8
Wetterstation **11**
Wettervorhersage 11
Wind 10, 18

Windbestäubung **37**
Windkraftanlage 19
Windmesser **11**
Winter **25,** 56
Winterquartier 52
Winterruhe **57**
Winterschlaf **56 f.**
Winterspeck **56**
Wintervorrat 56
Wippschalter **78**
Wirbelsturm **18**
Wirkstoff **168**
Wolfram 91
Wolke **14 ff.**
Wuchsform 28
Wurmfortsatz 179
Wurzel **28, 30 f.,** 42
Wurzelhaar 42
Wurzelhärchen 30
Wurzelknolle **47**
WWW-Protokoll 103

Z

Zahn 177
Zahnhöle 177
Zahnkrone 177
Zahnrad 62
Zahnregulierung 177
Zahnschmelz 177
Zahnstellung 177
Zahnwurzel 177
Zahnzement 177
Zelle 179
Zellkern 38
Zellulose 122
Zink 122, 154, 168
Zinn 122
Zitronensäure 126
Zucker 130
Zugvogel **52**
Zuleitung 80, **88**
Zunge 110
Zweig 28
Zwerchfell 184
Zwiebel **47**
Zwitterblüte 34, 37
Zwölffingerdarm 179